无人机应用技术专业新形态系列教材（总主编：何先定　刘建

无人机
结构与系统

（活页式）

主　编　王思源　姜　舟　许云飞
副主编　王　强　邓建军　段治强

课程思政

活页式

新形态

课件

微课

校企合作

西南交通大学出版社
·成　都·

图书在版编目（CIP）数据

无人机结构与系统 / 王思源，姜舟，许云飞主编
. —成都：西南交通大学出版社，2022.1（2024.8 重印）
ISBN 978-7-5643-8419-7

Ⅰ. ①无… Ⅱ. ①王… ②姜… ③许… Ⅲ. ①无人驾驶飞机－结构－高等职业教育－教材②无人驾驶飞机－飞机系统－高等职业教育－教材 Ⅳ. ①V279

中国版本图书馆 CIP 数据核字（2021）第 239879 号

Wurenji Jiegou yu Xitong
无人机结构与系统

主编　王思源　姜　舟　许云飞

责任编辑　何明飞
封面设计　吴　兵

出版发行　西南交通大学出版社
　　　　　（四川省成都市金牛区二环路北一段 111 号
　　　　　西南交通大学创新大厦 21 楼）
邮政编码　610031
发行部电话　028-87600564　028-87600533
网址　　　http://www.xnjdcbs.com
印刷　　　四川玖艺呈现印刷有限公司

成品尺寸　　185 mm×260 mm
印张　　　　14
字数　　　　308 千
版次　　　　2022 年 1 月第 1 版
印次　　　　2024 年 8 月第 3 次
定价　　　　42.00 元
书号　　　　ISBN 978-7-5643-8419-7

无人机应用技术专业新形态系列教材
编写委员会

主任委员

> 刘建超　国家教学名师　成都航空职业技术学院

副主任委员

> 何　敏　云影系列无人机总设计师　成都飞机工业（集团）有限责任公司
> 李屹东　翼龙系列无人机总设计师　中航（成都）无人机系统股份有限公司
> 李中华　国家英雄试飞员　中国人民解放军空军指挥学院
> 冯文全　北京航空航天大学
> 任　斌　成都纵横自动化技术股份有限公司
> 董秀军　地质灾害防治与地质环境保护国家重点实验室
> 张秦罡　自然资源部第三航测遥感院

总　主　编

> 何先定　刘建超　李屹东

执行编委（按拼音排序）

> 陈世江　重庆电子工程职业学院　　　　江启峰　西华大学航空航天学院
> 李　乐　国网乐山供电公司　　　　　　李兴红　成都理工大学工程技术学院
> 刘清杰　四川航天职业技术学院　　　　卢孟常　贵州航天职业技术学院
> 王福成　黑龙江八一农垦大学　　　　　王晋誉　上海民航职业技术学院
> 王利光　成都纵横大鹏无人机科技有限公司　王永虎　重庆交通大学
> 魏永峭　兰州理工大学　　　　　　　　吴道明　重庆航天职业技术学院
> 许云飞　成都航空职业技术学院　　　　徐绍麟　云南林业职业技术学院
> 查　勇　大府新区通用航空职业学院　　周　军　厦门大学

委　　员（按拼音排序）

> 陈宗杰　成都航空职业技术学院　　　　戴升鑫　成都航空职业技术学院
> 邓建军　成都航空职业技术学院　　　　段沿强　成都航空职业技术学院
> 范宇航　成都航空职业技术学院　　　　房梦旭　成都航空职业技术学院
> 冯成龙　成都航空职业技术学院　　　　付　鹏　成都纵横大鹏无人机科技有限公司
> 何　达　成都航空职业技术学院　　　　何国忠　四川航天中天动力装备有限责任公司
> 何云华　成都工业学院　　　　　　　　胡　浩　天府新区航空旅游职业学院
> 姜　舟　成都航空职业技术学院　　　　蒋云帆　西华大学航空航天学院

李　恒　成都航空职业技术学院　　　　李林峰　成都纵横大鹏无人机科技有限公司

李　艳　成都航空职业技术学院　　　　李宜康　成都航空职业技术学院

李懿珂　成都纵横大鹏无人机科技有限公司　李志鹏　中航（成都）无人机系统股份有限公司

李志昇　成都航空职业技术学院　　　　廖开俊　中国人民解放军空军第一航空学院

刘　驰　四川航天中天动力装备有限责任公司　刘　芬　成都纵横大鹏无人机科技有限公司

刘佳嘉　中国民用航空飞行学院　　　　刘　健　山西机电职业技术学院

刘　静　重庆科创职业学院　　　　　　刘明鑫　成都航空职业技术学院

刘　霞　重庆航天职业技术学院　　　　马云峰　成都纵横大鹏无人机科技有限公司

梅　丹　中国人民解放军海军工程大学　牟如强　成都理工大学工程技术学院

潘率诚　西华大学　　　　　　　　　　屈仁飞　成都西南交大研究院有限公司

瞿胡敏　四川傲势科技有限公司　　　　任　勇　重庆电子工程职业学院

沈　挺　重庆交通大学　　　　　　　　宋　勇　四川航天中天动力装备有限责任公司

唐　斌　成都航空职业技术学院　　　　田　园　成都航空职业技术学院

王　聪　成都航空职业技术学院　　　　王国汴　中航（成都）无人机系统股份有限公司

王　进　成都纵横大鹏无人机科技有限公司　王朋飞　西安航空职业技术学院

王　强　成都航空职业技术学院　　　　王泉川　中国民用航空飞行学院

王思源　成都航空职业技术学院　　　　王文敬　中国民用航空飞行学院

王　旭　成都航空职业技术学院　　　　王　洵　成都航空职业技术学院

魏春晓　成都航空职业技术学院　　　　吴　可　重庆交通大学

吴　爽　中航（成都）无人机系统股份有限公司　谢燕梅　成都航空职业技术学院

邢海涛　云南林业职业技术学院　　　　熊　斌　西南大学

徐风磊　中国人民解放军海军工程大学　许开冲　成都纵横自动化技术股份有限公司

闫俊岭　重庆科创职业学院　　　　　　严向峰　成都航空职业技术学院

杨　芳　成都航空职业技术学院　　　　杨谨源　中航教育科技（天津）有限公司

杨　琴　成都理工大学工程技术学院　　杨　锐　成都纵横自动化技术股份有限公司

杨少艳　成都航空职业技术学院　　　　杨　雄　重庆航天职业技术学院

杨　雪　成都航空职业技术学院　　　　姚慧敏　成都航空职业技术学院

尹子栋　成都航空职业技术学院　　　　游　玺　成都纵横大鹏无人机科技有限公司

张　捷　贵州交通技师学院　　　　　　张　梅　成都农业科技职业学院

张　松　四川零坐标勘察设计有限公司　张惟斌　西华大学

张　伟　成都纵横大鹏无人机科技有限公司　赵　军　重庆电子工程职业学院

郑才国　成都理工大学工程技术学院　　周　彬　重庆电子工程职业学院

周佳欣　成都航空职业技术学院　　　　周仁建　成都航空职业技术学院

邹晓东　中航（成都）无人机系统股份有限公司

前言
PREFACE

随着无人机产业的快速发展，军用领域和民用领域对无人机专业人才的需求日益旺盛。目前，国内高职院校无人机专业人才培养主要有面向企事业单位的技术技能人才和面向部队的技术士官，教学载体涵盖大中小型固定翼无人机、复合翼无人机、小型旋翼无人机、无人直升机等。本书结合 1+X 无人机组装与调试职业技能标准，以无人机装配、试验机务人员职业技能培养为目标，以大中型无人机机体结构与主要机电系统（起落架系统、液压系统、燃油系统、环境控制系统）为主要载体，培养学员具备无人机机体结构和系统的辨识、分析、检查及一般维护能力。书中还适当增加了旋翼无人机、无人直升机结构与系统等知识技能点，扩大了应用面，适用于以大中型固定翼、复合翼、旋翼无人机为主要教学载体的院校及培训单位。

本书以任务为牵引，创设工作情境，将知识点、技能点归纳总结于任务中，更贴近实际工作岗位，以项目任务的可实践性充分调动学生学习的主动性。在纸质教材的基础上，关联与融合 PPT 课件、图片、微课等多媒体数字化教学资源，成为工学结合的多媒体新形态教材。

本书根据航空类岗位职业素养要求，结合学生多元化特点，将思政元素融入教材中，以"瞻国之重器""崇典范楷模""仰军中英模""敬大国工匠""忆航空历史"5 个主题，强化航空报国精神和蕴聚大国工匠精神，使技能传授与价值观教育同频共振，使专业教育与思政教育和谐共融，发挥课程育人作用，在培养学生掌握专业技能基础上，着力培养学生"家国豪情""航空热情""职业激情"。

本书由成都航空职业技术学院王思源、姜舟、许云飞担任主编，模块一由姜舟编写，模块二由范宇航、何达编写，模块三和模块五由王思源、王强编写，模块四由段治强、邓建军编写，全书由王思源负责知识技能模块梳理，许云飞负责整理统稿。

　　由于时间紧任务重，编者水平有限，书中难免存在疏漏与不足之处，敬请读者不吝指正，以便改进提高。

编　者

2021 年 8 月

于成都航空职业技术学院

目录
CONTENTS

模块 1 无人机机体结构的认识与分析

模块 1 学习资源

在无人机飞行过程中，作用在机体上的外载荷与飞机重量、飞行性能、气动外形、起落装置以及操控等因素密切相关。在航前、航后的机务工作或机型改造工作中，机务人员需要辨识无人机机体结构与组成，掌握外载荷、过载、机体结构特点及受力分析等理论，对结构进行拆装和检查。

知识目标

1. 掌握无人机机体结构受载的基本概念。
2. 掌握无人机机翼结构的构造及特点。
3. 掌握无人机机身结构的构造及特点。
4. 掌握无人机翼身连接的形式。
5. 掌握无人机开口的类型及开口补强措施。
6. 掌握多旋翼无人机的组成及功能。
7. 掌握无人机直升机的组成及功能。

技能目标

1. 能够分析不同机翼结构形式的传力过程；
2. 能够分析不同机身结构形式的传力过程；
3. 能够描述无人机翼身的连接与分解的步骤；
4. 能够针对不同开口形式给出相应的补强措施；
5. 能够拆装多旋翼无人机结构；
6. 能够拆装无人机直升机的结构。

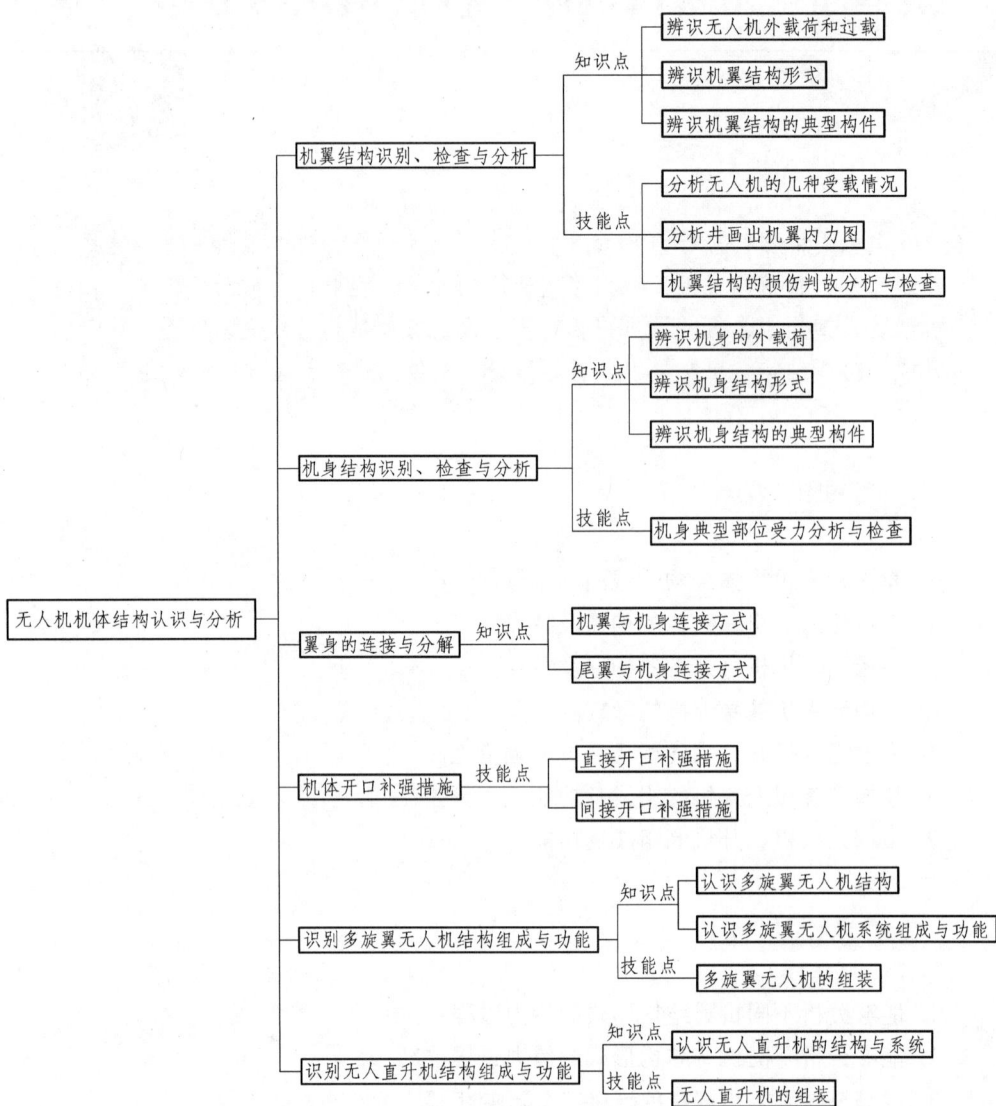

知识技能树

任务 1　机翼结构识别、检查与分析

【情境创设】

绕机检查是机务人员对无人机航前、航后检查工作中最常见的一种方式。在对机翼进行绕机目视检查时，时间有限，应着重检查机翼结构的哪个部位呢？这就需要机务人员熟悉机翼结构的受力分布和状态，着重检查受力较大的部位。

固定翼无人机的机翼可以看作一个悬臂梁结构。从飞机机翼外观来看，它的表面由蒙皮覆盖，并有很好的流线型，其上有规律地分布着各种铆钉；机翼的后缘安装着可以活动的各种舵面；有的飞机机翼上还安装了油箱、武器或其他设备。

知识点 1　辨识无人机外载荷和过载

1．认识飞机的外载荷

固定翼飞机的机体结构主要由机身、机翼、安定面、飞行操纵面和起落架 5 个主要部分组成，如图 1.1.1 所示。

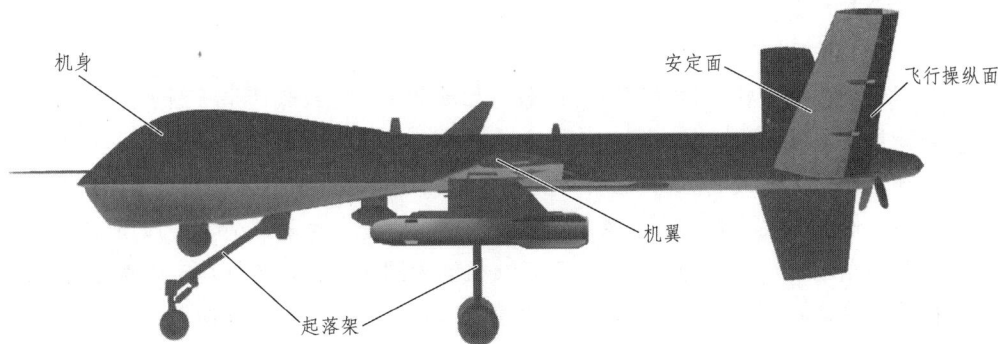

图 1.1.1　固定翼飞机主结构部件

机体各部分由多种材料组成，并通过铆钉、螺栓、螺钉焊接或胶接连接在一起的。飞机的各部件也由不同的构件组成。飞机的各构件是用来传递载荷或承受应力，并且单个构件也可以承受组合应力。对于不同的结构，强度的要求也不相同。

纸飞机的飞行是基于什么理论呢？接下来我们首先对纸飞机进行受力分析。将纸飞机扔出后，由于惯性的作用，纸飞机向空中飞去。如果结构合理，能够提供所需要的升力，纸飞机就可以在空中飞行一段时间。由于阻力的存在，随着惯性的不断减小，纸飞机会逐渐失去向前飞行的动力而滑向地面。也就是说，只有当向前的惯性力和阻力平衡、重力和升力平衡时，它才能在空中稳定飞行。

一般地，飞机在起飞、飞行、着陆及地面停放等过程中，作用在飞机上的外力称为飞机的外载荷。这些外载荷包括空气动力，飞机重力，发动机推力，惯性力，飞机在着陆、地面滑行和停机时地面的反作用力等。外载荷的大小取决于飞机的重量、飞行性能、外形的空气动力特性、起落架的减震特性以及使用情况等许多因素。飞机外载荷是对飞机结构进行受力分析的重要依据，而对飞机外载荷的各种限制又表明飞机结构具有一定的承载能力。情景中，纸飞机上的升力和阻力都是空气给它的作用力，重力是地球给它的作用力，向前的惯性力在实际受力中，并不存在，是在非惯性参考系中由于物体的运动不满足牛顿定律而虚拟出来的力，目的是方便受力分析。作用于飞机机翼上的外载荷如图 1.1.2 所示。

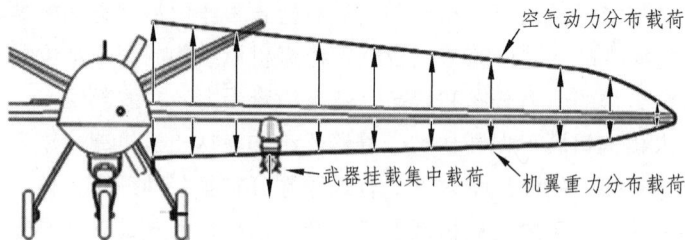

图 1.1.2　飞行中作用于机翼上的外载荷

飞机外载荷按照不同方式有不同的分类，飞机外载荷分类方式如下：

（1）按其作用形式分。

飞机外载荷按其作用形式主要分为集中载荷和分布载荷。集中载荷是指集中作用于一点上的载荷。分布载荷是指作用于某个面积或长度上的载荷。例如，有的吊装在机翼上的发动机给机翼的载荷就是集中载荷，情景中的纸飞机在空中所受的空气动力载荷就是分布载荷。

（2）按其作用性分。

飞机外载荷按其作用性质可分为静载荷和动载荷。如果载荷是逐渐加到构件上，或者载荷加到构件上后，其大小和方向变化非常小，这种载荷称为静载荷。如果载荷是突然加到构件上，或者载荷加到构件上后，其大小和方向有显著变化，这种载荷称为动载荷。例如，飞机停放时起落架所承受的载荷就是一种静载荷，千斤顶顶飞机所受的载荷逐渐增大也是一种静载荷，而纸飞机因为制作原因，突然从空中直接掉下来和地面接触的瞬间是一种动载荷，无人机着陆时起落架所受到的地面撞击力，无人机着陆滑跑因为跑道不平而使各部分承受的力也属于一种动载荷。

（3）按飞机所处状态分。

飞机外载荷按飞机所处状态可分为飞行载荷和地面载荷。飞行载荷是指飞机飞行时作用在飞机上的外载荷。例如，在飞行中受到的空气动力（包括升力、阻力、侧向力等）、重力、发动机推力、惯性力以及外界温度或飞行高度致使机体承受的外载荷。飞行状态改变或受到不稳定的气流影响时，飞机的升力会发生很大变化。地面载荷是指起飞、着陆、地面运行时，作用在飞机上的外载荷。例如，飞机着陆接地时，除承受重力、升力、阻力、推（拉）力以外，还要承受地面撞击力。

2．认识飞机的过载

飞机做机动飞行或在平飞中遇到突风时，作用在飞机上的外载荷除重力外，其他载荷是随时间发生变化的。外载荷只能反映飞机受力的大小和方向，为了便于分析飞机在某一飞行状态下受外载荷的严重程度，通常将当时飞机所受到的表面力与飞机重力进行比较，这就引出过载（又称载荷因素）这个概念。飞机、部件、起落架等过载的定义有所不同，下面主要讨论飞机过载。它是将作用在飞机上的外载荷移到飞机重心处，形成通过全机重心处的交点力系。然后根据全机重心飞行航迹导出载荷的大小，从而得出各种情况下飞机过载的计算公式。因此，它又称为全机过载，也称为全机重心处过载。

（1）过载的定义。

作用于飞机某方向的除重量之外的外载荷与飞机重量的比值，称为该方向的飞机过载，也就是指的飞机重心处过载。用字母 n 表示，n 的下标表示过载的方向。飞机的机体坐标系如图 1.1.3 所示，飞机有三个坐标轴方向，故有三个方向的过载。

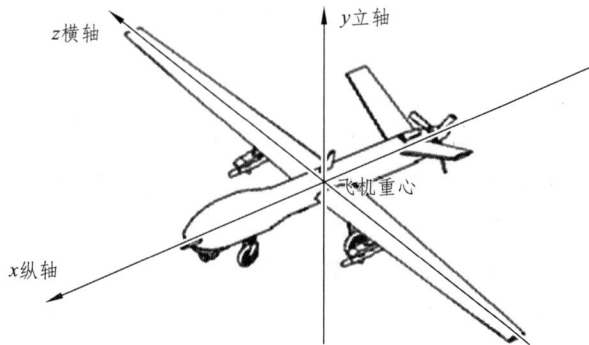

图 1.1.3 飞机的机体坐标系

① x（纵）轴方向的过载 n_x。

飞机在 x 轴方向的过载等于发动机推力 T 与飞机阻力 D 之差与飞机重量的比值，即

$$n_x = \frac{T-D}{G}$$

② y（立）轴方向的过载 n_y。

飞机在 y 轴方向的过载，等于飞机升力（L）与飞机重量的比值，即

$$n_y = \frac{L}{G}$$

③ z（横）轴方向的过载 n_z。

飞机在 z 轴方向的过载等于飞机侧向力（Z）与飞机重量的比值，即

$$n_z = \frac{Z}{G}$$

飞机在飞行中，y 轴方向的过载 n_y 往往较大，而其他两个方向的过载较小，它们对飞机结构强度的影响也较小，一般只是对某些局部结构强度需要加以考虑。飞机在 y 轴方向的过载是飞机结构设计中的主要指标之一，飞机的结构强度主要取决于 y 轴方向的过载 n_y。

（2）过载的大小。

飞机在等速直线水平飞行、垂直机动飞行、水平机动飞行时的过载计算公式如下：

平飞：$n_y = L/G = 1$

垂直机动：$n_y = L/G = \cos\theta + v^2/(gr)$

水平机动：$n_y = L/G = 1/\cos\gamma$

从上面可以看出，飞机的重心过载可能大于1，也可能小于1或等于零，甚至是负值，这取决于飞行时的升力大小和方向。过载的正、负号与升力的正、负号一致，而升力的正、负号取决于升力矢量与飞机坐标轴 y 的关系，即升力矢量与 y 轴正向一致时取正号，反之取负号。比如，柔和推杆使飞机由平飞进入下滑的过程中，升力向上，与 y 轴一致，但比重力略小，飞机的过载就是小于1的正数。当飞机在空中飞行时，如果遇到向下的强大突风，就有可能使飞机升力向下，与 y 轴相反，产生负过载。

（3）研究飞机过载的意义

由以上分析可知，过载表示的是飞机的外载荷（除重力）与飞机重力之间的关系，这种关系是以倍数来表示的，是一个相对值。它表明了飞机结构总体承载能力、飞机受力程度、飞机机动性能、抗突风性能等水平，包括结构强度设计时规定的设计过载、飞行时允许达到的最大使用过载和随飞机飞行状态变化的过载，它是飞机结构设计、安全飞行和维护的主要依据。一方面，过载确定了则飞机上的载荷大小也就确定了。如果知道飞机的过载值，结合对应过载的其他飞行参数（如高度、重量、速度、气动力分布等），就能很方便地求得飞机所受的实际载荷大小，也就知道了它作用的方向（根据过载正、负号来判断），这就便于设计飞机结构，检验其强度。在结构设计时要保证飞机能承受 n 所确定的载荷，在使用时，不能超过所规定的 n 值，否则飞机就不安全。另一方面，过载还表明飞机机动性的好坏。因为过载也是各种飞行姿态受载情况与平直飞行情况相比较的相对值。通过过载可以了解飞机的机动性能，它是飞机机动性的重要指标。现代战斗机特别强调机动性能，要求有较大的飞机载荷系数，一般 $n_{y\max}$ 约等于8。设计时，如能正确选取过载的极限值，既能使飞机满足战术技术要求，又能使飞机满足结构的重量要求。

技能点 1　分析无人机的几种受载情况

固定翼无人机在飞行、着陆、地面停放等过程中，都要承受一定的载荷。在不同状态下承受的载荷是不一样的。例如，无人机飞行时，作用于飞机上的载荷主要有重力、升力、阻力和发动机推力（或拉力）；无人机着陆接地时，除了承受上述载荷外，还要承受地面撞击载荷；无人机在地面停放时，则只有飞机重力和地面的反作用力。下面分析、讨论这几种受载情况。

1．飞机水平直线飞行时的外载荷

飞机做等速直线水平飞行时，作用在飞机上的外载荷有升力 L、重力 G、阻力 D 和发动机推力 T（见图 1.1.4）。为了简便起见，假设这 4 个力都通过飞机的重心，而

且推力与阻力的方向相反，则作用在飞机上的力的平衡条件为升力等于飞机的重力，推力等于飞机的阻力，即

$$T = D，L = G$$

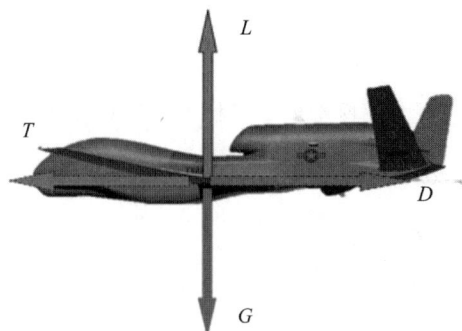

图 1.1.4　平飞时飞机的外载荷

飞机不稳定平飞时，推力与阻力是不相等的。推力大于阻力，飞机就要加速；反之，推力小于阻力，飞机就要减速。由于在飞机加速和减速时，减小或增大了飞机机翼的迎角，使升力系数减小或增大，因而升力仍然与飞机重力相等。

2．飞机机动飞行时的外载荷

飞机在飞行过程中，经常需要在垂直平面内和水平平面内做曲线飞行，这样的飞行称为机动飞行（又称为曲线飞行）。例如，俯冲、转弯、盘旋、横滚、急跃升等。飞机在机动飞行中的受载情况，要比平飞受载情况复杂很多。为了方便分析，把这种复杂的飞行情况，分解为垂直平面内和水平平面内两种基本的机动飞行。

（1）飞机在垂直平面内做机动飞行时的外载荷。

飞机在垂直平面内做机动飞行时的受载情况，如图 1.1.5 所示。

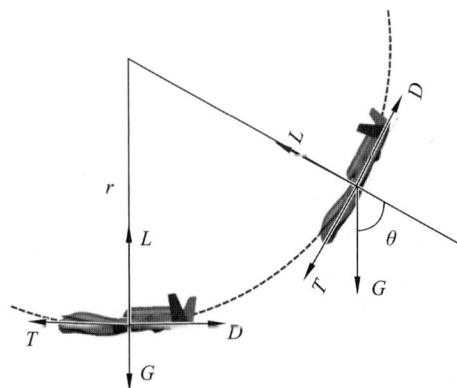

图 1.1.5　飞机在垂直平面内做机动飞行时的外载荷

此时，作用在飞机上的外载荷仍然是升力 L、重力 G、阻力 D 和发动机推力 T。但是，这些外载荷是不平衡的。因为此时由于曲线运动的向心加速度作用，产生了离心惯性力 N。设飞机的速度为 v，曲面运动轨迹的曲率半径为 r，升力与重力所夹的镜角为 θ，则

y 方向的向心加速度为

$$a_y = v^2 / r$$

惯性力

$$N = -ma_y = -(G / g \times v^2 / r)$$

由力的平衡性原则，将这些力都投影到 y 坐标方向，可得到方程式：

$$L - G\cos\theta - G / g \times v^2 / r = 0$$

于是可以计算出 L 与 G 的关系式：

$$L = G[\cos\theta + v^2 /(gr)]$$

由上式可以看出，飞机在垂直平面内做机动飞行时，升力不等于重力，并且在速度不变的情况下做垂直面内的圆周运动时，升力是随着 θ 的变化而变化的。当飞机在最低点时，$\theta = 0$，$\cos\theta = 1$，升力达到最大值，可以得到关系式如下，分析后得知显然超过重力。

$$L = G[1 + v^2 /(gr)]$$

（2）飞机在水平平面内做机动飞行时的外载荷。

下面以飞机水平盘旋为例来说明这个问题，如图 1.1.6 所示。

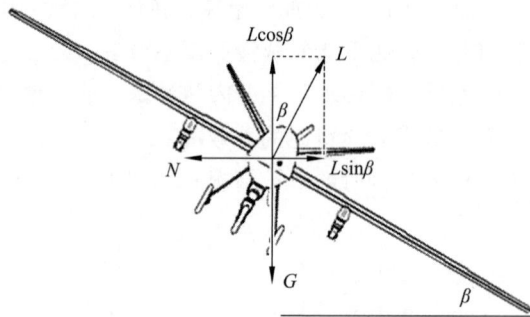

图 1.1.6　飞机在水平盘旋时的外载荷

当飞机在水平盘旋时，它必然具有一定的倾斜角 β（又称坡度），这时候它受到的离心惯性力 N 与升力的水平分量 $L\sin\beta$ 分量相平衡，而升力的垂直分量则与飞机的重力相平衡，由此可得到升力的计算公式：

$$L = \frac{G}{\cos\beta}$$

以上式中　L——升力；

　　　　　G——重力；

　　　　　v——速度；

　　　　　γ——飞机飞行的率半径；

　　　　　g——重力加速度；

θ——升力与重力所夹的锐角；

β——飞机水平盘旋的倾斜角。

由于 $\cos\beta$ 总是小于 1，因此飞机水平转弯时升力总是大于飞机的重力。倾斜角 β 越大，升力越大。例如，飞机水平转弯的倾斜角为 30° 时，升力约是飞机重力的 1.15 倍；倾斜角为 60°，升力约是飞机重力的 2 倍。在实际飞行中，由于受到发动机推力和机翼临界迎角的限制，飞机所能获得的升力是有限的，因此飞机转弯时的最大倾斜也是有限的。目前，一般歼击机正常转弯最大倾斜角为 75°~80°，重型轰炸机为 40°~50°，运输机为 30°~40°。

技能点 2　分析并画出机翼内力图

内力图包括轴力图、扭矩图、剪力图和弯矩图。下面通过机翼上的外载荷举例说明机翼内力图的画法。

飞行中，作用于机翼的外部载荷有空气动力、机翼结构质量力和部件的质量力，如图 1.1.7 所示。机翼在外部载荷作用下，像一根固定在机身上的悬臂梁一样，要产生弯曲和扭转变形，因此，在这些外载荷作用下，机翼各截面要承受剪力、弯矩和扭矩。由于机翼结构沿水平方向尺寸较大，因而水平剪力和水平弯矩对飞机结构受力影响较小，在受力分析时只分析垂直剪力、扭矩和垂直弯矩，如图 1.1.8 所示。

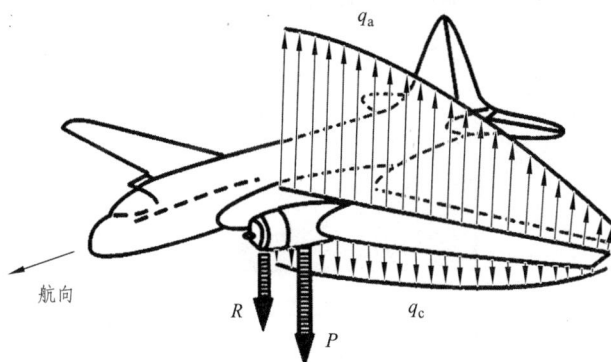

q_a—气动力分布载荷；q_c—机翼质量力分布载荷；
P—发动机或其他部件传来的集中载荷；
R—机身支反力。

图 1.1.7　飞行中机翼的外部载荷

图 1.1.8　机翼上所受的剪力、弯矩和扭矩

机翼结构质量力是机翼结构重量和它在飞行中产生的惯性力的总称，即机翼结构重量和变速运动惯性力。

机翼主要受两种类型的外载荷：一种是以空气动力载荷为主，包括机翼结构质量力的分布载荷；另一种是由各连接点传来的集中载荷。这些外载荷在机身与机翼的连接处，与机身提供的支反力取得平衡。当机翼分成两半分别与机身相连时，可把每半个机翼看作是支持在机身上的悬臂梁；若整个机翼为一体时，则可把它看作是支持在机身上的双支点外伸梁。作用于机翼各截面的剪力、弯矩和扭矩是不相等的。

图 1.1.9 所示，为平直机翼的剪力、弯矩和扭矩图，它们描述了机翼截面剪力、弯矩和扭矩沿机翼翼展方向的变化情况。可以看出：

（1）如果机翼上只有空气动力和机翼结构质量力，则越靠近机翼根部，横截面上的剪力、弯矩和扭矩越大。

（2）当机翼上同时作用有部件集中质量力时，上述受力图会在集中质量力作用处产生突变或转折。

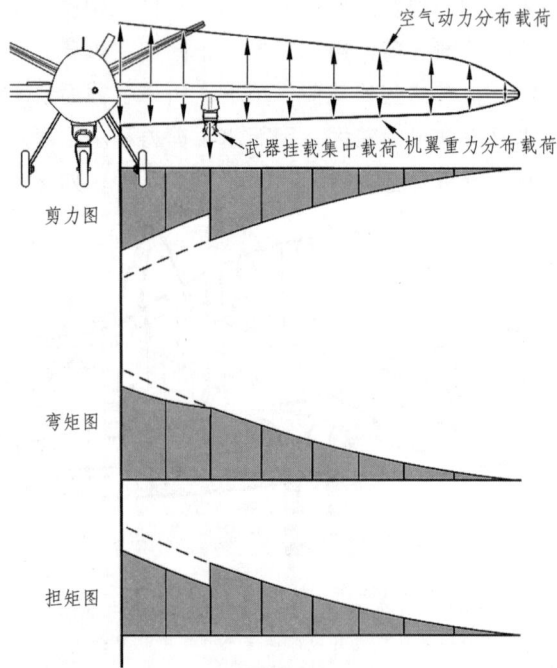

图 1.1.9 平直机翼剪力、弯矩、扭矩

知识点 2 辨识机翼结构形式

机翼的形状和结构取决于飞机的尺寸、重量、用途、在飞行和着陆中所要求的速度以及爬升率等因素。为此，机翼有多种结构形式，其发展经历了从布质蒙皮到金属蒙皮的过程。

1．布质蒙皮机翼

这种机翼的结构特点采用了布质蒙皮。布质蒙皮在机翼承受弯曲、扭转作用时，很容易变形，因此，它不能承受机翼的弯矩和扭矩，只能承受由于局部空气动力（吸力或压力）所产生的张力。图 1.1.10 所示为布质蒙皮机翼的结构。

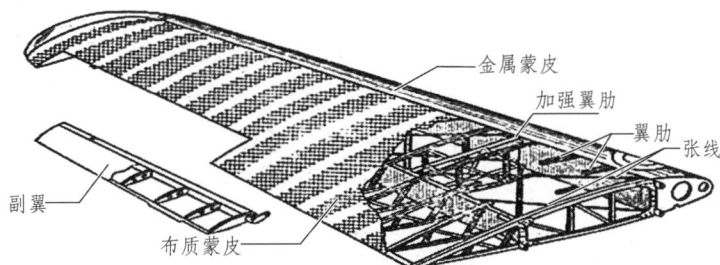

图 1.1.10　布质蒙皮机翼

在这种机翼结构中，弯矩引起的轴向力，全部由翼梁缘条承受；剪力由翼梁腹板承受；扭矩一部分由加强翼肋、张线等组成的桁架承受，另一部分则由前缘蒙皮和前梁腹板组成的合围框承受。

由于机翼前缘的局部空气动力较大，布质蒙皮机翼的前缘常采用薄金属蒙皮制成。

布质蒙皮机翼的抗扭刚度较差，而且蒙皮容易产生局部变形（鼓胀和下陷），飞行速度较大时，会使机翼的空气动力性能受到很大影响，所以只适用于低速轻型飞机。

小贴士：实地考察初教六机翼、尾翼的蒙皮材质。

2．金属蒙皮机翼

现代飞机广泛使用了金属蒙皮机翼。金属蒙皮机翼不仅能承受局部空气动力，而且能承受机翼的扭矩和弯矩。翼梁腹板承受剪力，机翼上下蒙皮和腹板组成的合围框承受扭矩，同时蒙皮还参与承受弯矩，是这类机翼结构受力的共同点。不同飞机的机翼结构形式可以不同，但机翼各构件的组成基本上是相同的，通常都是由翼梁、桁条、翼肋和蒙皮等构件组成，如图 1.1.11 所示。

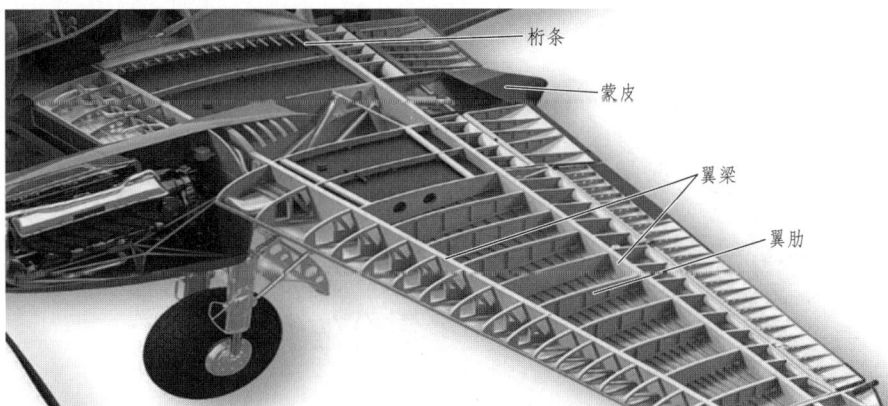

图 1.1.11　机翼的结构示意

但是金属蒙皮机翼的构造不同，蒙皮参与承受弯矩的程度也有所不同。金属蒙皮的机翼结构又分为梁式、单块式及多腹板式等薄壁结构。

（1）梁式机翼。

梁式机翼的结构特点是纵向有一个或多个翼梁，蒙皮较薄，桁条较少且弱，有时还同时布置有纵墙，有些机翼的桁条还是分段的，如图 1.1.12 所示。梁式机翼的桁条承受轴向力的能力极小，其主要作用仅是与蒙皮一起承受局部空气动力，并提高蒙皮的抗剪稳定性，使之能更好地承受扭矩。这种机翼蒙皮的抗压稳定性很差，当机翼承受弯矩时，其受压部分的蒙皮几乎不能参与受力，而受压部分所分担的拉伸力也很小。梁式机翼的主要受力构件就是翼梁，因此，在机翼上开口比较方便，与机身的连接也比较简单。但当飞行速度增大到一定程度后，薄金属蒙皮在局部空气动力作用下往往难以保持良好的气动外形。同时，薄金属蒙皮的机翼结构不容易获得必要的抗扭刚度。

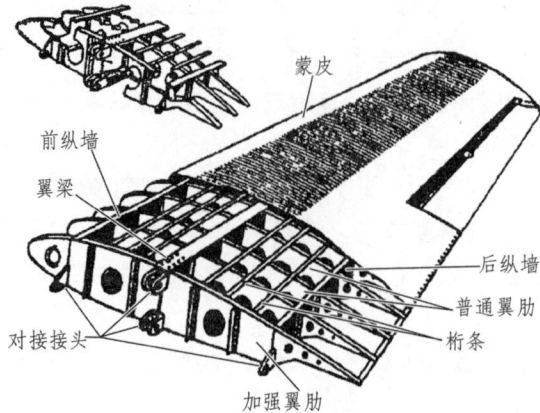

图 1.1.12　单梁式机翼

（2）单块式机翼。

从结构特点看，单块式机翼的桁条较多且较强，蒙皮较厚，桁条、蒙皮组成可受轴向力的壁板。当有梁时，一般梁缘条的剖面面积与桁条的剖面面积接近或略大，有时就只布置纵墙。为了充分发挥单块式机翼的受力特点，左、右机翼一般连成整体贯穿机身。但有时为了使用、维护方便，在展向布置有设计分离面。分离面处采用沿翼箱周缘分散连接的形式将机翼连为一体，如图 1.1.13 所示。

图 1.1.13　单块式机翼

单块式机翼的蒙皮不仅有良好的抗剪稳定性，还有较好的抗压稳定性。因此，蒙皮不仅能更好地承受机翼的扭矩，还能与桁条组成一个整块构件来承受机翼的大部分弯矩，生存力（军用飞机的生存力即是在空战中结构被炮弹击中后，仍能继续工作的能力）较强。所以，这种结构形式的机翼在高速飞机上应用广泛。但这种机翼的连接接头比较复杂，不便于开设大的舱口，也不便于承受集中载荷。

（3）多腹板式。

多腹板式机翼又称为多梁式机翼。这类机翼布置了较多的纵墙，蒙皮厚，无桁条，翼肋很少，但结合承受集中力的需要，至少每侧机翼上要布置 3~5 个加强翼肋，如图 1.1.14 所示。

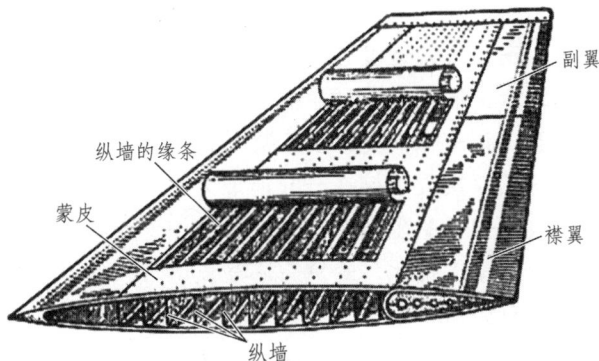

图 1.1.14　多腹板式机翼

当左、右机翼连成整体时，多腹板式与机身的连接与单块式类似。但有的与梁式类似，分成左右机翼，在机身侧边与之相连。此时，往往由多腹板式过渡到多梁式，用少于腹板数的几个梁的根部集中对接接头在根部与机身相连。

知识点 3　机翼结构的典型构件

翼面结构属薄壁型结构形式，一般由下述典型元件组成：纵向元件有翼梁、桁条、墙（板）；横向元件有翼肋（普通肋和加强肋）以及包在纵、横构件组成的骨架外面的蒙皮，如图 1.1.15 所示。

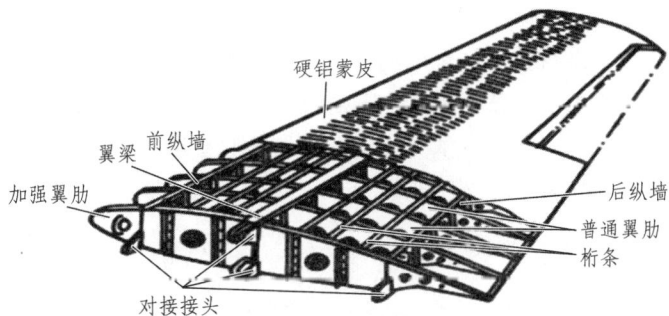

图 1.1.15　翼型结构元件

1．蒙　皮

蒙皮的功用是承受局部空气动力和形成机翼外形。为了使机翼的阻力尽量小，蒙皮应力求光滑，为此应提高蒙皮的横向弯曲刚度，以减小它在飞行中的变形。从受力看，气动载荷直接作用在蒙皮上，因此蒙皮受到垂直于其表面的局部气动载荷。此外，蒙皮还参与机翼的总体受力，它和翼梁或翼墙的腹板组合在一起，形成封闭的盒式薄壁梁承受机翼的扭矩；当蒙皮较厚时，它常与桁条一起组成壁板，承受机翼弯矩引起的轴力。壁板可以是组合式或整体式。

某些结构形式（如多腹板式机翼）的蒙皮很厚，可从几毫米到十几毫米，常做成整体壁板形式，此时蒙皮将成为承受弯矩最主要的，甚至是唯一的受力元件。

随着飞机速度的不断提高，机翼结构形式也不断发展，机翼的蒙皮从布质蒙皮发展到金属铆接蒙皮，再发展到夹芯蒙皮。夹芯蒙皮一般用在高亚音速、跨音速以及某些超音速飞机上。在这样的速度范围内，对机翼蒙皮局部刚度及扭转刚度要求很高，铝合金胶接的蜂窝夹芯蒙皮很适用。在更大的马赫数下，则可用不锈钢或钛合金以钎接方法制成的蜂窝夹芯蒙皮。夹芯蒙皮的构造特点如图 1.1.16 所示，是用内外两层金属面板把芯子胶接或焊接在一起而成为一个整体。芯子一般是用金属箔制成的蜂窝状格子，或用很轻的金属波纹片，或用泡沫塑料。目前，以蜂窝夹芯蒙皮应用较广。同普通金属蒙皮相比，蜂窝夹芯蒙皮的最大优点是局部刚度大，隔热性能好。同时，由于没有大量铆接孔，所以气密性和耐疲劳的特性较好。其缺点是不易承受集中载荷，在蒙皮上开口比较困难，在使用中蒙皮局部损坏不易修补等。

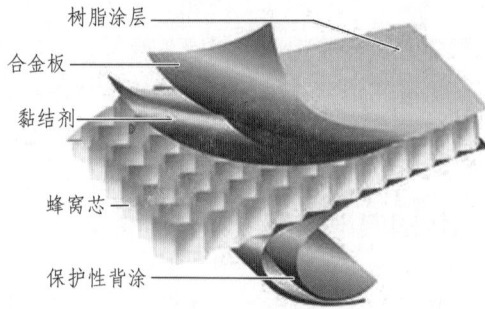

树脂涂层
合金板
黏结剂
蜂窝芯
保护性背涂

图 1.1.16　夹芯蒙皮

2．桁　条

桁条又称长桁，是与蒙皮和翼肋相连的元件。桁条上作用有气动载荷。在现代机翼中它一般都参与机翼的总体受力——承受机翼弯矩引起的部分轴向力，是纵向骨架中的重要受力元件之一。除上述承力作用外，桁条和翼肋一起对蒙皮起一定的支持作用。桁条的剖面形状如图 1.1.17 所示。

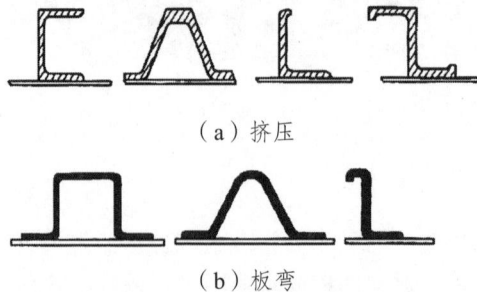

（a）挤压

（b）板弯

图 1.1.17　桁条的剖面形状

3. 翼 肋

翼肋按其功用可分为普通翼肋和加强翼肋两种。图 1.1.18（a）所示为普通翼肋，其功用是维持机翼剖面所需的气动外形。一般它与蒙皮、桁条相连，机翼受气动载荷时，它以自身平面内的刚度向蒙皮、桁条提供垂直方向的支持。同时，翼肋又沿周边支持在蒙皮和梁（或墙）的腹板上，在翼肋受载时，由蒙皮、腹板向翼肋提供各自平面内的支承剪流。加强翼肋除了具有上述作用外，还要用来承受并传递自身平面内的较大的集中载荷或由于结构不连续（如大开口处）引起的附加载荷。腹板式加强翼肋的缘条是硬铝型材制成的，为了承受较大的集中载荷，加强翼肋的腹板较厚，有时还采用双层腹板，或者在腹板上用支柱加强。桁架式翼肋的构造与桁架翼梁相似，也是由缘条、直支柱和斜支柱组成。有些翼型较厚的机翼如重型运输机的机翼，用这种翼肋来承受较大的集中载荷。

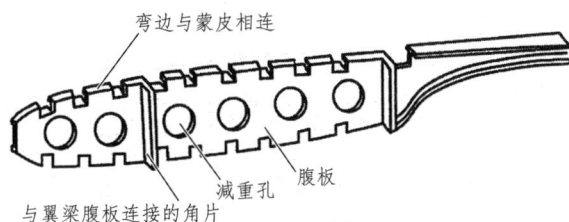

（a）腹板式普通翼肋

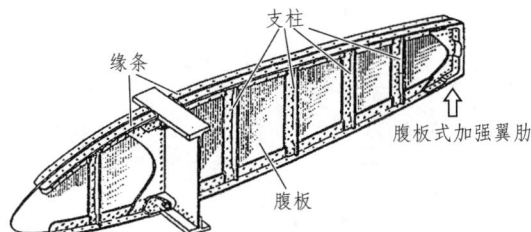

（b）腹板式加强翼肋

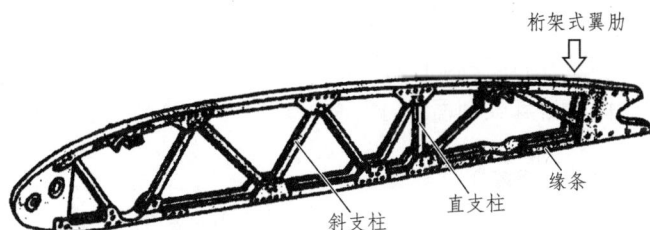

（c）桁架式翼肋

图 1.1.18　翼肋

4. 翼 梁

翼梁由梁的腹板、缘条组成。翼梁是单纯的受力件，主要承受剪力和弯矩，在有的结构形式中，它是机翼主要的纵向受力件，承受机翼的全部或大部分弯矩。翼梁大多在根部与机身固接。现代飞机的机翼一般都采用腹板式翼梁，如图 1.1.19 所示。

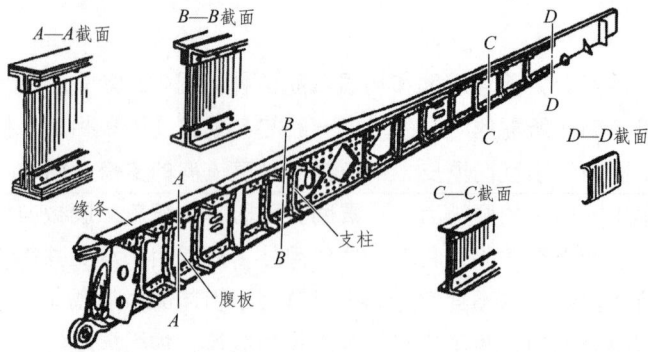

图 1.1.19　腹板式翼梁

　　腹板式翼梁由腹板和缘条铆接而成。缘条用硬铝或合金钢的厚壁型材制成，腹板用硬铝合板制成。薄壁腹板上常铆接了许多硬铝支柱，用来加强腹板的抗弯能力并连接翼肋。这种翼梁多采用等强度设计，即翼根剖面面积较大，翼尖剖面面积较小，以便充分地利用材料来承受载荷以减轻重量。腹板式机翼的优点是能够较好地利用机翼的结构高度来减轻重量，而且生存力较强，加工制造也较简单。

　　图 1.1.20 所示为桁架式翼梁，多用于翼剖面较厚的低速重型飞机。这种翼梁由上下缘条和很多直支柱、斜支柱组成。缘条和支柱多采用硬铝管或钢管，有时也采用厚壁型材。承受剪力时，支柱受压或受拉。当翼梁上有弯矩作用时，上缘条受的压力，可能使它发生压缩变形。

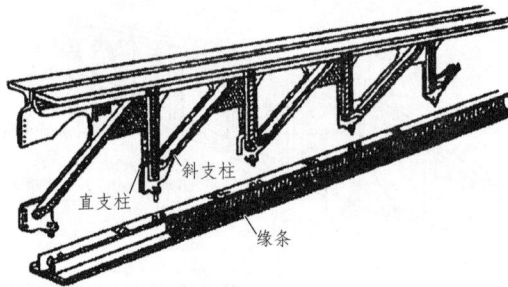

图 1.1.20　桁架式翼梁

　　此外，在现代某些高速飞机上，常采用高强度合金钢锻制的整体式翼梁，如图 1.1.21 所示，它的优点是翼梁剖面尺寸可更好地符合等强度要求，而且刚度也较大。

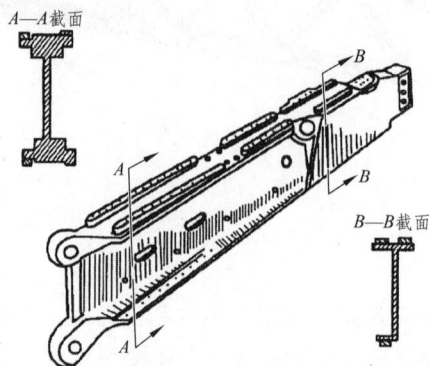

图 1.1.21　整体式翼梁

5．纵　墙

纵墙结构与翼梁差不多，主要承受剪力，相对于翼梁而言，承受弯矩很小或根本不承受弯矩，可与上下蒙皮形成封闭盒段，以承受扭矩。与翼梁的区别在于其凸缘很弱，或者根本就没有凸缘，而只有腹板。在机翼根部，它通过较弱的固定接头或铰链接头与机身连接。

技能点 3　机翼结构的损伤分析

机翼受到各种外力作用后，结构中互相连接的各构件，就会产生作用力和反作用力，依次把这些外力传递到机身上去。同时，机身给机翼以反作用力使之平衡。力在机翼结构中的传递过程，是建立在构件之间的作用和反作用的关系上的。下面分析平直机翼结构中空气动力的传递。

1．蒙皮如何将气动载荷分别传给桁条和翼肋

蒙皮铆接在桁条和翼肋上，当它受到吸力作用时，就会通过铆钉把力传给桁条和翼肋，这时铆钉承受拉力；蒙皮受到压力作用时，局部空气动力直接由蒙皮作用在桁条和翼肋上，铆钉并不受力。无论在吸力或压力作用下，蒙皮都要承受张力。

图 1.1.22 所示，通过铆钉或由蒙皮直接传给桁条的力，由桁条在翼肋上的固定点产生反作用力来平衡。可见，桁条在局部空气动力作用下，像支持在许多翼肋上的多支点梁一样，要受到弯矩作用。至此，作用在蒙皮上的气动载荷全部传给了翼肋：一部分以分布力形式直接传给翼肋，另一部分通过桁条以集中力的形式间接传给翼肋，如图 1.1.23 所示。

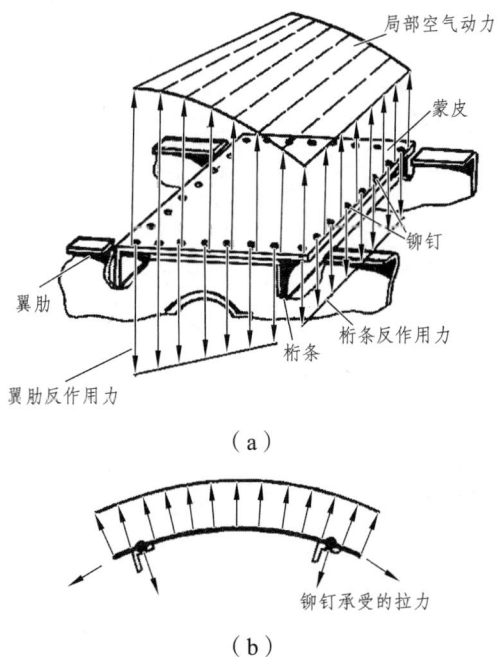

（a）

（b）

图 1.1.22　蒙皮的受力平衡

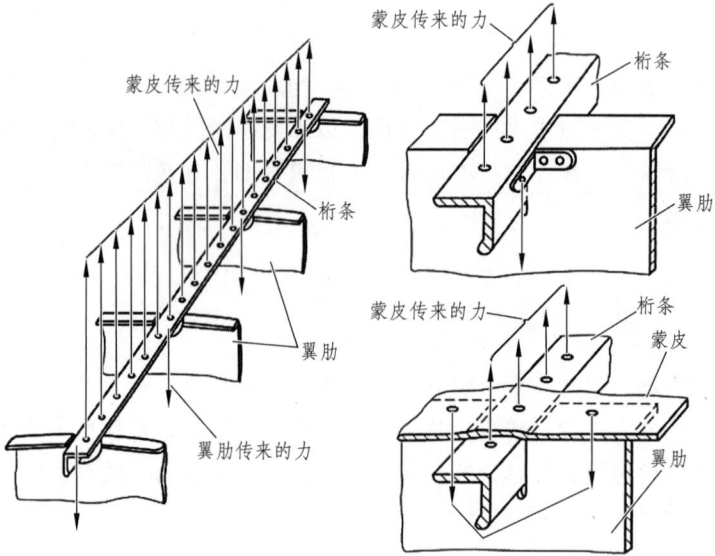

图 1.1.23　桁条传力

2. 翼肋如何将载荷传给翼梁腹板和蒙皮

如果忽略水平分力的作用，则传到翼肋上的空气动力，可以组合成一个垂直向上的合力，它作用于压力中心上，如图 1.1.24 所示。

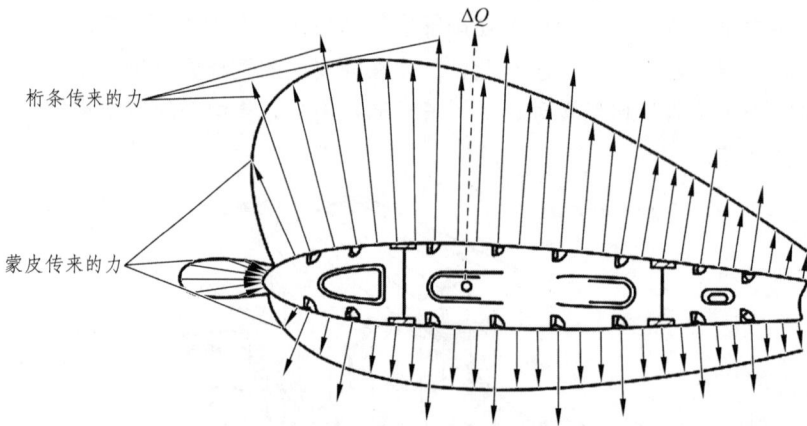

图 1.1.24　翼肋承受的空气动力

飞行中，机翼的压力中心通常不与刚心重合。因此，这个合力对于翼肋来说，相当于一个作用于刚心上的力和一个对刚心的力矩。

在机翼的每一个横截面上，都有一个特殊的点，当外力作用线通过这一点时，不会使横截面转动，如果外力作用线不通过这一点，机翼的横截面就会绕该点转动，这个特殊的点称为该横截面的刚心（图 1.1.25）。机翼各横截面的刚心的连线称为机翼的刚心轴。作用在刚心上的力，要使翼肋沿垂直方向移动，而翼肋是固定在翼梁腹板上的，在翼肋沿垂直方向移动的时候，就把这个力传给腹板，使两根翼梁弯曲。由于作用在刚心上的力不会使翼肋转动，在翼肋平面上，两根翼梁的弯曲变形程度相同，因此，翼肋传给前后梁腹板的力与前后梁的抗弯刚度成正比。前后梁腹板对翼肋的反作

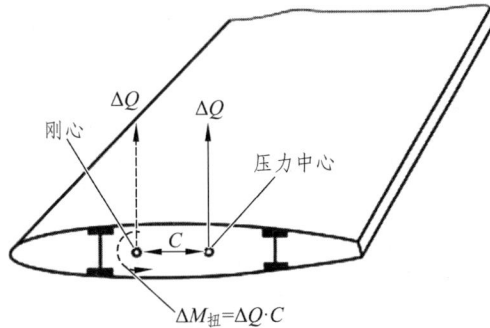

图 1.1.25　翼肋的承载

用力，分别与作用力相等。在传力的过程中，蒙皮和翼肋之间存在着相互支持、相互传力的关系。蒙皮沿垂直表面的方向很容易变形，当它受到吸力和压力时，要依靠翼肋的支持，并把空气动力传给翼肋。同时，蒙皮在自己平面内不容易变形，当翼肋受到外力矩时，蒙皮能够对翼肋起支持作用，因而翼肋就将外力矩传给蒙皮。

3．蒙皮如何将翼肋传来的载荷传给机身

翼肋以切变流形式传给蒙皮的力矩，要使机翼产生扭转变形，它对机翼来说是扭矩。机翼扭转时，蒙皮截面上会产生沿围框周缘的切变流。切变流形成的内力矩与截面外端所有翼肋传给蒙皮的扭矩平衡。这时，机翼各部分的蒙皮都要产生切变变形。翼根处的扭矩传给机身的方式，由翼根部分的构造来决定。如果翼根部分没有开大舱口，机翼蒙皮与机身是沿整个接合周缘连接的，扭矩就能通过蒙皮以切变流的形式沿接合周缘传给机身。如果翼根部分开有大舱口，机翼只是通过翼梁与机身隔框相连，蒙皮就只能将扭矩以切变流的形式传给开口边缘的加强翼肋，并有使加强翼肋旋转的趋势。这时加强翼肋的两个支点（前后梁腹板），对它产生一对大小相等、方向相反的反作用力，形成反力偶，阻止它旋转。同时，加强翼肋也就对前后梁腹板各产生一个作用力，把扭矩以力偶形式传给翼梁。前后翼梁则将扭矩产生的作用力，在机翼与机身的连接点处，传给机身隔框。

4．翼梁如何将载荷传给机身隔框和缘条

翼梁腹板一方面与机身隔框连接，另一方面还以纵向的铆钉与缘条相连。各个翼肋通过铆缝传给腹板的力，要使翼梁腹板承受切变作用。翼根截面的切变力，由机翼与机身隔框相连的铆钉或螺栓产生反作用力来平衡。此外，翼肋传来的力，还要使翼梁各截面承受弯矩。这个弯矩是通过腹板和缘条连接的两排纵向铆钉传到缘条上去。

5．翼梁缘条如何传递腹板传来的载荷

当翼肋传给腹板的力的方向向上时，腹板沿纵向铆缝传给上缘条的切变流是由翼尖指向翼根的，它要使由前后梁的上缘条、上缘条之间的蒙皮和桁条组成的上部壁板向翼根方向移动，如图 1.1.26 所示。于是，上部壁板各构件的截面上要产生压缩的轴向内力，来阻止壁板移动，并与缘条上的纵向剪流平衡。下缘条上纵向切变流的方向相反，下部壁板各个构件要产生拉伸的轴向内力。可见，传到缘条上的纵

向剪流不能完全由缘条本身产生的轴向力来平衡,它还要通过铆钉将一部分力传给蒙皮;而传到蒙皮上的那一部分力,也不能完全由蒙皮产生的轴向力来平衡,它又要将一部分力通过铆钉传给桁条。在这一传力过程中,壁板上的铆钉都要沿铆缝方向受到切变力。以上分析表明,弯矩以纵向切变流的形式传给上、下缘条以后,是由上、下壁板来承受的。

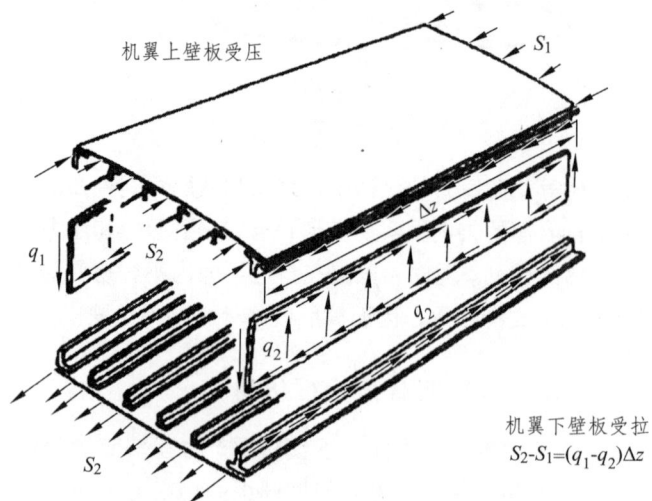

图 1.1.26　机翼壁板承受总体弯矩

归纳机翼结构中力的传递如图 1.1.27 所示。

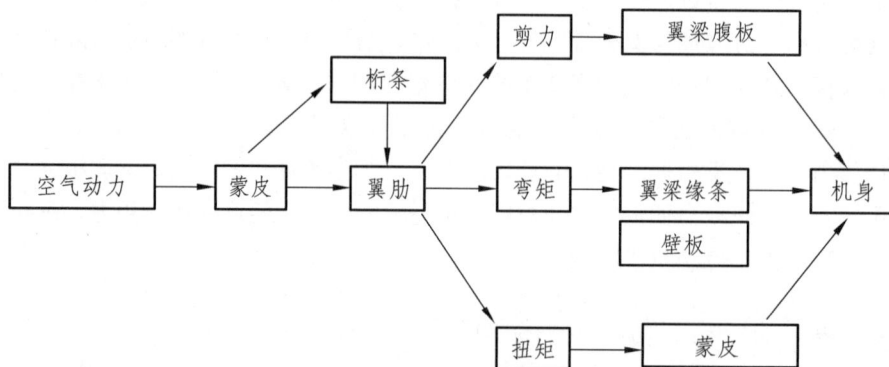

图 1.1.27　机翼结构中的力的传递

机翼上的集中载荷,如部件的质量力、偏转副翼和放下襟翼时产生的空气动力、飞机接地时起落架受到的撞击力等,通常都直接作用在某个翼肋上。翼肋受到集中载荷后,如前面所述的过程一样,把这个载荷按翼梁的抗弯刚度成比例地传给各个腹板,而把这个载荷引起的扭矩传给蒙皮。蒙皮和腹板受到翼肋传来的作用力以后,再把它们传给缘条和机身。

翼梁腹板和蒙皮都是薄壁构件,如果载荷集中地作用在薄壁的某一部位,它就容易损坏。但是,翼肋能以切变流的形式将载荷分散地传给蒙皮和腹板。可见,分散集中载荷也是翼肋在机翼结构中的作用之一。

传递较大的集中载荷的翼肋,通常都是加强的。它们的结构强度较大,同腹板、蒙皮的连接也比普通翼肋结实很多，一般由两排或三排直径较大的铆钉连接。尽管如此，当飞机做剧烈的机动飞行或粗猛着陆后，加强翼肋上的部件固定接头，以及加强翼肋与腹板、蒙皮连接的铆钉仍可能因受力过大而被损坏。因此，对这些部位，应当特别注意。检查、修理这些部位时，也要特别注意保持其强度。

有些飞机机翼上的集中载荷，是通过固定接头上的螺钉或铆钉直接作用在翼梁上的。这时，集中载荷由翼梁腹板和缘条直接传给机身。维护工作中，对这些固定接头，也应加强检查。

机翼结构中力的传递过程，可以简要归纳如下：

（1）蒙皮上的局部空气动力，由桁条和直接同翼肋贴合的蒙皮传给翼肋。

（2）翼肋将空气动力和集中载荷，按梁的抗弯刚度成正比地传给腹板，将它们对刚心的扭矩传给蒙皮。蒙皮将扭矩传给与机身接合的周缘螺钉（或开口边缘的加强翼肋）。

（3）腹板把各个翼肋传来的切变力，传给机身隔框；把这些力产生的弯矩，通过纵向排列的铆钉传给上下缘条。

（4）机翼翼梁的缘条，连同桁条和蒙皮，把由纵向铆钉传来的力，传给机身的连接接头。从力的传递分析中可以看出：检查机翼时应当注意观察各部分的铆缝情况，因为机翼各构件都是通过铆钉来传力的。检查铆缝时，可以根据飞机的具体情况，确定必须着重检查的部位。例如，飞机粗猛着陆后，应当着重检查固定起落架部位的翼肋或翼梁上的铆钉。飞机作剧烈的飞行动作后，则应对固定大部件的加强翼肋上的铆缝、翼根部位的腹板和缘条相连的铆缝等，进行仔细检查。根据铆缝的损伤现象，可以大致判断造成损伤的原因。例如，飞机粗猛着陆后，在过大的撞击力作用下，机翼各部分的铆钉可能受到过大的切变作用而损坏，这时铆钉孔则会因一侧与铆钉头剧烈挤压而变成椭圆形。又如，飞机的飞行速度过大，蒙皮要承受过大的吸力，结果由于蒙皮或铆钉的变形，在铆钉孔周围可能出现圆圈状的痕迹。

现代飞机机翼结构中的蒙皮，不仅在传递扭矩时要受到切变作用，而且在传递弯矩时还要承受压缩和拉伸轴向力，因此，维护和修理工作中，经常保持蒙皮具有良好的表面状况和承载能力（强度、刚度、稳定性），是十分重要的。飞行中，如果操纵动作过于剧烈，机翼蒙皮就可能因受切变或受压失去稳定性而出现曲皱，或因受力过大而产生裂纹。此外，还会使蒙皮与其他构件相连的铆钉松动或脱落。这些故障都会使蒙皮表面粗糙和承载能力变差，维护、修理时，必须注意及时发现和修复。

【任务测评】

1. 分析梁式机翼和单块式机翼的结构特点，并填入表 1.1.1 中。

表 1.1.1　梁式和单块式机翼的结构特点

机翼形式	蒙皮	桁条	翼梁
梁式			
单块式			

2. 对机翼结构进行外观检查时，应着重检查哪些部位或构件？

3. 如图 1.1.5 所示，某无人机俯冲后拉起，求：

（1）当 $v = 720 \text{ km/h}$，$r = 1\,000 \text{ m}$，$\theta = 60°$ 和 $0°$ 时的过载 n_y 各为多少？

（2）如果最大允许过载系数 $n_{y\max} = 6$，在同样的拉起速度下，允许的拉起圆弧半径 r 为多大？

4. 画出图 1.1.28 中无人机在地面停机时，其机翼（含挂载武器）的剪力图和弯矩图。

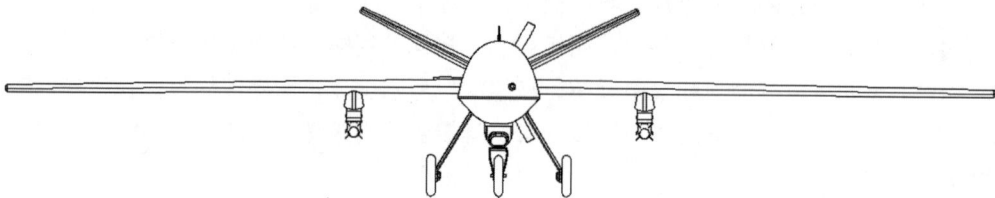

图 1.1.28 题 4 图

瞻国之重器

航空强国

1949 年 10 月 1 日，在古老的北京天安门城楼上，共和国的建立者们仰首举目，注视人民空军 17 架飞机以整齐威武的队形飞过天安门上空，接受党和国家领导人的检阅。初建的人民空军当时共有 202 名飞行员，拥有缴获和起义人员使用的军用飞机 159 架，这些飞机来自美国、英国、日本等多个国家，使用维护都存在困难。当时能抽调出这 17 架状态良好的飞机已属不易，为了让编队看起来更加壮观，领队的 9 架"野马"飞机在飞过天安门后，经天安门北部空域绕飞一圈后，又进行了第二次通场，所以那天通过天安门上空的飞机实际是 26 架次。

歼-20（代号：威龙）是中航工业成都飞机设计研究所研制的一款具备高隐身性、高态势感知、高机动性等能力的隐形第五代制空战斗机，解放军研制的最新一代双发重型隐形战斗机，用于接替歼-10、歼-11 等第三代空中多用途歼击机的未来重型歼击机型号，该机将担负中国空军未来对空、对海的主权维护任务。

2021 年 7 月 1 日，在庆祝中国共产党成立 100 周年庆典活动上，中国人民解放军空中梯队亮相庆祝大会，71 架战鹰飞越天安门上空，进行飞行表演。其中，"明星战机"歼-20 首次以 15 架编队公开亮相，一组 5 机楔形队列呼啸而过，而其后还有第二组、第三组，沿着党旗指引的方向振翅奋飞，通过天安门广场，接受党和人民的检阅，意味着该战机的列装工作进入了新阶段。2019 年国庆阅兵中，歼击机梯队中的歼-20 数量为 5 架，此次庆典展示的歼-20 战机数量是上次的 3 倍。

从 1949 年到 2021 年，从天安门上空通场两次到 71 架大国重器飞行表演，短短 70 多年，尽彰显我国空军航空装备的跨越式发展，标志着国家力量的强大！

引自 http://www.81.cn/j-s/2020-10/10/content_9915742.htm?ivk_sa=1024320u（2021-06-22）

任务 2　机身结构识别、检查与分析

【情境创设】

为了保证无人机的正常飞行，无人机的机身表面具有良好的流线型，机身结构具有一定复杂性。对其表面的完好性要求比较高，必须经常进行正确的维护。

知识点 1　机身的外载荷

飞机在飞行和着陆过程中，机身结构要承受由机翼、尾翼、起落架等部件的固定接头传来的集中载荷，这是机身结构的主要外载荷。同时还要承受机身上各部件及装载的质量力、机身结构本身的质量力以及空气动力等。

作用在机身上的外载荷，通常可以分为对称载荷和不对称载荷。与机身对称面对称的外载荷，称为对称载荷，反之为不对称载荷。

1．对称载荷

飞机在平飞和在垂直平面内做机动飞行时，由机翼和水平尾翼的固定接头传给机身的载荷；当飞机以三点或两点（两主轮）接地时，传到机身上的地面撞击力等，都属于对称载荷。在对称载荷作用下，机身要受到对称面内的剪切和弯曲作用。一般在机身与机翼连接点处，机身承受的剪力和弯矩最大。

如图 1.2.1 所示，机身由 A、B 两个连接接头与机翼相连，机翼接头对机身的支点的反作用力分别为 R_A 和 R_B；水平尾翼的外载荷通过垂直尾翼机身相连的接头 C 和 D 传给机身，它们分别是 R_C 和 R_D；机身的质量力为 q。由此，可作出飞机在垂直平面内做机动飞行时的剪力图和弯矩图。

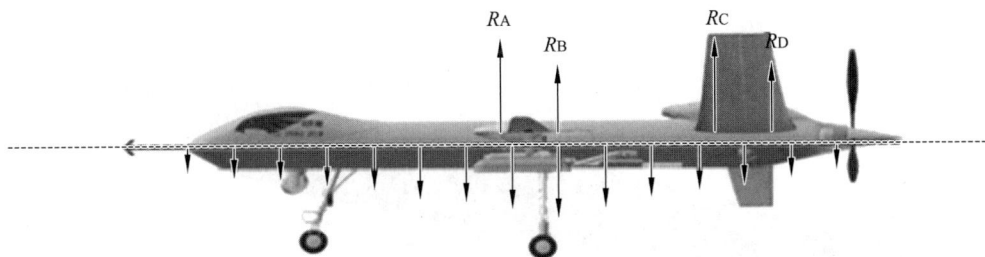

（a）机身外载荷分析

（b）剪力图

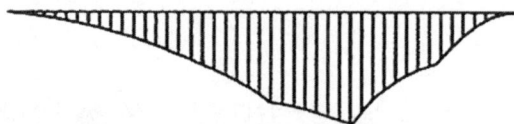

（c）弯矩图

图 1.2.1　机身在对称载荷作用下的剪力、弯矩图

2．不对称载荷

水平尾翼的不对称载荷，垂直尾翼的侧向水平载荷以及一个主轮先接地时的撞击载荷等，对机身来说都是不对称载荷。在不对称载荷作用下，机身要承受剪切、弯曲和扭转作用。作用在机身的不对称载荷形式多样，例如，当水平尾翼受到不对称载荷时，机身要受到对称面内的剪切和弯曲作用，同时，机身各横截面还要受到扭矩作用。又如，当垂直尾翼承受侧向水平载荷 P 时，机身要在水平面内承受剪切和弯曲作用，同时，还要承受扭矩作用。

飞机做侧滑或急转弯等飞行动作时，由于飞机具有侧向加速度而产生侧向惯性力。机身在侧向突风或侧向惯性力作用下，要承受水平平面内的剪切和弯曲作用。

知识点 2　辨别机身构件

现代飞机的机身结构由桁梁、桁条、隔框以及蒙皮组合而成。隔框分为普通框和加强框两大类。普通框用来维持机身的截面形状，加强框的作用是将装载的质量力和其他部件上的载荷经接头传到机身结构上的集中力加以扩散，然后以剪流的形式传给蒙皮；长桁和大梁的作用是承受机身弯曲时产生的轴力，支持蒙皮以及承受部分作用在蒙皮上的气动力并传给隔框；蒙皮的作用是构成机身的气动外形，并保持表面光滑。机身结构的布置充分考虑了工艺性，有利于机身装配工艺分离面的划分，一般分为三段：前机身段、中机身段、后机身段，如图 1.2.2 所示。

现代飞机的机身结构是由纵向元件（沿机身纵轴方向）——桁条、桁梁和垂直于机身纵轴的横向元件——隔框以及蒙皮组合而成，机身结构各元件的功用与机翼结构中的桁条、翼肋、蒙皮的功用基本相同。

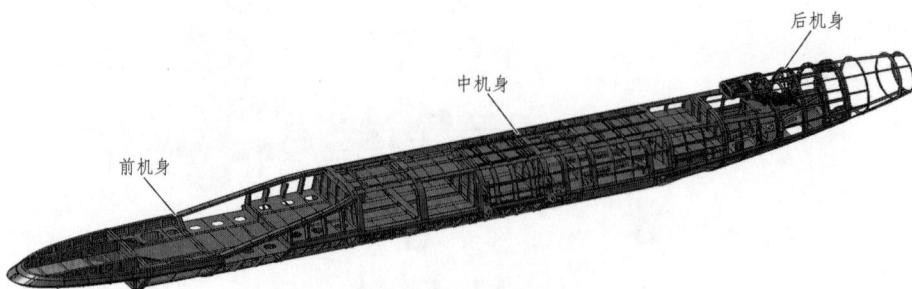

图 1.2.2　机身结构分段简图

1．隔　框

隔框分为普通框与加强框两大类。普通框用来维持机身的截面形状。一般沿机身

周边空气压力为对称分布，如图 1.2.3（a）所示。此时，空气动力在框上自身平衡，不再传到机身的其他结构上去。普通框都设计成环形。当机身为圆截面时，普通框的内力为环向拉应力；当机身截面有局部接近平直段时，则普通框内就会产生弯曲内力。此外，普通框还受到因机身弯曲变形引起的分布压力 p_1，如图 1.2.3（b）、（c）所示，p_1 是自身平衡的。普通框还对蒙皮和桁条起支持作用。隔框间距影响桁条的总体稳定性。

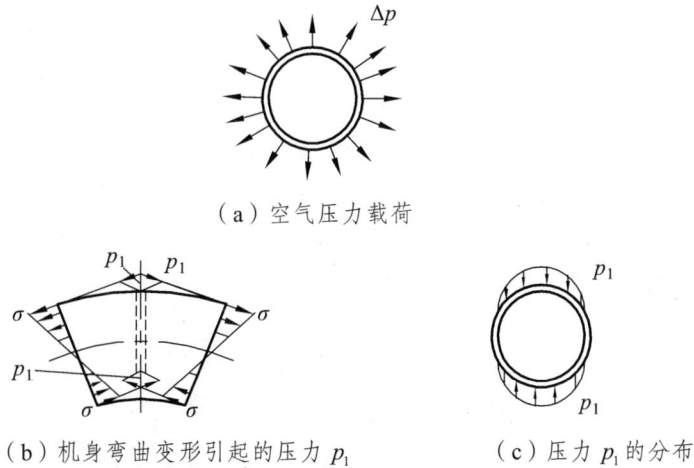

（a）空气压力载荷

（b）机身弯曲变形引起的压力 p_1　　　　（c）压力 p_1 的分布

图 1.2.3　普通框的载荷图

加强框除上述作用外，其主要功用是将装载的质量力和其他部件上的载荷、经接头传到机身结构上的集中力加以扩散，然后以剪流的形式传给蒙皮。根据其受力形式，加强框大致可分为刚框（环形）式、腹板式及构架式 3 大类。

2．桁条与桁梁

桁条作为机身结构的纵向构件，在桁条式机身中主要用以承受机身弯曲时产生的轴力。另外桁条对蒙皮有支持作用，它提高了蒙皮的受压、受剪失稳临界应力；其次它承受部分作用在蒙皮上的气动力并传给隔框，与机翼的桁条相似。桁梁的作用与桁条相似，只是截面积比桁条大，受载也比桁条大。图 1.2.4 所示为桁条在隔框上的通过口。

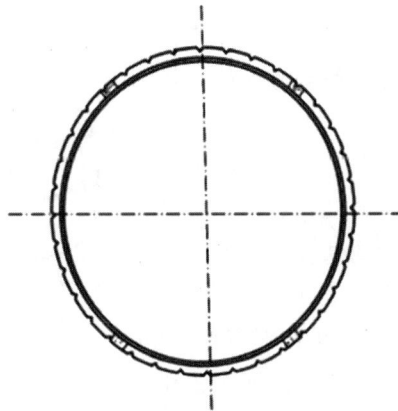

图 1.2.4　普通隔框——桁条通过口

知识点 3 辨别机身的结构形式

随着飞机的飞行性能的提高，机身的结构形式也在不断变化。根据机身结构中蒙皮的应力状况，将机身的结构形式分为构架式、硬壳式和半硬壳式机身。其中，半硬壳式又分为桁条式和桁梁式机身，具体情况如下。

1．构架式机身

因为早期飞机速度低，所受的空气动力不大，所以其机身一般都采用构架式。如图 1.2.5 所示，受力骨架由缘条、支柱等细长杆件组成立体构架，立体构架外有隔框、桁条、蒙皮，维持机身外形。受力骨架外面用棉布或亚麻布构成蒙皮，机身的总体载荷：弯矩、剪力、扭矩均由空间桁架各构件承受拉压来传递，布质蒙皮仅仅形成机身气动外形，承受局部气动载荷，它是典型的维形件。

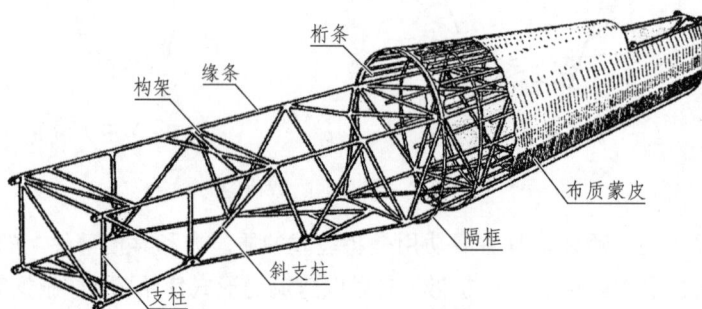

图 1.2.5 构架式机身

构架式机身结构简单，便于制造，开口方便。缺点是抗扭刚度差，空气动力性能不好，重量大，内部容积也不易得到充分利用。目前，只有小型低速飞机和某些直升机才采用这种机身。

2．硬壳式机身

硬壳式机身又称蒙皮式机身，如图 1.2.6 所示，既没有大梁也没有桁条，主要由蒙皮与少数隔框组成。这种机身的蒙皮很厚，稳定性很好，不仅能承受切变力和扭矩，而且能承受弯矩引起的全部轴向力。硬壳式机身能很好地保持机身外形，气动性能好，抗扭刚度大，生存力好。

硬壳式机身因为蒙皮厚、局部刚度大，所以隔框数量较少。由于材料都布置在结构最大高度上，在其他条件相同的情况下，有较大的弯曲、扭转刚度。但实际上，硬壳式机身用得很少，其根本原因是因为机身的相对载荷较小，而且机身不可避免要有大开口，因而蒙皮材料的利用率不高，开口补强增重较大。所以只在

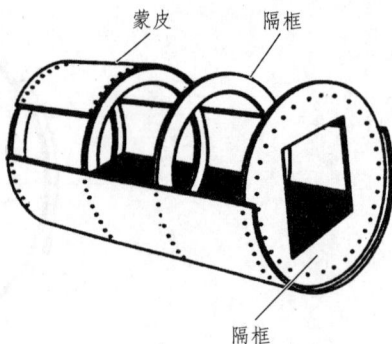

图 1.2.6 硬壳式机身

直径较小的机身上和机身结构中某些气动载荷较大、要求蒙皮局部刚度较大的部位如头部、机头罩、尾锥等处有采用。因此，目前完全采用硬壳式机身的飞机很少。

3．半硬壳式机身

随着飞机飞行速度的不断提高，铝合金广泛应用于飞机结构，铝合金蒙皮的承载能力比布质蒙皮大大提高了，不仅能承受气动载荷，而且参与总体受力。但由于蒙皮厚薄不同，参与总体受力程度不同。现代飞机的机身广泛采用半硬式机身。半硬壳式机身又分为桁梁式和桁条式两种。

（1）桁梁式机身。

桁梁式机身的结构由几根较强的桁梁（一般至少有 4 根）、弱的桁条、较薄的蒙皮和隔框等组成，如图 1.2.7 所示。

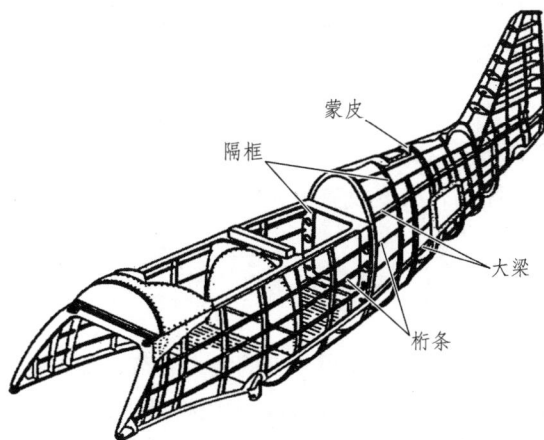

图 1.2.7　桁梁式机身

桁梁式机身结构上，大梁与隔框、蒙皮用铆钉牢固地连接成一体。大梁（即纵梁）的强度高、重量大，它支持着隔框和桁条。桁条比大梁轻，强度也低得多，它主要用来保持机体的形状和固定蒙皮。桁条通常都穿过隔框上的缺口，只与蒙皮铆接。某些飞机，在承受弯矩不大的机身部分，桁条在隔框处还可能是断开的，只起支持蒙皮的作用，不能承受轴向力。机身蒙皮的厚度随各部位所承受载荷和应力的不同而不同。上述这些构件通过角片、铆钉、螺钉、螺栓和螺帽等联结在一起，形成刚性骨架机身。这种结构的机身，弯曲引起的轴向力主要由桁梁承受，蒙皮和桁条只承受很小部分的轴力，剪力则全部由蒙皮承受。从它的受力特点可以看出，在桁梁之间布置大开口，不会显著降低机身的抗弯强度和刚度。桁梁式机身结构简单，易实现开口，结构对接也容易实现。但因为没有充分发挥桁条、蒙皮承受弯矩的能力，结构重量较大，抗扭刚度较小，生存力也较差。所以，桁梁式机身适合于小型飞机或机身上开口较多的部位。

（2）桁条式机身。

桁条式机身的结构如图 1.2.8 所示，其特点是纵向没有桁梁，桁条较密、较强；蒙皮较厚，较强。弯矩引起的轴向力由许多桁条与较厚的蒙皮来承受，剪力仍全部由蒙皮承受。从其受力特点可以看出，蒙皮上不宜开大的舱口。但与桁梁式相比，它的弯、扭刚度（尤其是扭转刚度）比桁梁式大。由于蒙皮较厚，在空气动力作用下，蒙皮的局部变形也小，因而改善了机身的空气动力性能，也增大了机身结构的抗扭刚度，与桁梁式机身比较而言，更适合于高速飞机。

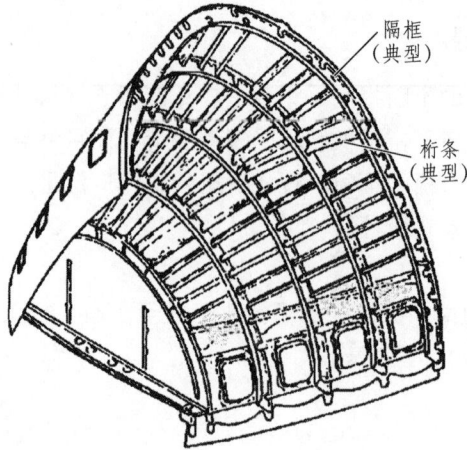

图 1.2.8　桁条式机身结构

综上所述，桁条式和桁梁式统称为半硬壳式。现代飞机绝大部分采用半硬壳式结构。而且由于桁条式的优点，只要没有很大的开口，机身多数采用桁条式结构。

技能点 1　机身典型部位受力分析

飞机的机翼、尾翼和起落架等部件传来的集中载荷，都直接作用在加强隔框上。加强隔框周缘是与蒙皮铆接在一起的。加强隔框沿铆缝把载荷以剪流的形式传给蒙皮。蒙皮本身承受和传递全部剪力和扭矩，并将弯矩传递给大梁和桁条。本任务主要介绍加强隔框把集中载荷传给蒙皮的传力过程，以半硬壳式机身结构的垂直载荷和水平载荷的传递为例进行分析。

1. 垂直载荷的传递

当加强隔框受到垂直方向的集中对称载荷作用时，要沿垂直方向移动。大梁抵抗垂直方向变形的能力很小，不能有效地阻止隔框垂直移动。而蒙皮抵抗垂直方向变形的能力较大，它能够有效地阻止隔框垂直移动。因此，蒙皮是支持加强隔框的主要构件。这时，加强隔框沿两边与蒙皮连接的铆缝，把集中载荷以剪流的形式分散地传给蒙皮（两侧蒙皮承受的剪流较大）；蒙皮产生反作用剪流，来平衡加强隔框上的载荷，如图 1.2.9 所示。

当加强隔框受到不对称垂直集中载荷作用时，可以把不对称集中载荷分解成对称和反对称部分，如图 1.2.10 所示，反对称集中载荷部分相当于作用在加强隔框上一个扭矩 $M_r = (P_2 - P_1)a/2$。加强隔框沿周缘

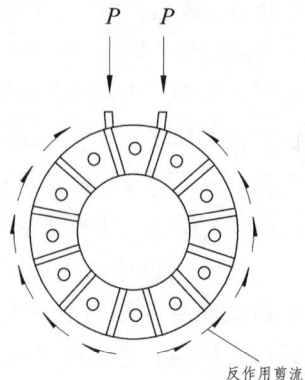

反作用剪流

图 1.2.9　对称垂直载荷的传递

的铆钉把扭矩以剪流的形式均匀地传给蒙皮，蒙皮则产生反作用剪流 q_T，形成对隔框中心的反力矩，使隔框平衡。

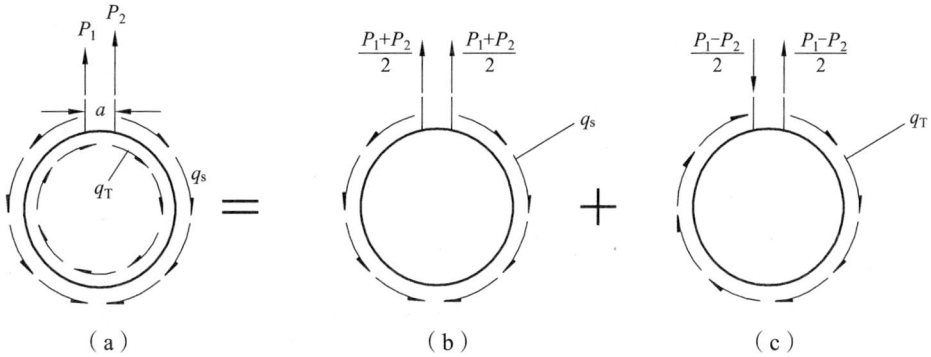

图 1.2.10　不对称垂直载荷的传递

总之，当加强隔框受到相对机身轴线不对称垂直集中载荷作用时，隔框周缘同时产生两个剪流，即平衡 P_1+P_2 的剪流 q_s，平衡扭矩 M_T 的剪流 q_T。周缘各处总剪流的大小就等于这两个剪流的代数和。

2．水平载荷的传递

作用在加强隔框上的水平载荷（如来自垂直尾翼的载荷 P），通常是不对称的，它对隔框的作用，相当于一个作用在隔框中心处的力 P（即对机身的剪力）和一个对隔框中心的力矩 M_T（即对机身的扭矩），如图 1.2.11 所示。

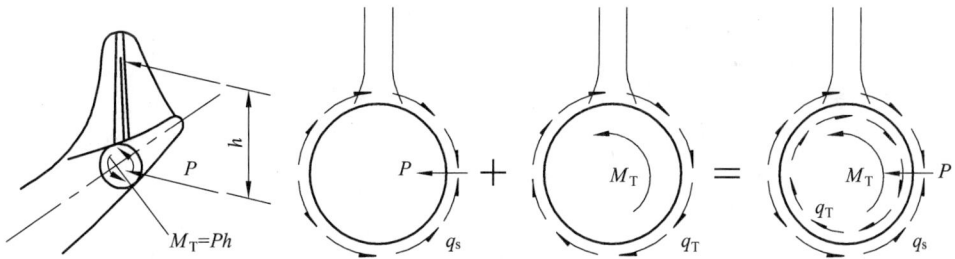

图 1.2.11　水平载荷的传递

加强隔框传递作用在中心处的力 P 的情况与传递垂直载荷相似，也是沿铆缝以剪流（q_s）的形式将外载荷分散地传给蒙皮。因为力 P 的方向是水平的，所以机身上下蒙皮承受的剪流最大。

对于作用在隔框上的扭矩 M_T，要在其自身的平面内旋转。蒙皮组成的合围框具有较大的抗扭刚度，它能通过铆钉来阻止隔框旋转。这样，加强隔框便沿周缘铆缝把扭矩以剪流（q_T）的形式均匀地传给蒙皮，蒙皮则产生反作用剪流，形成对隔框中心的反力矩，使隔框平衡。

总之，加强隔框承受水平载荷时，隔框周缘要同时产生两个剪流，即平衡力 P 的剪流和平衡力矩 M_T 的剪流。周缘各处的总剪流的大小等于两个剪流的代数和。在承受垂直尾翼传来的载荷时，隔框上部两个剪流的方向相同，而下部方向相反。因此，固定垂直尾翼的加强隔框，上部受力较大，这些隔框的上部往往做得较强，而且机身尾段上部的蒙皮一般也比较厚。对于固定前起落架的加强隔框来说，在承受由前起落架传来的侧向水平载荷时，隔框下部的受力比上部大，所以，这种隔框的下部通常做得较强。

【任务测评】

1. 分析桁梁式机身和桁条式机身的结构特点，完成表 1.2.1。

表 1.2.1　桁梁式和桁条式机身的结构特点

机身形式	蒙皮	桁条	桁梁
桁梁式			
桁条式			

2. 试用加强隔框水平载荷分析，若一右侧风作用在垂直尾翼上，分析其载荷传递路径。并分析哪部分蒙皮受载较大？

瞻国之重器

亚洲第一框

歼 10 战斗机是中国自主研制的轻型、多功能、超音速、全天候、采用鸭式布局的第三代战斗机，中国空军赋予其编号为歼 10，对外称 J-10 或称 F-10。

当今世界，衡量一个国家航空制造业的发达程度，非常重要的一条是看该国数控加工水平的高低。过去的飞机框由几十个零件甚至上百个零件装配而成。而歼 10 飞机的整体框却是用一个毛坯、一个程序加工而成，毛坯去除率高达 97.3%，外廓尺寸大、结构复杂、精度要求高，被人称之为"亚洲第一框"。歼 10 飞机副总工程师许德的一番话，实实在在地道出了数控加工在歼 10 飞机研制中面临的空前挑战：生产这个框，是摸着石头过河。这个框光是毛坯就上万美元，采用的完全是新技术。加工这个框的软件选择也很棘手，用新软件编程没把握。即使编出来，机床匹配的后置软件是否好用也是个问题。特别是双面加工，我们没有国外先进的真空夹具来固定，只能靠自己摸索。成飞也曾派人出国寻找合作厂家。在寻求国外支持的道路上屡屡碰壁后，成飞人决定背水一战，用现有的技术和经验尝试生产歼 10 整体框。那段时间，技术人员顶着巨大的压力迎接挑战。数控加工中心的编程员们一边要在计算机房里编制程序，一边又要把程序拿到办公室校对，还要在数控机床上和工人师傅一道进行试切加工，最后把出现问题的数据拿到机房去研究。全靠技术员们在实践中边干边摸索，凭着一丝不苟、精益求精的精神，历时三个多月，终于攻克了程编设计、数控加工难关。生产工人三班倒，工艺人员昼夜随班现场跟产指导，有关部门紧密配合，终于诞生了引以为傲的"亚洲第一框"。

成飞展厅里，散发着冷冷金属光泽的"亚洲第一框"成为一个亮点，这个竖立在展墙上的歼 10 飞机铝合金"骨骼"，诉说着参研人员的拼搏奉献。

歼 10 战机的成功是我国军机从二代机向三代机跨越的历史性标志，是我国的重要军事装备，极大地鼓舞了军心和民心，预示着国家的强大！

任务 3　翼身的连接与分解

【情境创设】

对一架固定翼无人机来说，一般都是分段制造，然后将各部分组装而成。机身结构的分离面包括机身各段的分离面、机翼各段的分离面、机翼和机身间的分离面以及尾翼与机身间的分离面。教师带学生到机坪，与学生一起分析讨论翼身的连接。

知识点 1　机翼与机身连接

按有无机翼通过机身，机翼与机身的连接结构形式可分为有机翼通过机身和左右机翼连于机身两侧的两种形式。

1．有中央翼的机翼连接

有机翼通过机身的连接时，形式又可分为机翼与机身框各自独立结构的连接和中央翼梁与机身对接框为整体结构的连接。

当机翼和机身框为各自独立结构时，从原理上看，带中央翼的机翼靠 4 个铰接接头就能将机翼的剪力、扭矩和弯矩传给机身。

如图 1.3.1 所示为某型飞机的机翼与机身的连接形式。机翼以嵌入形式插到前、后两个机身对接框之间，通过 4 个空心销将机翼的前后梁与对接框连接。空心销是典型的铰接接头，构造简单，易于安装。

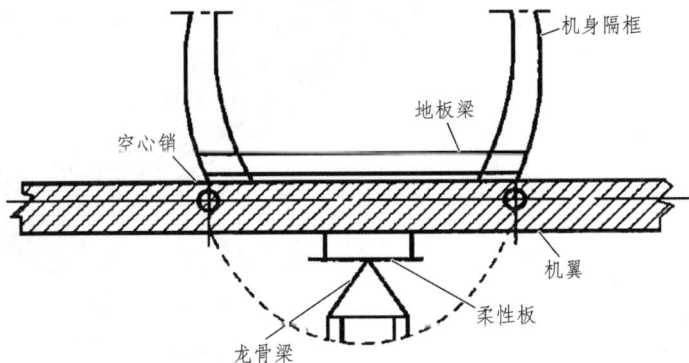

图 1.3.1　机翼与机身隔框独立的连接形式

中央翼梁与机身对接框为整体结构是指将机翼中央翼盒的梁设计制造成为机身加强隔框的一部分，做成整体结构主要是为了减轻结构重量。如图 1.3.2 所示，为某型飞机的对接框设计。其上半部是框的主要部分，它把机翼的剪力传到机身壳体上。框的下半部由中央翼梁及其向下延伸部分组成，延伸部分是次要结构。上下两部分别用螺栓连成整体。这种机翼与机身的连接形式应用较为广泛。

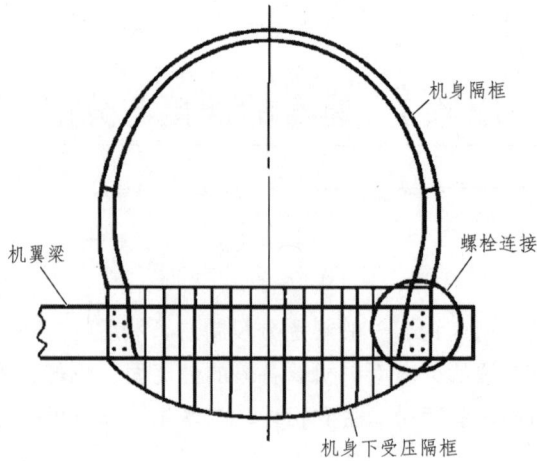

图 1.3.2　中央翼梁与机身隔框为一整体的连接形式

2．无中央翼的机翼连接

当无机翼通过机身时，左、右机翼与机身两侧的连接分为集中式连接和分散式连接两种。

集中式连接只需要少数几个连接接头。机翼与机身以集中连接形式在机身侧边对接时，至少要有一个固接接头和一个铰接接头。梁式机翼都采用集中式连接，如图 1.3.3 所示。

耳片垂直（螺栓水平）放置的梁式翼面对接接头，垂直剪力和垂直弯矩靠螺栓受剪传力，水平剪力靠耳片挤压传力，水平弯矩也靠螺栓剪切传力。

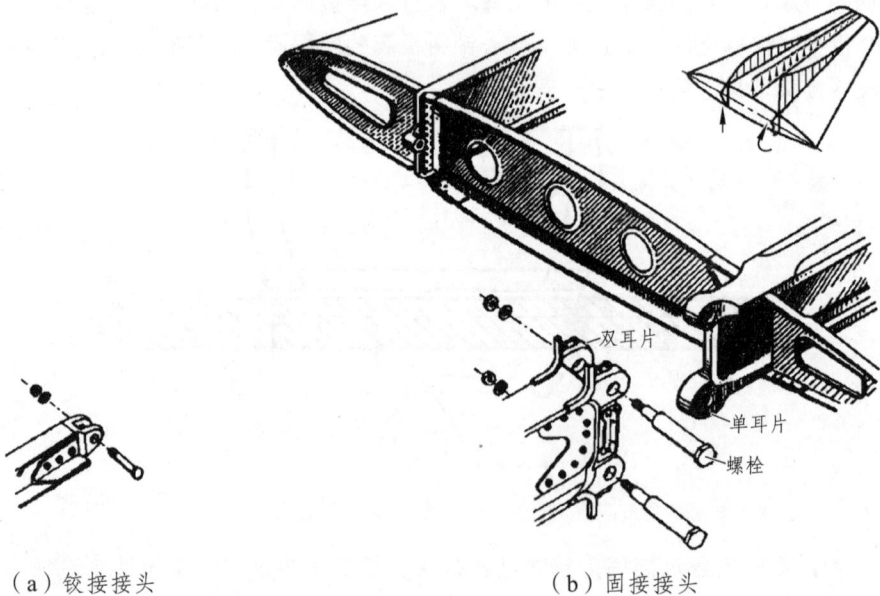

（a）铰接接头　　　　　　　　　　（b）固接接头

图 1.3.3　集中式连接

为了在根部将蒙皮传来的扭矩由集中式接头传出去，必须设置根部加强肋，将翼盒横截面上封闭区域的单向剪流形成的扭矩转化成一对垂直力偶传给翼梁腹板，然后连同梁腹板中原来的剪力一起通过与缘条和接头牢固连接的加强垫板、加强支柱或角盒传到上下叉耳接头的耳片上，再由螺栓受剪向机身接头传递。如果对接耳片水平放置，螺栓垂直，则垂直剪力靠耳片挤压传递。这时，须在上下水平耳片之间配置加强筋来提高耳片在垂直方向的刚度。垂直弯矩、水平剪力和水平弯矩均由螺栓受剪传力。为了传递扭矩，应用水平方向的加强垫板和加强支柱将上下蒙皮与对接接头的水平耳片牢固连接，扭矩便通过加强肋上下缘条转化成一对水平力偶传递到接头上。因此，耳片的传力性质取决于耳片的方向，耳片平面方向的刚度大，因此能够传递位于其平面内的载荷，传力时螺栓受剪。垂直于耳片方向，耳片刚度差，只能靠耳片直接受挤压传递载荷。由于这种单传力途径的静定连接方式不具有破损安全特性，一旦固接接头破坏，后果将是毁灭性的，因此现代飞机均采用多接头分散式连接。

分散式对接主要有梳状型材接头围框对接，多个单接头围框对接等形式。

典型的梳状型材接头围框对接如图 1.3.4 所示，翼面壁板上的蒙皮和桁条首先与机加工的刚性梳状接头采用受剪切的螺接和铆接形式进行连接。梳状接头与壁板连接段通常采用变截面设计，以达到刚度渐变的目的，减小机加工梳状接头与薄壁壁板结构的刚度突变，从而减小连接区的应力集中，减轻结构重量。机翼和机身的梳状接头通过多个预加张力的螺栓进行对接，螺栓展向放置，梁缘条也通过受剪螺栓连接在梁缘条接头上。梳状接头与梁缘条接头搭接。连接螺栓均安装在对接梳状接头的展向螺栓槽内。机翼梁腹板和对接端腹板均设有加强立柱，通过螺栓将立柱及腹板连为一体。

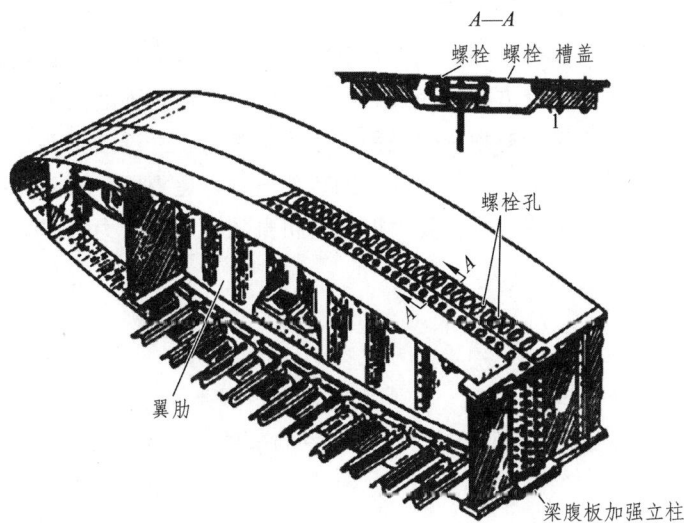

图 1.3.4 梳状型材接头围框对接

多个单个接头围框对接形式，沿翼面对接剖面设置许多单个接头。每个单个接头与壁板的蒙皮和桁条通过受剪螺栓连接。两翼段的相应接头通过受拉螺栓对接。这种对接形式的轴力和剪力传递与梳状型材接头围框对接相同。与梳状型材接头围框对接相比，多个单接头围框对接形式装配工艺性好，接头便于加工和装配，结构简单，但多个接头连接结构传递扭矩能力差，只有在两翼段的对接接头间设置一个板状加强肋，以对接螺栓受剪传递扭矩，这造成该种接头形式结构质量增大。

【知识点 2　尾翼与机身连接】

固定翼无人机系统的尾翼常采用 V 尾布局，V 尾主要的功用是提供飞机的航向稳定性和操纵性，如图 1.3.5 所示。

图 1.3.5　V 尾布局

V 尾主要由 V 尾安定面、内侧升降方向舵、外侧升降方向舵、整流罩组件组成。升降方向舵用来控制飞机的俯仰操纵以及偏航操纵。V 尾通过前后梁接头固支在后机身加强框上，内、外侧升降方向舵通过悬挂接头安装在安定面后梁上。尾翼与机身的连接和机翼与机身的连接没有根本的区别，因为尾翼与机身连接接头上的承力构件所承受的载荷与机翼是一样的。与机翼连接的接头一样，尾翼固定接头的结构在很多方面取决于尾翼的形式、位置、结构受力形式、机身的布局和受力形式。

【任务测评】

1. 通过本任务的学习，考察一款固定翼无人机翼身的连接形式。
2. 写出采用不同翼身连接形式时，应注意的事项。

瞻国之重器

生命之光

经过多年的发展，"翼龙"已经衍生并形成了"翼龙"无人机家族。"翼龙"系列无人机凭借总体性能卓越、智能化程度高、用途广泛等一系列技术特点，使其在军用和民用领域都发挥了重要作用，在赢得国际市场良好声誉的同时，也进一步向世界展示了中国航空工业完全自主知识产权的高端无人机的最新水平。

在翼龙-2无人机基础上改进研制成功的"甘霖-Ⅰ"是人工影响天气领域的大型无人机系统。"甘霖-Ⅰ"人工影响天气作业成本低、工作时间长，其机翼挂点多、承载能力大、拓展能力强，较有人机具有明显优势。该型无人机具备远距离气象探测能力、大气数据采集能力和增雨催化剂播撒能力，同时拥有可靠的防除冰能力，具备复杂气象条件下的作业能力，大大提高了人工影响天气作业的效能。作为生态修复的"科技制高点"，突破大型无人机人工影响天气作业的关键，丰富了人工影响天气作业手段。

2021年7月，河南全省突遭大规模极端强降雨，部分区域发生洪涝灾害、供水供电网络停摆，其中巩义市米河镇多个村庄通信中断，失去联系。国家应急管理部紧急调派翼龙-2H无人机空中应急通信平台，跨区域长途飞行，在河南上空执行5~6小时的侦查和中继任务，实现了约50平方千米范围长时稳定的连续移动信号覆盖，为当地提供空中移动公网基站。

暴雨无情，科技暖心。翼龙无人机穿云破雾两次飞抵暴雨中的河南郑州，不仅为河南省郑州市巩义市米河镇打通了一条应急通信保障生命线，更为深陷洪水之中的"孤岛"点燃了生命之光。

任务4　机体开口补强措施

【情境创设】

由于安装设备、维护机体等原因，往往需要在机体结构上设置很多大小不同的开口。为了制造、维护和修理方便，机体各部分常常是分段制成后，再通过装在分离面上的连接接头将各段连成整体的。在开口部位和连接接头处，切断了蒙皮、桁条等受力构件，使载荷的传递情况发生变化，对开口部位及其相邻区域结构的受力产生影响。这种影响与开口尺寸的大小及开口部位采取的结构补偿措施有关。

技能点1　直接补偿开口措施

直接补偿开口的措施有在开口处安装受力舱口盖和沿开口周缘安装加强构件两类。

1．在开口处安装受力舱口盖

受力舱口盖由盖板、加强型材铆接而成，它用来代替开口部位的蒙皮、桁条、翼肋或隔框。为了使这种舱口盖能很好地参与受力，它的周缘要用很多铆钉、螺栓牢固地与开口周缘连接。这种舱口盖拆装不便，故多用在不需经常拆卸的部位。

2．沿开口周缘安装加强构件

这种舱口盖通常只用少量螺钉或锁扣来固定。在这种情况下，开口部位原来由壁板传递的载荷，将由加强构件组成的框型结构来传递，舱口盖不传递轴向力和剪流，仅承受局部空气动力，起盖住开口、保持飞机外表流线型的作用。这种补偿方法多用在开口不大、而舱口盖又需要经常拆卸的部位。必须注意，修理这种补偿开口部位的构件时，不仅要保持其足够的强度，并且应使其刚度符合原来的要求，因为载荷是按构件的刚度来分配的。如果修理以后的框型结构刚度不足，结构受力时，经框型结构传递的力应会减小，而沿开口段两边的壁板传递的力则会增大，结果开口段两边的壁板就容易因受力过大而损坏。反之，如果框型结构刚度过大，则经框型结构传递的力将比原设计情况的力大，这就会使与框型结构连接的构件受力过大，容易损坏。

技能点2　间接补偿开口措施

机体的结构中的某些大的开口（如起落架舱口），采用直接补偿是不合适的，因为这些地方不可能设置受力舱口盖,而沿大的开口周缘安装加强构件又会使结构过重，所以通常是间接补偿的。下面以金属蒙皮机翼为例，分析在垂直载荷作用下，剪力、弯矩、扭矩在间接补偿开口处的传递情况。为了简化问题，假设该机翼在两个翼梁和翼肋 1、2 之间的上下表面都是开口的，且不考虑开口部位前后缘蒙皮和桁条的传力作用，如图 1.4.1 所示。

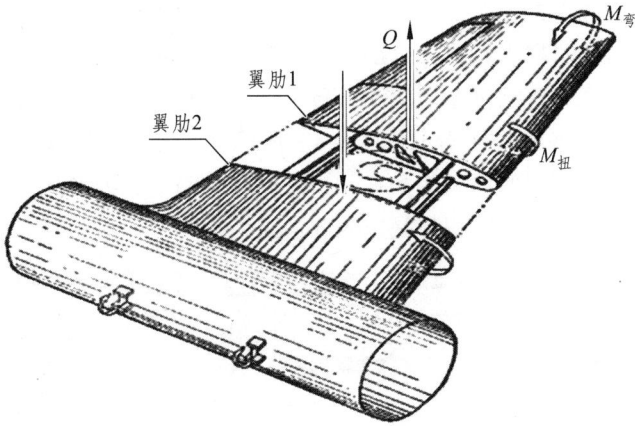

图 1.4.1　机翼的间接补偿开口

1．剪力的传递

由于开口部位的翼梁是完整的，所以垂直平面内的剪力和未开口时一样，剪力仍由翼梁腹板传递。

2．弯矩的传递

在不同结构形式的机翼上，间接补偿开口对结构传递弯矩的影响是不同的：梁式机翼的弯矩主要由翼梁承受，上、下蒙皮和桁条被去掉后，对结构传递弯矩的影响不大；单块式机翼中，弯矩引起的轴向力有很大部分是由蒙皮和桁条传递的，蒙皮和桁条被去掉后，这部分轴向力就要由翼梁缘条传递，因此开口段翼梁缘条的受力大大增加。

原来由蒙皮、桁条传递的轴向力，在开口部位处如何加到翼梁缘条上去呢？开口部位外侧轴向力的传递：取开口部位外侧两翼梁间的一块带桁条的蒙皮 abcd 来研究，如图 1.4.2 所示。

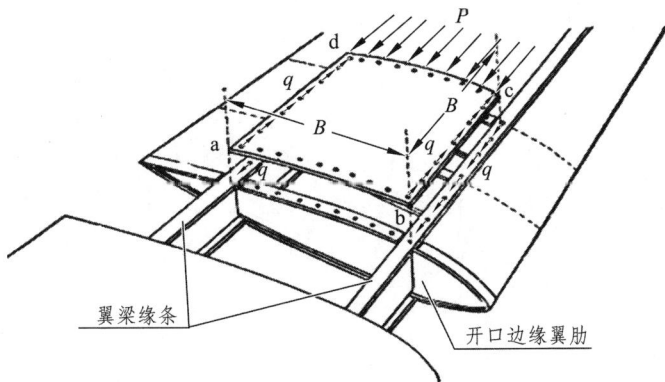

图 1.4.2　开口部位外侧轴向力的传递

这块蒙皮的内端铆接在开口边缘翼肋上，两侧铆接在翼梁缘条上，外端则和外段蒙皮、桁条连接在一起，并受到外壁板传来的由弯矩引起的轴向力 P 的作用。在轴向力作用下，蒙皮 abcd 有向翼根移动的趋势。由于边缘翼肋受到垂直于它本身平面的力时比较容易变形，不能可靠地支持这块蒙皮，而翼梁缘条却能对它起支持作用，因而由外段壁板传来的轴向力便经过蒙皮侧边铆缝，以剪流的形式逐渐传给翼梁缘条，使缘条承受的轴向力逐渐增大。在开口部位的内侧，翼梁缘条内由于开口增加的那部分轴向力，又以剪流形式逐渐传给蒙皮和析条，使它们重新与缘条一起受力。

开口部位翼梁缘条的加强情况如图 1.4.3 所示，从开口部位的结构传递弯矩的分析中可看出，单块式机翼的翼梁缘条在开口部位及其附近受力要显著增大。因此，在这个区域内，翼梁缘条的截面积都是加大的。

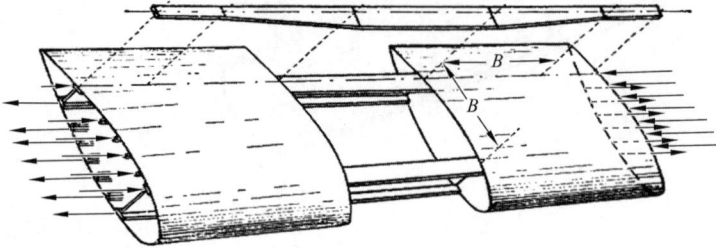

图 1.4.3　开口部位翼梁缘条的加强情况

3．扭矩的传递

边缘翼肋传递扭矩，开口部位外侧机翼的扭矩通过蒙皮以剪流的形式传递给外侧边缘翼肋以后，以力偶的形式传给翼梁的。当组成这个力偶的两个力分别经翼梁传到内侧边缘翼肋时，由于蒙皮的支持作用，内侧边缘翼肋又要通过铆缝将这个力偶转变成剪流传给内侧机翼蒙皮。可见开口部位的两个边缘翼肋传递扭矩时，它们与蒙皮和翼梁腹板相连的铆钉承受的剪力较大，维护工作中应注意检查。

开口部位的翼梁传递扭矩引起力偶时，要承受附加的剪力和弯矩。因为附加剪力的作用，腹板各截面承受的总剪力可能增大，所以开口部位翼梁腹板通常也是加强的。开口部位的翼梁承受的附加弯矩，如图 1.4.4 所示，图中表示开口部位的一段翼梁，它在两端的附加剪力作用下，有沿垂直平面旋转的趋势，这时，开口部位两侧的翼梁段会产生反力矩来阻止它旋转。

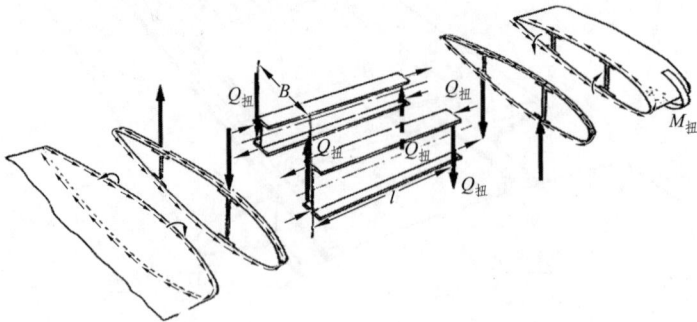

图 1.4.4　扭矩在开口部位的传递

开口段翼梁两端受到的附加弯矩最大，开口段翼梁中间弯矩为零。另外，附加弯矩的最大值与开口部位沿展向的长度有关，开口部位越长，附加弯矩的最大值就越大。总之，开口部位的翼梁不仅要承受机翼的全部弯矩，而且要承受由于机翼扭转而引起的附加弯矩。因此，开口段翼梁截面上的总弯矩是这两个弯矩的代数和。图 1.4.5 为扭矩在开口部位的传递框图。

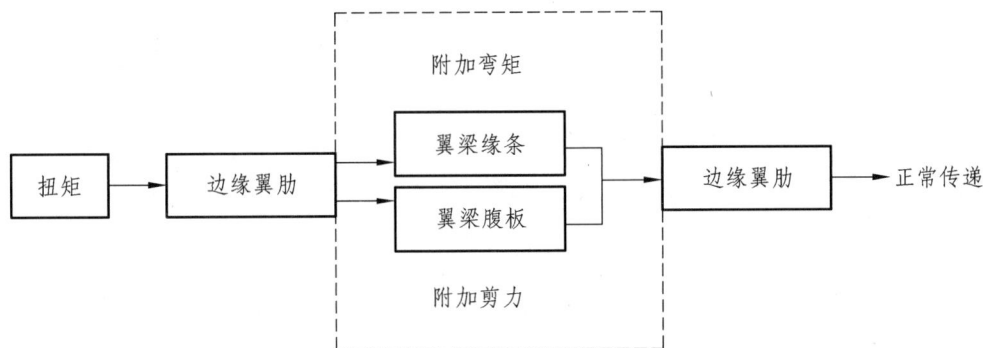

图 1.4.5　扭矩在开口部位的传递框图

【任务测评】

为何对机体结构要进行开口补强？

瞻国之重器

无人机气象观测

中国气象局联合中国航空工业集团有限公司、海南省气象局等 12 家单位，利用自主研制的翼龙-10 无人机进行了我国首次高空大型无人机台风综合观测试验，并取得圆满成功。

2020 年 8 月 2 日下午，搭载着观测设备的高空气象探测无人机翼龙-10 从海南博鳌机场腾空而起，升至 1 万米高空后，成功下投 30 枚探空仪，与毫米波雷达一起，完成了对当年第 3 号台风"森拉克"外围云系的 CT 式"扫描"。随着观测数据实时传送回地面指挥系统，标志着我国首次高空大型无人机海洋、台风综合观测试验取得圆满成功。

每年，我国因台风造成的经济损失约 295 亿元，海上观测资料的匮乏限制了台风预报技术的提升。为此，中国气象局于 2018 年启动"海燕计划"，选用翼龙-10 大型无人机开展海洋综合气象观测试验，本次试验就是"海燕计划"的重要成果。

按照"海燕计划"，航空工业对翼龙-10 无人机系统进行了适应性优化改进，新研气象探测吊舱，开展了大量仿真分析、风洞试验和系统联试，以满足气象探测试验要求。并于 6 月 25 日起完成了 5 次不同气象环境和载荷的飞行试验。

此次翼龙-10 无人机与风云气象卫星、无人船等多种探测手段共同形成了立体观测系统，对进一步开展台风探测以及海洋探测资料数值预报模式应用、提高台风路径和强度预报准确率、筑牢气象防灾减灾第一道防线具有重要意义；也标志着我国海洋气象探测取得了里程碑意义的进展，加快了迈向海洋气象强国的步伐。

任务 5 识别多旋翼无人机结构组成与功能

【情境创设】

在多旋翼无人机正式起飞前，对结构进行检查是重要的一步，这直接关系到飞行安全。为了顺利掌握这一技能，要求掌握旋翼无人机结构及组成，以及系统部件的存放注意事项。

知识点 1 认识多旋翼无人机结构

随着无人机技术的发展，多旋翼无人机的结构形式呈现多样化，其用途也不断扩大。多旋翼无人机（又称多轴无人机）是一种具有 3 个及 3 个以上旋翼轴的特殊直升机。其每个轴上的电动机转动，带动旋翼产生升推力。这种飞行器多为中心对称或轴对称结构，多个螺旋桨沿机架的周向分布于边缘。常见的有四旋翼、六旋翼、八旋翼。多旋翼无人机是消费级和部分工业级无人机的首选平台，灵活性介于固定翼无人机和无人直升机之间，具有体积小、重量轻、操控简单、成本较低和携带方便等特点。同时，有些小型四旋翼无人机的旋翼还带有外框，能避免磕碰。

无人机的结构与其用途，功能密切相关。如航拍无人机和植保无人机，其机载设备完全不同，结构形式也有差别。即使是航拍无人机，配置也不相同，有的配图传设备，有的不配图传设备；有的有自动导航功能，有的没有自动导航功能。用于航拍的多旋翼无人机的基本结构包括机体结构、动力装置、飞控系统、机载设备、图传设备和遥控器等，如图 1.5.1 所示。

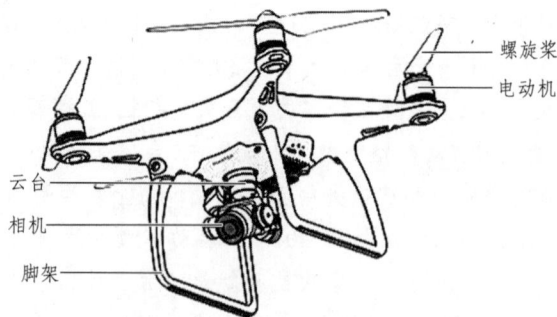

图 1.5.1 多旋翼的结构

机体结构系统由机架、支臂、脚架等组成。

1. 机 架

机架（又称机身）是多旋翼无人机的主体，其他结构的安装基础，起承载作用。它的主要功用是安装和固定电动机、电子调速器、飞控板的螺纹孔；为整体提供稳定和坚固的平台，使电动机在转动过程中不会毁坏其他设备，并为传感器提供一个稳定的平台；用于安装起落架等缓冲设备，为飞行器提供安全的起飞和降落条件，避免损坏其他仪器；为其他装置提供相应的保护，保护飞行器本身和可能接触到的操作人员。机架根据旋翼轴数的不同，可分为三轴、四轴等；根据发动机个数，可分为三旋翼、四旋翼等。轴数和旋翼数一般情况下是相等的，但也有特殊情况，比如三轴六旋翼。机架按材质的不同，一般可以分为以下几种类型：

（1）塑胶机架。

其主要特点是具有一定的刚度、强度和可弯曲度，价格比较低廉，适合于初学者使用。

（2）玻璃纤维（玻纤）机架。

相比塑料机架，其主要特点是玻纤强度高、重量轻、价格贵。

（3）碳纤维机架。

相比玻璃纤维机架，其主要特点是强度更高、价格更贵。考虑到结构强度和重量等问题，广泛采用碳纤维机架。

（4）铝合金/钢机架。

这种机架较为适合自己制作使用。

2. 支　臂

支臂是机架结构的延伸，用以扩充轴距，安装电动机，有些多旋翼无人机的脚架也安装在支臂上。

3. 脚　架

脚架作为整个机身在起飞和降落时候的缓冲，用来支撑停放、起飞和着陆的部件，还兼具保护下方任务设备的功能。有些多旋翼无人机的天线也安装在脚架上。多旋翼无人机的脚架类似于直升机的滑橇式起落架。

知识点 2　认识多旋翼无人机系统组成与功能

1. 动力装置

无人机的发动机以及保证发动机正常工作所必需的系统和附件统称为无人机动力装置。无人机使用的动力装置主要有活塞式发动机、涡喷发动机、涡扇发动机、涡桨发动机、涡轴发动机、冲压发动机、火箭发动机、电动机等。目前，主流的民用无人机所采用的动力系统通常为活塞式发动机和电动机两种。而多旋翼无人机中普遍使用的是电动动力系统，它主要由螺旋桨、电动机、电子调速器和电池 4 个部分组成。

（1）螺旋桨。

图 1.5.2 所示为螺旋桨，能够提供必要的拉力

图 1.5.2　螺旋桨

或推力使飞机在空气中移动，多旋翼无人机的螺旋桨安装在电动机上，它们都是不可变总距的螺旋桨。螺旋桨的规格由 4 位数表示，如 8045，9047，前面 2 位数代表螺旋桨的直径，也就是长度，单位是英寸。但是要注意，9047 是直径为 9 in（22.9 cm）螺旋桨，而 1045 是直径为 10 in（25.4 cm）螺旋桨。后面 2 位数是几何螺距，螺距原指螺纹上相邻两牙对应点之间的轴向距离，可以理解为螺纹转动一圈前进的距离。而螺旋桨的螺距是螺旋桨在固体介质内无摩擦旋转一周所前进的距离。简单来说可以理解为螺旋桨桨叶的"倾斜度"，螺距标称越大，倾斜度越大。螺旋桨长度和螺距越大，所需电机或发动机的级别就越大。螺旋桨的长度越大，某种程度上能够保证飞机俯仰稳定性越高，螺距越大飞行速度越快。

四轴飞行器为了抵消螺旋桨的自旋，相邻的螺旋桨旋转方向是不一致，因此需要正桨和反桨，正、反桨的风都向下吹。顺时针旋转的称为反桨（CW），逆时针旋转的称为正桨（CCW），安装时需要注意的是，无论是正桨还是反桨，有字的一面是向上的。

（2）电动机。

电动机是多旋翼无人机的动力装置，具有结构简单、重量轻、使用方便、噪声小等特点。电动机分为有刷和无刷电动机，有刷电动机在无人机领域已经不再使用；无刷电动机去除了电刷，最直接的变化就是没有了有刷电动机运转时产生的电火花，减少了电火花对遥控无线电设备的干扰。无刷电动机运转时摩擦力大大减小、噪声降低，如图 1.5.3 所示。

图 1.5.3　电动机

电动机常见的参数如下：

① 线圈绕的圈数。

线圈绕的圈数又称 T 数。例如线圈绕了 21 圈，则为 21T。无刷电动机因为结构限制，常见线圈缠绕方式是从输入端开始，结束于另外一侧，因此大多数都是 4.5T，8.5T，21.5T。

② KV 值。

转速/V，即输入电压增加 1 V，无刷电动机空转增加的转速值。例如，1 000 KV 的电动机，外加 1V 电压，电动机空转时每分钟转 1 000 转，外加 2 V 电压，电动机空转时每分钟转 2 000 转。单从 KV 值的大小不可以作为评价电动机的标准，因为不同 KV 值适用于不同尺寸的桨，绕线匝数多的，KV 值小，最高输出电流小，但扭力大，需要大尺寸的桨；绕线匝数少的，KV 值大，最高输出电流大，但扭力小，需要小尺寸的桨。

③ 尺寸。

电动机的型号用 4 位数字表示，如 2212 无刷外转子电动机、2018 电动机等。前面 2 位数字表示电动机定子的直径，后面 2 位数字表示电动机定子的高度（不是外壳尺寸）。简单来说，前面 2 位数字越大，电动机越宽，后面 2 位数字越大，表示电动机越高。又高又大的电动机，功率就更大。通常 2212 电动机是最常见的配置。

（3）电子调速器。

电子调速器（Electronic Speed Controller，ESC）又称电调，它的主要功能是将飞控板的控制信号进行功率放大，并向各开关管送去能使其饱和导通和可靠关断的驱动信号，以控制电动机的转速。同时，将电源电压转换为 5 V，为飞控板、遥控接收机供电，将直流电源转换为三相电源，为无刷电机供电。电子调速器如图 1.5.4 所示。

图 1.5.4　电子调速器

（4）电池。

电池是多旋翼无人机的供电装置，它的功用是给电动机和机载设备供电，如图 1.5.5 所示。

多旋翼无人机上使用的电池一般有动力电池、智能电池、镍氢电池、干电池 4 人类。

动力电池是聚合物锂电池的俗称，广泛用于实训多旋翼和工业多旋翼无人机上，作为动力电源使用。动力电池是可以反复充电使用的，一

图 1.5.5　电池

般使用通用型充电器充电。聚合物锂电池是一种新型电池，它具有能量密度高、小型化、轻量化、超薄化、高安全性和低成本等特点。在形状上，聚合物锂电池具有超薄化的特点，可以配合产品的需要，制作成各种形状与容量，外包装为铝塑包装，有别于液态锂电池的金属外壳。电池的常用术语如下：

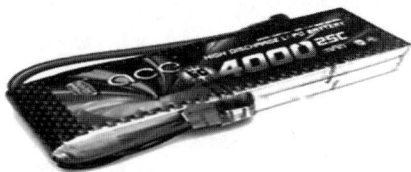

① 容量。

充满电的电池在一定放电条件下所能放出的电量称为容量，容量的单位为安培小时，简称安时（A·h）或毫安时（mA·h）。例如，标称 1 000 mA·h 电池，如果以

1 000 mA 的电流放电，可持续放电 1 h，如果以 500 mA 的电流放电，可以持续放电 2 h。但是电池放电过程并不均匀，理论和实际值存在差距。

② 电压。

电压表示电池正极和负极之间的电压降。目前，工业生产的每一个锂聚合物电池单体电池的额定电压都是 3.7 V，为了让电池能有更高的工作电压和电量，必须对单体电池进行串联和并联，构成锂聚合物电池组，电池组上面常常会出现 S 和 P 的字样，S 表示串联，P 表示并联。例如"6S1P"表示 6 个单体电池串联，又如"4S2P"表示每 4 个单体电池串联，然后 2 串电池组再并联成一块完整的电池。1 个单体电池标注电压为 3.7 V，充满电压为 4.2 V。

③ 放电速率。

放电速率简称放电率，常用时率和"C"速率（倍率）表示。时率是以放电时间表示的放电速率，即以某电流放电至规定终止电压所经历的时间。例如，某电池额定容量为 40 A · h，以 5 小时率（表示为 C5）放电，则该电池的放电电流为 8 A。"C"速率常用来描述蓄电池的充放电速率，单位为安培（A）。代表了锂聚合物电池放电电流的大小，代表了电池的放电能力。将充足电的电池用 1 h 放电至终止电压的放电速率称为 1C，如 2 200 mA · h 的电池，0.2C 放电表示放电电流为 440 mA（2 200 mA · h 的 0.2 倍率），1C 放电表示放电电流为 2 200 mA，即 2.2 A。如果用低放电速率的电池大电流放电，电池会被迅速损坏，甚至自燃。另外，倍率越高的电池价格越贵，同容量的 30C 电池价格可能是 5C 的 3～4 倍。锂聚合物电池能以很大的电流放电，而普通锂离子电池不能以大电流放电，这是两者的重要区别之一。

④ 充电速率。

充电倍率也是用"C"表示，只是将放电变成了充电，如 1 000 mA · h 电池，2C 充电，就代表可以用 2 A 的电流来充电。超过规定参数充电，很容易缩短电池寿命，甚至使其损坏。

⑤ 放电终止电压。

放电终止电压是指电池以一定电流在 25 ℃ 环境温度下，放电至能反复充电使用的最低电压。锂离子电池的额定电压为 3.6 V（锂聚合物为 3.7 V），终止放电电压为 2.5～2.75 V（由电池生产企业给出工作电压范围或给出终止放电电压，各参数略有不同）。电池的放电终止电压不应小于 2.5 V，低于终止放电电压继续放电称为过放。过放会使电池寿命缩短，严重时会导致电池失效，其中锂聚合物电池过放会发生"胀肚"现象，内部产生气体，不可复原。电池不用时，应将电池充电到安全电压值（3 V 以上）范围内。

智能电池可以看作加装了较复杂电路板后的动力电池，外部再加装一个保护壳后，可使用在消费级航拍多旋翼无人机上，和无人机的外形可以融为一体，一般使用厂家自配的专用充电器充电。它之所以称为智能电池，是因为电路板上加入了更多的保护和显示功能。

镍氢电池就是人们生活中经常使用的圆柱充电电池，会在很多的多旋翼无人机遥控器上使用。

干电池就更常见了，如南孚电池就是一种干电池，被用在很多多旋翼无人机遥控器上。这种电池的特点是不能充电，一次性使用。

⑥ 放电温度。

在不同温度下，锂离子电池的放电电压及放电时间也不相同，电池应在 −20～60 ℃ 进行放电工作。锂聚合物电池中的聚合物和凝胶态电解质的离子传导率不如普通锂电池液态电解质高，在高倍率放电和低温情况下性能不好。因此，在低温环境飞行时，飞行前需要给电池做好保温工作。

2．飞控系统

飞控系统是指能够稳定无人机的飞行姿态，并能控制无人机自主或半自主飞行的系统，是无人机的"大脑"。它包括硬件部分和软件部分，硬件部分包括陀螺仪、加速度传感器、GPS 模块、电路控制板等；软件部分包括控制算法、程序等。无人机性能的优劣主要取决于飞控系统，它也是无人机的核心设备。市场上有多种飞控系统供选择，多数飞控系统属于开源系统，可以进行二次开发。

（1）陀螺仪。

理论上陀螺仪只测试旋转角速度，但实际上所有的陀螺仪都对加速度敏感，而重力加速度在地球上又是无处不在的，并且实际应用中，很难保证陀螺仪不受冲击和振动产生的加速度的影响。因为振动敏感度是最大的误差源，所以在实际应用中陀螺仪对加速度的敏感程度就显得非常重要。两轴陀螺仪能起到增稳作用，三轴陀螺仪能够自稳。

（2）加速度传感器。

无人机上一般为三轴加速度传感器，测量三轴加速度和重力。

（3）GPS 模块。

GPS 模块用来测量无人机当前的经纬度、高度、航迹方向等信息。一般在 GPS 模块中还会包含磁罗盘，用于测量无人机当前的航向。

3．机载设备

多旋翼无人机根据任务不同，可以搭载不同设备进行工作，如航拍相机、测绘激光雷达、农药喷洒设备、激光测距仪器、红外相机、救生设备等。对于航拍无人机，其机载设备主要有云台和成像系统。

（1）云台。

常用的有二轴云台和三轴云台。云台作为相机或摄像机的增稳设备，提供两个方向或三个方向的稳定控制。云台可以和控制电动机集成在一个遥控器中，也可以用单独的遥控器控制。

（2）成像系统。

成像系统有各种相机或摄像机等。

4．图传设备

图传设备指的是视频传输装置，作用是将无人机在空中拍摄的画面实时稳定地发送到地面图传遥控接收显示端上，供操控者观看。无人机图像传输距离的远近、图像传输质量的好坏、图像传输的稳定性等是衡量图传设备性能的关键因素。同时图像传输系统的性能是区分无人机档次的一个关键因素。

5．遥控器

遥控器用于对无人机的实时操控，可以实时监控无人机的各项状态指标，一般按照通道数将遥控器分成6通道、7通道、8通道、9通道和12通道等。

技能点1　多旋翼无人机的组装

多旋翼无人机的组装是从事无人机应用技术工作的一项重要技能，这里以轴距为450 mm的DJI F450型无人机为例，介绍多旋翼无人机的组装，配件清单见表1.5.1。

表1.5.1　组装多旋翼无人机配件清单

配件名称	单　位	数　量	名　称	单　位	数　量
机　架	套	1	脚架	套	1
螺旋桨	对	2	飞控系统	套	1
电动机	个	4	减震板	个	1
电　调	个	4	GPS模块	个	1
电　池	组	1	GPS支架	个	1
遥控器	个	1	杜邦线	根	4
接收机	个	1			

1．组装工具和设备

为了确保组装任务的顺利进行，应先按照表1.5.2准备并清点组装工具和设备。

表1.5.2　无人直升机的组装工具和设备

名　称	单　位	数　量	备　注
尖嘴钳	把	1	
剥线钳	把	1	
电烙铁及焊锡	套	1	
热风枪	把	1	
热缩管	米	若干	
万用表	个	1	
镊　子	把	1	
螺钉旋具	套	1	

2．组装准备工作的注意事项

（1）要仔细阅读组装用零部件的用户使用手册或安装说明书及图样，详细了解其品牌、型号、规格、性能、特性以及安装注意事项等。

（2）按照要求清点工具和零部件，保证组装过程顺畅，组装可靠、方便且高效。

（3）要优先保证关键或重要零部件，如电动机、电调、桨片、飞控板、传感器、遥控器及遥控接收机等零部件的精度和产品质量，进而确保整机质量。

（4）组装使用的工具和设备，其精度应满足需要，质量稳定可靠。

（5）组装过程中，对于安装位置不到位的零部件，不要强行使用螺钉或螺栓定位。不可粗暴或强行安装，用力过度可能造成零部件变形或损坏。

（6）对于要用多个螺钉或螺栓固定的组件，要经过"带上螺栓""轻拧紧""初拧紧"和"终拧紧"4个步骤，且须依次对称拧紧对角线上的两个螺钉或螺栓，以保证固定牢靠。

（7）组装过程中，所有的零部件应轻拿轻放，避免手指碰到卡板上的集成电路组。

（8）建立组装质量记录单，把组装过程全程准确地记录到组装质量记录单中。

3．多旋翼无人机的整体组装

（1）线路的焊接。

刚入手的部件没有经过处理，只有一些裸露的线头，如果简单地把这些线头绑在一起，可能会引起电流过大导致绝缘胶带烧毁，且不便于拆卸。为了更方便拆卸，现在普遍使用香蕉头作为连接电动机和电调的插头。

① 电动机线与香蕉头焊接。

电动机线焊接香蕉头时，需要使用电烙铁、焊锡、香蕉头、电动机。在焊接前需要把从电动机中接出的线剥出一小段线头，在焊接时需要将香蕉头立起来进行焊接，如果没有专用工具则可以使用尖嘴钳代替，然后将电动机线与香蕉头端焊接起来。电动机线与香蕉头焊接完成并检验焊接牢固后，需要套上热缩管（热缩管是一种在高温下会缩小的空心管，一般用于包裹线路的接口部分）。使用热风枪给热缩管加热，使其收缩包紧线路的接口，起到绝缘作用从而避免短路。

② 电调线与香蕉头焊接。

电调线焊接香蕉头时，需要使用电烙铁、焊锡、香蕉头、电调。在焊接前需要把从电调中接出的线剥出一小段线头，电调线与香蕉头焊接完成并检验焊接牢固后，需要套上热缩管，使用热风枪给热缩管加热，使其收缩包紧线路的接口，起到绝缘作用从而避免短路。

③ 将电调、电源线焊接至下中心板。

把电调焊接至下中心板，放好下中心板，取电源主线，焊接在下中心板的电源输入"＋""－"触点上。电调线和电源线焊接在下中心板上的位置如图1.5.6所示。

④ T形头的焊接。

电池与电调之间采用T形头焊接。在焊接时要区分电池的T形头的正负极，红色线为正极，黑色线为负极。

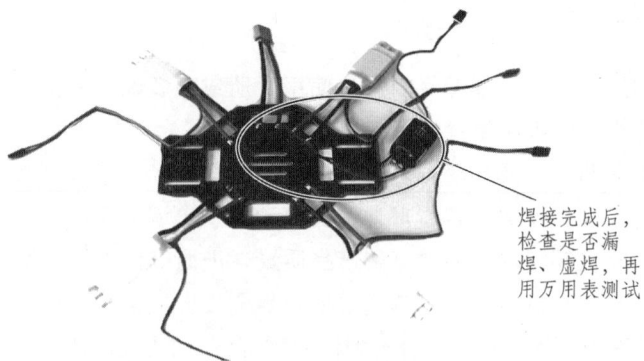

图 1.5.6　电调焊接

（2）安装电动机。

　　将电动机固定在机臂的电动机座上，电动机线向着中心板方向，拿出机臂附带的电动机安装螺钉，在螺钉上滴上螺旋胶，确保电动机在机臂上固定牢固，如图 1.5.7 所示。

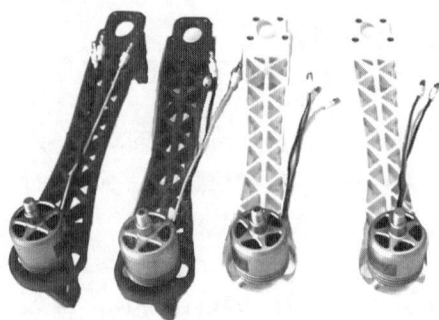

图 1.5.7　安装完成后的电机

（3）安装下中心板。

　　安装机身下中心板时，拧螺钉的力度要适度，避免拧坏螺钉。先拧对角螺钉，只拧至 2/3 处，等其余螺钉全部拧完后统一拧紧。安装好的下中心板如图 1.5.8 所示。

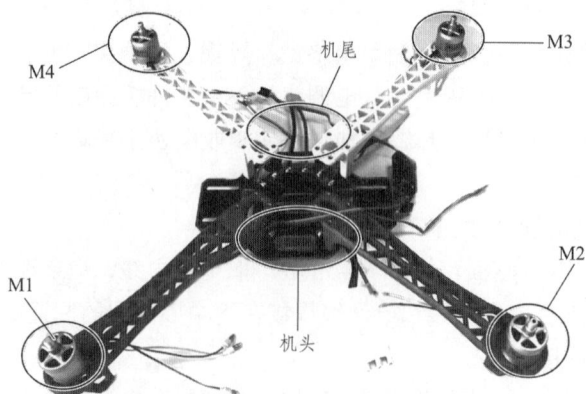

图 1.5.8　安装完成的下中心板

（4）安装飞控及接收机。

用 3M 胶将飞控粘贴在下中心板的上面（正面），飞控尽量装在下中心板的中心。使用泡沫双面胶将接收机安装在下中心板上。

（5）安装上中心板。

将上中心板放在正确的位置，用螺钉固定，如图 1.5.9 所示。

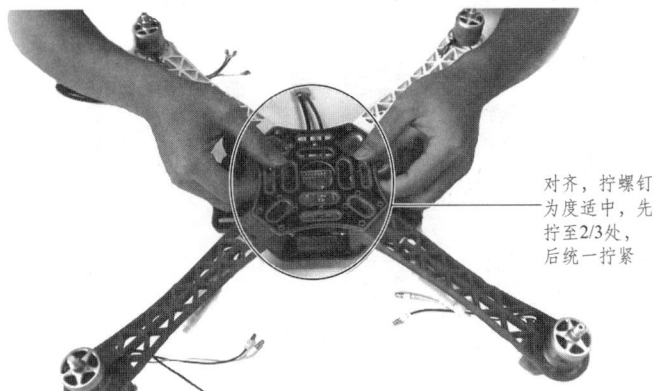

对齐，拧螺钉为度适中，先拧至2/3处，后统一拧紧

图 1.5.9　安装上中心板

（6）安装电调。

为了更加牢固地安装电调，要把平整的那面装在机臂上，并用自锁扎带固定，依次将电调安装至机臂。

（7）GPS 及 LED 安装。

首先用胶水组装 GPS 碳杆支架，再把 GPS 底座安装在飞行器的上中心板 M4 机臂螺钉孔上，再用胶纸把 GPS 固定在支架的顶盘上，如图 1.5.10 所示。

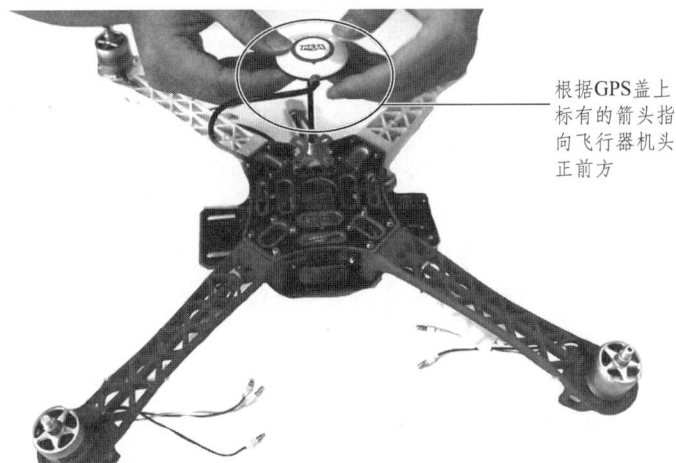

根据GPS盖上标有的箭头指向飞行器机头正前方

图 1.5.10　GPS 的安装

（8）安装螺旋桨。

桨片的固定方式与电动机和桨片的种类有关，以 DJI F450 型螺旋桨的安装为例，印有 DJI 标志的一面朝上，桨厚的一段为迎风面，顺时针旋转（根据 M1、M3 逆时针，

M2、M4 顺时针原则），可判定安装位置（注意：在进行无人机有桨调试之前禁止安装螺旋桨），如图 1.5.11 所示。

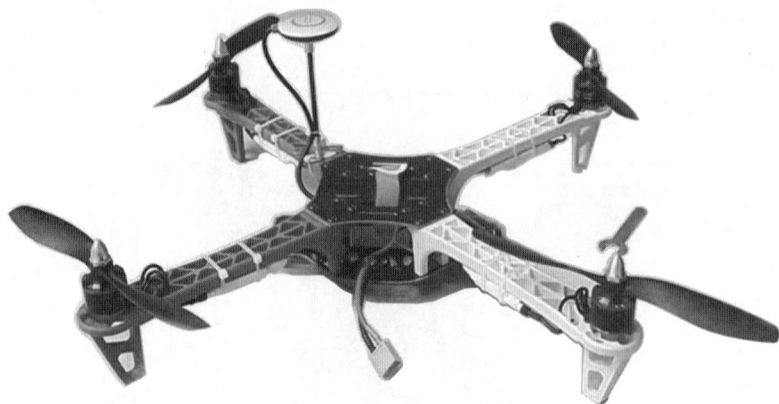

图 1.5.11 螺旋桨的安装

【任务测评】

1. 电动机铭牌上的 3108 代表什么含义？
2. 螺旋桨的参数 8050 指的是什么？

瞻国之重器

疫情攻坚"小战士"

2020 年初，一场突如其来的新冠病毒肺炎疫情不仅扰乱了正常的生产生活秩序，也演变成一场与疫情和时间赛跑的全球供应链攻防战。

在这场全球攻防战中，无人机创新了多种应用方式，为抗疫助力，如使用无人机喊话、宣传、疫情巡查、喷洒消毒、空中拍照等。2020 年 2 月，大疆公司推出无人机疫情防控行业应用服务方案，协助国内各级政府与管理部门，将无人机应用于物资运输、交通执勤、监管巡查与防疫宣传等工作中。

美国加利福尼亚州丘拉维斯塔警局计划使用配有扩音器和摄像头的无人机来加强对当地新冠肺炎疫情的防控。该警局购买了大疆公司制造的两架价值 1.1 万美元的无人机。

"我们以前并没有在无人机上安装扩音器，但是现在如果我们需要在一个很大的区域发布公告，或者驱散某个地方的人群，无须警察介入就能实现。"该警局一位警长接受媒体采访时说，疫情暴发让他意识到要尽快扩大这一举措。

在英国，一家位于东兰开夏郡的公司近日表示，如果英国进入封锁状态，可以对公司拥有的大疆无人机配备扩音器，帮助当地广播信息，并在空中对地面实施巡逻。

科技抗疫、创新强国，中国无人机切换"战场"，助力海内外防疫！

任务 6 识别无人直升机结构组成与功能

【情境创设】

若需要对某无人直升机进行组装和调试，则要求掌握无人直升机结构及组成，以及系统部件的存放注意事项。

知识点 1 认识无人直升机的结构

无人直升机是指可垂直起降、灵活性强的无人机平台，在构型上属于旋翼无人机，在功能上属于垂直起降通用航空器。与有人直升机相比，其具有体积小、造价低、战场生存力强等优点；与固定翼无人机相比，其具有垂直起降、空中悬停、朝任意方向飞行、起飞着陆场地小等优点。但其结构相对较复杂，操控难度也较大，所以种类不多，实际应用较少。在军用方面，无人直升机广泛应用于侦察、监视、目标截获、诱饵、攻击、通信中继等；在民用方面，无人直升机在大气监测、交通监控、资源勘探、电力线路检测、森林防火等场景应用前景广阔。

无人直升机的基本结构包括主旋翼、机身、尾桨、起落装置、操纵系统、传动系统、电动机或发动机等，如图 1.6.1 所示。它由旋翼提供升力和推进力进行飞行。

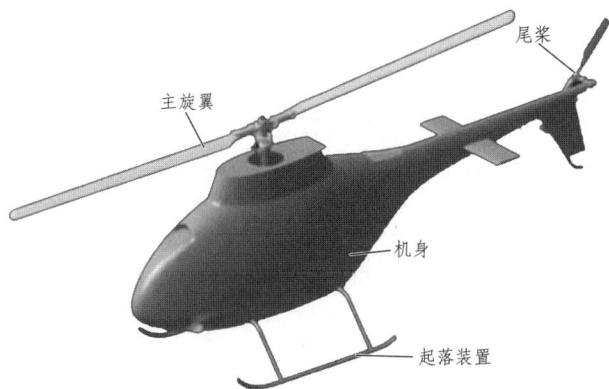

图 1.6.1 无人直升机的结构图

1. 主旋翼

主要由桨叶和桨毂组成，是无人直升机最关键的部位，它既产生升力，又是无人直升机水平运动的拉力的来源，旋翼旋转的平面是升力面也是操纵面。

旋翼的结构形式指桨叶与桨毂的连接方式，可分为 4 类：全铰式旋翼、半铰式旋翼、无铰式旋翼、无轴承式旋翼。

2．机　身

无人直升机机身与固定翼机身结构和功能类似。

主要功能：装载燃料、货物和设备等，同时作为安装基础将各部分连成一个整体。机身具有承载和传力的作用，承受各种装载的载荷，还承受各类动载荷。

3．尾　桨

尾桨的主要作用是产生一个侧向的拉力/推力通过力臂形成偏转力矩，平衡主旋翼的反扭矩并且控制航向，相当于直升机的垂直安定面，可以改善直升机的航向稳定性和提供一部分升力等。

尾桨分为推式尾桨和拉式尾桨，尾桨拉力方向指向直升机对称面的为推式尾桨；从对称面向外指的为拉式尾桨。

4．起落装置

起落装置指用于地面停放时支撑重量和着陆时吸收撞击能量的部件。其结构形式有轮式、滑橇式和浮筒式。

5．操纵系统

操纵系统是用来控制无人直升机飞行的系统。它由自动倾斜器、座舱操纵机构和操纵线系等组成。

无人直升机的垂直、俯仰、滚转和偏航4种运动形式，分别对应于操纵系统的总距操纵、纵向操纵、横向操纵和航向操纵。

6．传动系统

在无人直升机中，发动机提供的动力要经过传动系统才能到达主旋翼和尾桨，从而使主旋翼旋转产生升力，尾旋翼旋转平衡扭矩。

传动系统的主要部件包括主减速器、传动轴、尾减速器和中间减速器。

技能点 1　无人直升机的组装

无人直升机危险性高、操作难度大，它的组装要求十分严格，需要将各个结构相互匹配组装。因此，组装前一定要清点配件清单、说明书、组装图样及产品合格证，严格对照配件清单清点配件，如发现问题应停止组装，联系厂家解决问题才能继续。

无人直升机按照传动方式分，主要有齿轮传动和带传动两种类型。要成功地组装一台无人直升机，首先要了解所组装的无人直升机是哪种传动方式，按照传动方式清点所有配件，配件清单见表1.6.1。

表 1.6.1　组装无人机直升机配件清单

配件名称	单 位	数 量	名　称	单 位	数 量
主旋翼	副	1	主旋翼头（T形头）	套	1
尾桨	副	1	尾桨组件	套	1
电动机	个	1	电动机座	个	1
电调	个	1	伺服舵机	个	4
电池	组	若干	电池固定板	个	1
水平翼	个	1	侧板	个	1
起落架	个	1	底板	个	1
尾杆	个	1	尾撑	个	1
尾杆支撑杆	个	2	球头拉杆	个	4
尾撑	个	1	大齿盘/传动轴	套	
十字盘	套	1	十字盘导板	个	1
飞机头罩	个	1			

1. 组装工具和设备

为了确保组装任务的顺利进行，应按照表 1.6.2 准备并清点组装工具和设备，再进行组装任务。

表 1.6.2　无人直升机的组装工具和设备

名　称	单 位	数 量	备　注
尖嘴钳	把	1	
剥线钳	把	1	
球头钳	把	1	
水平尺	把	1	
游标卡尺	把	1	
电烙铁及焊锡	套	1	
热风枪	把	1	
热缩管	米	若干	
万用表	个	1	
镊子	把	1	
十字盘调平器	个	1	
内六角螺钉旋具	套	1	
十字螺钉旋具	套	1	
3M胶	筒	1	
螺钉胶	筒	1	
易拉得	筒	1	

2．组装准备工作的注意事项

结合组装、调试及试飞无人直升机后的飞行稳定性、安全性总结出注意事项如下：

（1）要仔细阅读无人直升机的用户使用手册或安装说明书、组装图样，详细了解其品牌、型号、规格、性能以及安装注意事项等。

（2）清点所有的零件和使用工具，并整齐划分工具区和配件区，做到配件和工具左右分明，中间区域可平铺一块桌布或毛巾，用于放置一个专用存放螺钉的盒子，防止螺钉散乱、掉落。

（3）一般产品组装会划分几个板块，每个板块组装完成后可进行统一拼装，要按照用户使用手册检查每个板块中零部件有无缺失或损坏。

（4）T形头组件的整体安装要根据图样中的顺序安装，轴承一般为推力轴承，安装时注意正反面。拧紧螺栓时一般要两边同时拧紧，确保两侧转矩大小相同，避免出现甩桨现象。

（5）安装无人直升机机身结构时，应按照使用手册的要求，螺钉不要直接拧紧，遇到两侧同时需要安装多个螺钉的情况，需要遵循 X 形交替拧螺钉的原则。

（6）无人直升机飞行振动大，需要在十字盘、球头、主轴锁紧扣、电动机固定座以及机身等部位上金属与金属连接固定的连接螺纹上涂抹 2～3 mm 螺钉胶，以获得更稳定的锁紧力。

（7）安装电动机需要调节电动机安装座，以确保电动机齿轮与飞机大齿盘或传动带结合适当。二者结合过紧会造成大齿盘挤压，飞行卡顿使耗电量增大；二者结合过松会造成大齿盘扫齿打滑。带传动安装好后按压传动带，通过带反弹力度的大小确定安装是否适中。

（8）T形头与十字盘之间的球头拉杆需要用游标卡尺测量，应尽可能接近使用手册上的数值，注意在两侧同时有螺纹的情况下，需要两侧保留相同的螺纹长度。

（9）安装尾杆需要使用水平尺，将其安装水平，避免尾部受力偏移，造成无人直升机飞行摆尾。

（10）无人直升机组装完成后，需要合理布局安装线路，留出一个水平且相对电动机电磁干扰较小的部位来安装陀螺仪。安装好机械部分后，需要正确走线，连接陀螺仪，拔掉电动机线，给无人直升机通电，以校准伺服舵机中立位置，并安装舵机摇臂与十字盘球头。

3．无人机直升机的组装过程

无人直升机种类较多，下面以 450 kg 级别无人直升机为例，介绍其整体组装过程。

（1）T 字头的组装。

T 字头由两侧金属桨夹、横轴、垫片、轴承、推力轴承、螺栓垫片及螺钉组成，首先需要给推力轴承均匀抹上滑油，按照装配要求依次将垫片、轴承、桨夹、轴承、推力轴承、垫片、螺钉垫片和螺钉套在横轴上，两侧相同零部件按照顺序戴在横轴之上，如图 1.6.2 所示。

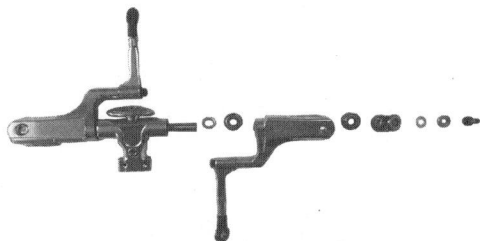

图 1.6.2　T 形头组件安装顺序

利用两个螺丝刀对两侧螺丝同时进行锁紧，如图 1.6.3 所示。

图 1.6.3　T 形头组件安装方法

（2）主轴与 T 头的组装。

分清主轴上下两侧，将向上一侧插入 T 头内，拧紧螺栓，如图 1.6.4 所示。

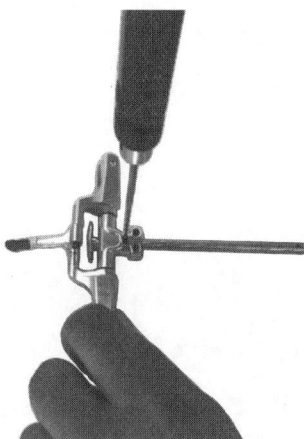

图 1.6.4　主轴的安装

（3）十字盘的安装。

将十字盘套入主轴上，然后用游标卡尺测量，再将球头连杆与金属桨夹连接在一起，如图 1.6.5 所示。

图 1.6.5　测量桨夹与球头拉杆

（4）机身侧板与起落架的组装。

在两侧机身侧板中间加装的电机座、主轴固定座（含轴承）、脚架固定座、十字盘导板以及固定板，将起落架拼装完成，用螺钉固定在脚架固定座上，如图 1.6.6 所示。

图 1.6.6　安装完成后的机身侧板与起落架

（5）舵机的安装。

将控制十字盘的舵机安装在机身侧板上，不要加装舵机臂，尾部舵机安装在靠近尾部的机身侧板上，如图 1.6.7 所示。

图 1.6.7　舵机的安装

（6）尾部总成的安装。

将尾桨桨夹（与 T 头主桨夹安装方法一致）、尾滑套、尾桨控制臂依次按图样使用专用螺钉固定。金属尾侧板两侧均安装轴承后，将自带齿轮的尾横轴套入金属尾侧板上，再将尾滑套与尾桨夹套入横轴之上拧紧螺钉，如图 1.6.8 所示。

（7）电动机安装。

将电动机线焊接香蕉头，将电动机齿轮安装在电动机转子上，最后将电动机固定在电动机固定座上，套上螺钉，但不要拧紧。

（8）主旋翼与传动齿盘的安装。

将主旋翼锁紧扣套在主轴上，传动齿盘放在安装位置上并与电机齿轮啮合，让主轴通过主轴固定座和传动齿盘，在下方主轴座上锁紧主轴，如图 1.6.9 所示。

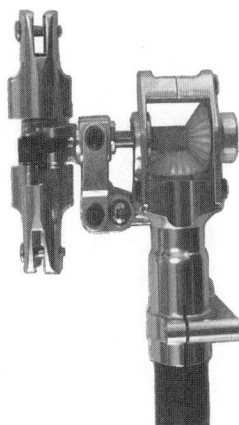

图 1.6.8　安装完成后的尾部总成

图 1.6.9　主旋翼与传动齿盘的安装

（9）尾杆及尾部总成的安装。

将尾杆嵌入机身中，对准尾杆螺纹孔，拧紧螺钉，如图 1.6.10 所示。

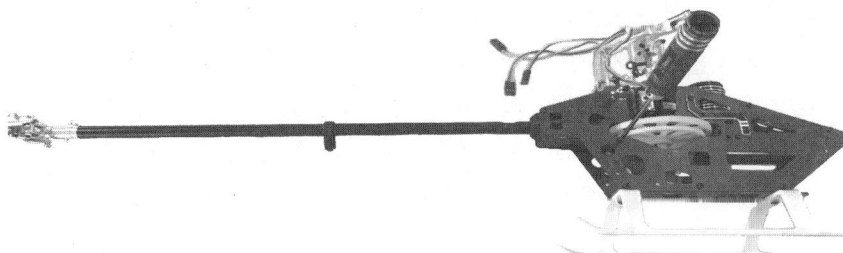

图 1.6.10　尾杆的安装

（10）尾撑与水平翼的安装。

将尾撑竖直安装在尾旋翼另一侧，对准螺纹孔，拧紧螺钉，如图 1.6.11 所示。水平翼与尾撑杆需要安装在准确的位置上，才能起到支持尾杆增加强度的作用。

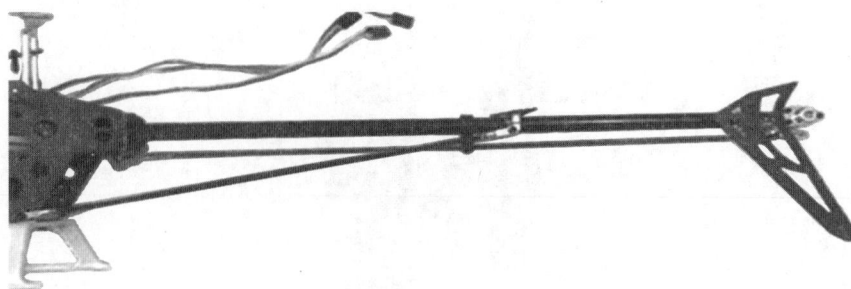

图 1.6.11　尾撑与水平翼的安装

（11）电子设备的安装。

当陀螺仪和电调上的香蕉插头焊接完成后，将电调可放置在机身侧板上或者底板上，用扎带固定，将陀螺仪安装在飞机尾杆与机身连接的地方（相对水平），将杜邦线插口朝外，用 3M 胶固定，如图 1.6.12 所示。

图 1.6.12　电调与陀螺仪的安装

完成上述步骤后，对照无人直升机图样进行检查。需要考虑：安装伺服舵机臂需要先找到舵机的中立位置；球头拉杆需要比图样要求数值长 3 ~ 5 mm，为飞机调试留有余量；陀螺仪的安装位置应尽可能避免强电磁干扰，如避免与电调、电动机等直接安装在一起；考虑遥控接收机的安装位置，选取干扰小且牢固可靠的位置作为遥控接收机的安装位置；需要根据电调、陀螺仪、遥控接收机安装位置，合理布线，防止舵机线不够长以及与其他机械结构摩擦导致电线裸露。机身上所有螺钉需要在调试结束后统一涂抹螺钉胶，再进行检查锁紧。机身安装的好坏直接影响调试飞机的难度，甚至飞行安全。

【任务测评】

1. 无人直升机的基本结构有哪些？
2. 无人直升机组装时，应注意的事项有哪些？

舰载无人机直升机

2020 年 11 月 27 日 15 时，指挥员下达飞行指令，首飞正式开始。伴随着发动机的轰鸣声，我国自主研制的 AR500B 型舰载无人直升机拔地而起，相继完成了人工起飞、自动悬停、悬停机动和人工降落等科目飞行，飞行约半个小时后平稳着陆。此次试飞成功填补了我国轻小型舰载无人直升机领域的空白。

AR500B 型舰载无人直升机可广泛应用于执行海面广域监视与识别任务。为克服舰载无人直升机停放空间小、工作环境恶劣、起降过程风险大、电磁环境复杂等不利因素，航空工业直升机所设计团队在原型机的基础上换装重油发动机，对燃油、结构、电气、飞控系统进行了适应性改装设计。

针对无人直升机的海上使用需求，设计团队还开展了小型电动助降装置、着舰引导系统和自动着舰控制律等设计研制；并针对海上使用环境，开展了"三防"（防湿热、防霉菌、防盐雾）环境试验，使 AR500B 型舰载无人直升机能够基本适应海上及船上环境。

AR500B 型舰载无人直升机的首飞成功，为国产无人直升机上船、上舰奠定了良好的基础，进一步拓展 AR500 型无人直升机的应用领域，为 AR500 型无人直升机向产业化发展迈出了更加坚实的一步。

模块 2 无人机起落架系统的识辨、分析与检查

模块 2 学习资源

起落架是飞机受力较大的部件之一，其性能好坏关系到飞机的起降是否安全。起落架除了承受与地面产生不同程度的撞击外，还能保证飞机地面运动时的稳定性和操纵性。起落架系统通常都集成了缓冲装置、前轮操纵和减摆装置、刹车装置等，在航前、航后检查工作中，对起落架的检查往往是最重要，也是要求最高的。

知识目标

1. 认识无人机起降装置的形式。
2. 掌握无人机起落架缓冲装置功能、构造及原理。
3. 掌握无人机起落架收放机构及附件功能原理。
4. 掌握无人机前轮转弯操纵装置功能、组成及原理。
5. 掌握无人机刹车装置及其防滞功能、组成及原理。
6. 认识无人机机轮及轮胎构造。

技能目标

1. 能够辨识起降装置的各种形式。
2. 能够对油气式缓冲器进行检查和充填。
3. 能够进行起落架收放过程检查。
4. 能够进行前轮操纵装置功能检查。
5. 能够进行刹车装置功能检查及排气。
6. 能够进行机轮、轮胎拆装及检查，并掌握注意事项。

知识技能树

```
无人机起落架系统的识辨、分析与检查
├─ 认识无人机的起降装置
│   ├─ 知识点
│   │   ├─ 无人机起降滑行装置类型
│   │   ├─ 认识起落架的配置形式
│   │   ├─ 认识起落架的结构形式
│   │   └─ 起降装置收放形式
│   └─ 技能点
│       ├─ 起落架各配置形式的特点
│       └─ 起落架各结构形式的特点
├─ 检查油气式缓冲器
│   ├─ 知识点
│   │   ├─ 起降减震装置的原理
│   │   └─ 油气式缓冲器的结构及工作过程
│   └─ 技能点
│       ├─ 对起落架缓冲装置的要求
│       ├─ 如何避免缓冲器的载荷高峰
│       ├─ 如何防止飞机反跳
│       └─ 油气式缓冲器的补填充程序
├─ 检查起落架收放
│   ├─ 知识点
│   │   ├─ 起落架的外部结构组成
│   │   └─ 起落架安全收放措施
│   └─ 技能点
│       ├─ 起落架的外观检查
│       └─ 起落架收放检查
├─ 检查前轮操纵装置
│   ├─ 知识点
│   │   ├─ 前轮转弯系统功能及工作模式
│   │   ├─ 减摆器原理
│   │   ├─ 前轮定中机构
│   │   └─ 典型无人机前轮转弯系统传力路径
│   └─ 技能点
│       ├─ 无人机地面拖行操作
│       ├─ 前轮转弯操纵系统传力部件的检查
│       └─ 某型无人机的前轮转弯安装后功能检查步骤
├─ 检查刹车装置
│   ├─ 知识点
│   │   ├─ 机轮刹车减速的原理
│   │   ├─ 机轮"拖胎"现象
│   │   ├─ 识别刹车装置结构形式
│   │   ├─ 惯性防滑刹车系统的结构及原理
│   │   └─ 电子防滑刹车系统的结构与原理
│   └─ 技能点
│       ├─ 刹车间隙自动调节措施
│       ├─ 主机轮刹车装置的维护
│       ├─ 机务准备中对刹车系统的检查
│       ├─ 周期性工作中的刹车系统检查
│       ├─ 专项检查中对刹车的检查
│       └─ 刹车系统的排气工作
└─ 检查机轮与轮胎
    ├─ 知识点
    │   ├─ 机轮的主要形式
    │   ├─ 无人机的轮胎构造
    │   ├─ 轮胎压力
    │   ├─ 轮胎充气程序
    │   ├─ 认识轮胎平衡标记
    │   └─ 轮胎磨损检查
    └─ 技能点
        ├─ 已安装好的轮胎检查
        ├─ 已经安装好的机轮检查
        ├─ 机轮的离位检查
        └─ 装配无内胎轮胎的可分离式机轮的注意事项
```

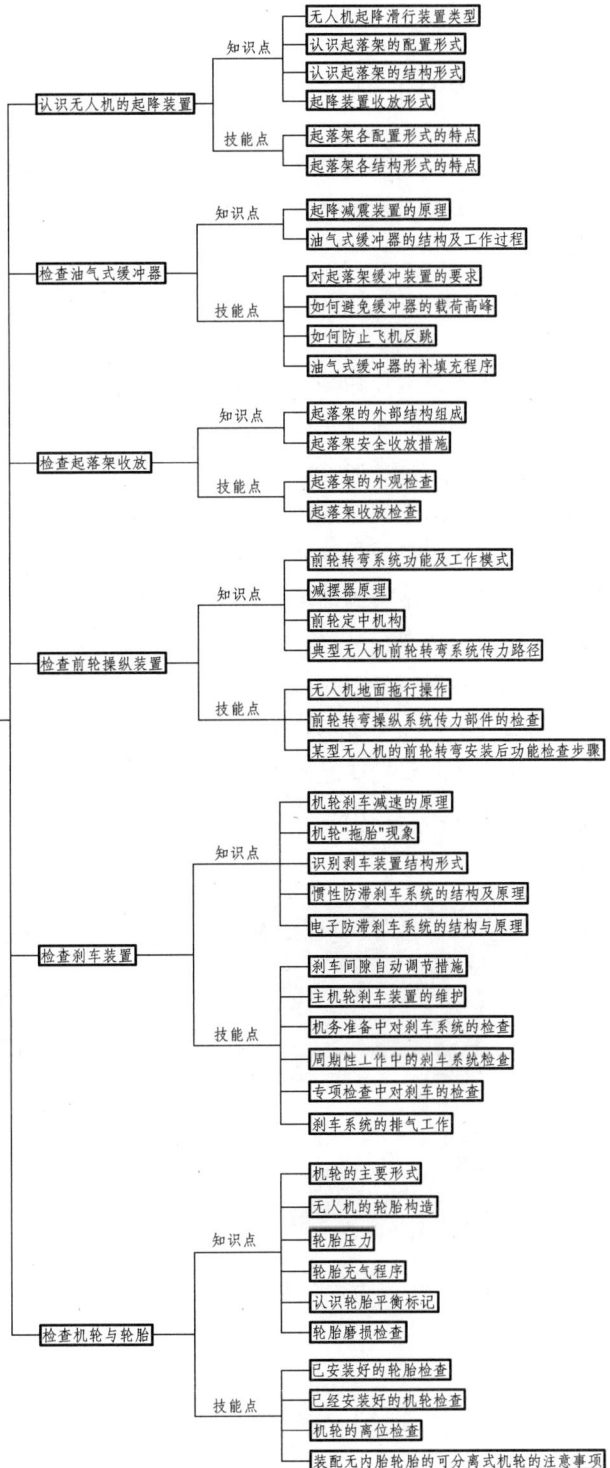

任务 1   认识无人机的起降装置

【情境创设】

在对无人机起降装置进行维护前，必须对其形式、功能、特点有总体的了解，这样能帮助机务人员快速认识无人机。

知识点 1   无人机起降滑行装置类型

起降装置主要作用是在飞机滑跑、停放，起飞降落的过程中支撑飞机，同时吸收飞机在滑行和着陆时产生的振动和冲击载荷。有人机的起降滑行装置可以分类为在陆地上和在水上。在水面上起飞、降落和停泊的飞机的起降滑行装置可分为浮筒式与船身式。目前，大中型无人机在水面上的应用较少。在陆地上起飞、降落和停放的飞机的起降滑行装置可分为轮式、滑橇式、履带式。履带式飞机常用于轰炸机。滑橇式飞机需要在光滑、平整的陆地上降落，比如雪地、草坪上起降。有人机与大中型无人机常采用轮式起降滑行装置。

轮式起降滑行装置可以分为单轮式、双轮式、小车式。单轮式起落架只有一个轮子，如图 2.1.1（a）所示。单轮式起落架根据结构形式的不同又可分为半轴式、半轮叉式、轮叉式。双轮式起落架如图 2.1.1（b）所示，舰载无人机由于需要弹射起飞，前轮常采用双轮式。小车式起落架由多个机轮组成，无人机由于质量小，几乎不采用此形式。

（a）单轮式起落架   （b）双轮式起落架

图 2.1.1   轮式起降滑行装置

知识点 2   认识起落架的配置形式

现在的飞机通常采用三点式的起落架配置形式布局，根据起落架安装位置的不同，起落架的配置形式可以分为后三点式、前三点式、自行车式、多点式。

后三点式起落架配置形式如图 2.1.2（a）所示，尾轮安装在飞机的尾部，两个主起落架对称安装在飞机重心的前面。

前三点式起落架配置形式如图 2.1.2（b）所示，前起落架安装在飞机机身前部，两个主起落架对称安装在飞机重心的后面，左、右机翼的下面。为了防止飞机起飞时擦尾，飞机尾部还配置了保护装置。

自行车式起落架配置形式如图 2.1.2（c）所示，两个主起落架分别安装在飞机重心的前面与后面，为保证飞机在地面滑跑的侧向稳定性，飞机左、右机翼下面还安装小型的辅助轮，典型机型如鹞式战斗机等。

多点式起落架配置形式如图 2.1.2（d）所示，在前三点式起落架配置形式的基础上，在飞机机身下部增加两个起落架，大型民航客机起落架常采用此配置形式。

（a）后三点式起落架

（b）前三点式起落架

（c）自行车式起落架

（d）多点式起落架

图 2.1.2　起落架配置形式

技能点 1　区别起落架配置形式

后三点式起落架常用于早期的小型、低速，采用活塞式发动机的飞机上。采用后三点式起落架配置形式的飞机结构简单，具有起飞速度小、着陆滑跑距离短等优点。但是，采用后三点式起落架配置形式的飞机稳定性差，对飞机的操纵稳定性要求高，飞机容易产生原地打转（打地转）、制动过重会导致飞机产生向前倒（拿大顶），以及飞机滑跑转弯过快会导致飞机侧翻等缺点。

前三点式起落架常用于现代起飞、着陆速度快的飞机。采用前三点式起落架的飞机相比后三点式起落架的飞机，具有较好的稳定性，对飞行的操纵稳定性要求降低，飞机产生"打地转""拿大顶"、侧翻的现象减少。同时,飞机机身处于水平状态,发动机喷出的高温尾气也不会损坏跑道。但是,由于采用前三点式起落架的飞机承载大,前起落架的机轮容易在滑跑过程中产生摆振。

自行车式起落架常用于因机翼较薄,不便收放尺寸较大的起落架的飞机上。这种配置形式常用于高速飞机,但缺点也很明显,在低速滑跑时容易向两侧倾倒。

多点式起落架常用于载荷量大的重型飞机,它将飞机的重量分布在多个起落架上,降低对起落架与机场跑道的要求。

知识点 3　认识起落架的结构形式

根据起落架工作原理与结构组成的不同,起落架的结构形式可以分为构架式、摇臂式、支柱套筒式。

如图 2.1.3(a)所示,构架式起落架通过缓冲支柱与撑杆铰接形成稳定的三角形空间,起到承受载荷和缓冲的作用。构架式起落架通过一套承力构架与机翼、机身相连,承力构架中的减震支柱和其他杆件都是相互铰接的,当起落架受到地面反作用力时,它们只承受拉伸或者压缩的轴向力,不承受弯矩。

如图 2.1.3(b)所示,支柱套筒式起落架的主要承力与减震结构是减震支柱。减震支柱由内筒与外筒构成,内筒下端安装机轮,外筒上端与机体结构相连。

如图 2.1.3(c)所示,摇臂式起落架的机轮悬挂在摇臂的下方,摇臂与承力支柱、缓冲器相互铰接形成稳定的三角形空间承受载荷与减震。

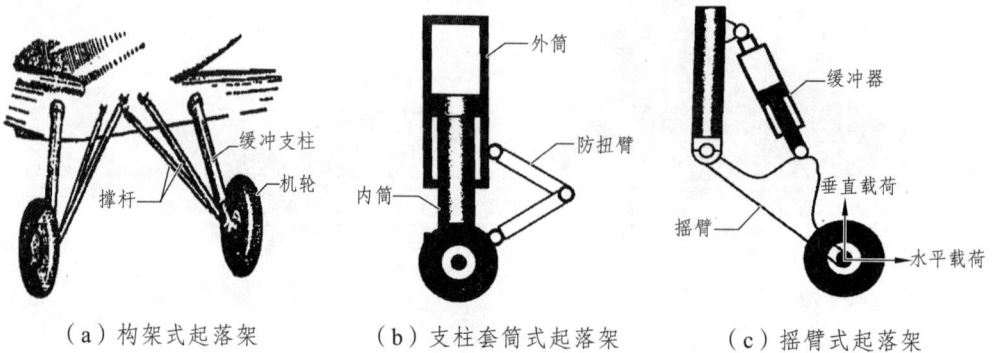

(a)构架式起落架　　　　(b)支柱套筒式起落架　　　　(c)摇臂式起落架

图 2.1.3　起落架的结构形式

技能点 2　区别起落架结构形式

构架式起落架的结构简单,质量轻,只承受地面对其产生的轴向拉压力,不承受弯矩,且该结构形式的起落架难以收入机体内部,故常应用于早期的轻型、低速飞机。目前,在一些轻型低速飞机和直升机上采用较多。

支柱套筒式起落架能很好地承受垂直方向的撞击,但当起落架受到水平方向的撞击时,减震支柱承受较大的弯矩会使得内筒与外筒的接触点产生摩擦,容易磨损密封装置,发生漏油现象。为了减少减震支柱所承受的弯矩,有的支柱套筒式起落架还加装助力撑杆和侧撑杆。该结构形式常应用于现代飞机。

摇臂式起落架能够承受轴向与水平方向的撞击力，相比于支柱套筒式起落架，减震效果更好，且密封性好，不容易发生漏油现象。摇臂式起落架结构复杂，质量大，常应用于小型高速飞机。

知识点 4　起降装置收放形式

收放系统是起落架的重要组成部分，该部分的工作性能直接影响飞机的安全性和机动性。无人机飞行时，若不收上起落架会增加飞行阻力与燃油消耗，降低飞行速度，还会影响飞机飞行状态，对其安全性也会造成影响。因此，收放起落架十分有必要。起落架的收放方向取决于无人机的结构形式。通常，起落架的收放形式有两种：沿翼展、沿翼弦。

沿翼展方向收放起落架主要有向内收与向外收，如图 2.1.4（a）所示。通常而言，由于机翼翼根位置较厚、空间大，起落架向内收入翼根或机身内部。有的飞机在机翼翼根位置安装油箱，起落架可向外收入机翼。

沿翼弦方向收放起落架主要有向前收与向后收，如图 2.1.4（b）所示。这种收放形式可将起落架收藏在轮舱或发动机舱内，减小飞机正面迎风面积，降低阻力。

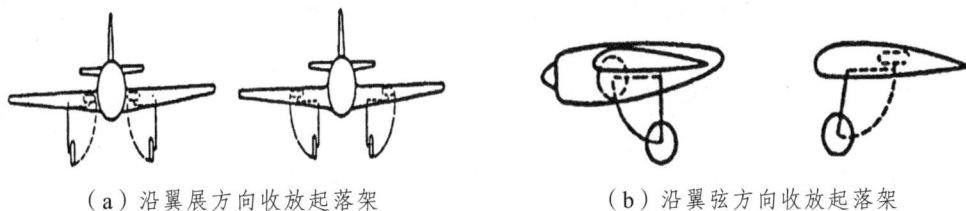

（a）沿翼展方向收放起落架　　　　　（b）沿翼弦方向收放起落架

图 2.1.4　起降装置收放形式

【任务测评】

1. 陆地起降滑行的形式有哪些？水上起降滑行装置有哪些形式？
2. 识别图 2.1.5 中二种飞行器的滑行装置类型。

图 2.1.5　题 2 图

3. 请分别列举后三点式、前三点式、自行车式、多点式起落架配置形式的优缺点。

4. 画出三种起落架配置形式的结构简图。

5. 请分别说明构架式、摇臂式、支柱套筒式起落架的特点。

6. 识别图 2.1.6 中三种飞行器起落架的结构形式。

图 2.1.6　题 6 图

崇典范楷模

从今天起，我的生日就是 3 月 23 日

1998 年 3 月 23 日，歼-10 首飞成功，中国成为世界上第五个能够自主研制第三代战机的国家。"从今天起，我的生日就是 3 月 23 日！"歼-10 首飞那天，歼-10 总设计师宋文骢这样说。

1980 年，宋文骢任歼-7C 飞机总设计师，领导了第二代战斗机从设计到定型装备部队全过程，填补了我国轻型全天候战斗机装备的空白，使我国跨入自主研制第二代战斗机的国际行列。1986 年，时年 56 岁的宋文骢被任命为歼-10 飞机总设计师，肩负起我国自主研发新一代先进战斗机的历史重任。歼-10 飞机是我国自行研制的当时唯一具有国际先进水平的第三代战斗机，技术跨度大、难度高，其战技要求集中体现了西方先进国家 2000 年左右装备的第三代先进战斗机的特点。"技术、人才和实验条件等方面，和第三代先进飞机的要求相距甚远。"在漫长的研制过程中，宋文骢领导广大设计技术人员，一步一个脚印，默默地向目标迈进，先后攻克了先进气动布局、数字式电传飞控系统、高度综合化航电武器系统、CAD/CAE/CAM 等关键技术。尽管研制的技术跨度大，难度高，在漫长的研制过程中，宋文骢带领广大设计技术人员仍坚持自主研发，先后攻克一系列关键技术，让歼-10 身上流淌着中国自己的"血液"。

歼-10 飞机起落架采用了先进的高强度钢整体结构，性能要求高、制造难度大，在歼-10 飞机试制中是一块难啃的硬骨头。本来，起落架的研制和成飞无缘。成飞原起落架厂的领导还记得那令人沮丧的情景，那天他们得到消息，歼-10 飞机的起落架生产划归给兄弟单位。一个生产起落架的专业分厂，没有起落架干，今后靠什么生存呀？心情极不平静的他们赶快召开了干部会，大家一致认为：如果不能在歼-10 飞机的研制生产中占有一席之地，将错失自身的发展机遇，对从事起落架生产的干部职工来说，也将是终身遗憾。而且从经济角度讲，歼-10 飞机的起落架靠从外厂购买，成本将增加很多。不行，我们一定要干歼-10 飞机起落架。他们将意见以"紧急信息"的方式向上级领导层反映，并快速制定参与歼-10 起落架研制的可行性方案，主动请缨，参与竞争。在歼-10飞机研制专题会上，成飞原起落架厂的领导立下了军令状：我们有能力干好歼-10飞机起落架。经过多方努力，上级把歼-10飞机前起落架研制生产的任务交给了成飞。干部职工很清楚，争回来的是一把悬在头上的"达摩克斯利剑"，风险和责任巨大。历经500多个日日夜夜，成飞参研人员屡败屡战，永不言弃，终于歼-10飞机研制战线上的第一个大部件"前起落架"成功提前交付，这是歼-10飞机研制中第一个报捷的项目。

1998年3月23日，歼-10终于实现了首飞，飞机着陆后，宋文骢第一个冲上前去，紧紧抱住了试飞员……2016年3月22日，这位老人走完了他86年的人生旅程，却没能赶上他"孩子"的18岁生日。

宋老一生为航空事业奉献，为国家强大、民族复兴贡献，我们应当为成为像宋老一样投身祖国航空事业的人而感到骄傲！

引自 https://baike.sogou.com/v7183281.htm?fromTitle=%E5%AE%8B%E6%96%87%E9%AA%A2（2021-06-26）

任务 2　检查油气式缓冲器

【情境创设】

无人机着陆接地或在地面滑跑过程中，起落架会产生撞击与颠簸跳动。为了减少撞击颠簸跳动导致的机械结构损坏，给起落架加装减震装置十分有必要，同时对减震装置的检查也必不可少。在检查时，需判断减震装置减震性能是否良好，若减震性能下降，又应当如何对其进行维护呢？

知识点 1　起降减震装置的原理

无人机着陆接地时，垂直方向的速度快速降为零，产生的撞击动能需要释放，若不加装减震装置，会损坏无人机的机械结构。此外，无人机在凹凸不平的地面滑跑时，地面会反作用施加给无人机撞击力与颠簸跳动。无人机起落架加装减震装置对无人机的安全性能十分有必要。

动量定理告诉我们，无人机着陆接地与地面相互撞击时，撞击力的大小与撞击时间成反比，与无人机的动量变化量成正比。当无人机的动量变化量一定时，撞击时间越长，撞击力就越小。无人机起降减震装置就是通过弹性变形，吸收撞击动能，延长无人机与地面的撞击时间，减小撞击力，避免机械结构损坏。同时，无人机起降减震装置的热耗作用可以将撞击动能转换为热能消耗掉，缓解无人机着陆接地产生的颠簸跳动。

故起降减震装置的原理就是尽可能延长飞机与地面的撞击时间，减小撞击力，尽快将撞击动能转化为热能消耗掉，缓解无人机接地后的撞击力与颠簸跳动。

技能点 1　对起落架缓冲装置的要求

起降减震装置需要达到以下要求，才能减少撞击力对飞机的冲击。

（1）起降减震装置能够承受的力必须大于飞机与地面的最大撞击力，否则起降减震装置会因为未能完全吸收完撞击机械能，而使飞机其他结构件受力。

（2）起降减震装置需要热耗装置，其热能消耗越快，飞机的颠簸跳动越快平复。

（3）起降减震装置应具有多次连续接受撞击的能力。

（4）起降减震装置的密封性良好，不漏油、不漏气。

知识点 2　油气式缓冲器的结构及工作过程

起落架油气式缓冲器主要作用是将飞机与地面的撞击动能转化为热能消耗掉，缓解飞机与地面的撞击力与颠簸跳动。

油气式缓冲器的结构形式如图 2.2.1 所示，其结构组成分别为活塞、外筒、带节流孔的隔板以及密封装置等。活塞杆下端与轮架或摇臂相连接，外筒上端与无人机机翼或机身结构相连接。带节流孔的隔板将缓冲器的内部结构一分为二，上部分灌充一定压力的空气，下部分灌充一定量的油液。油气式缓冲器的减震原理是利用气体的压缩变形吸收撞击动能，同时油液快速流过节流孔摩擦发热，消耗动能。

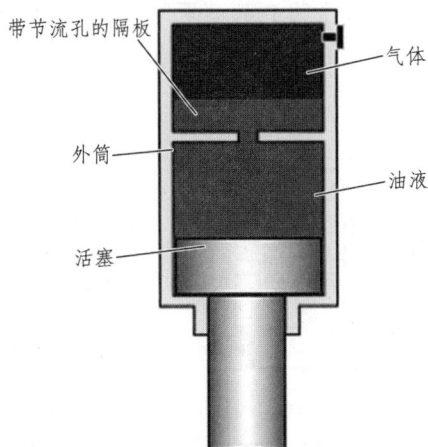

图 2.2.1　油气式缓冲器的结构简图

油气式缓冲器在未受外力时，由于冷气压力的作用下，活塞处在最低位置。当无人机着陆接地与地面发生撞击，垂直加速度很大，无人机继续下沉，油气式缓冲器受到地面的反作用力而被压缩，油液受到活塞挤压经过隔板节流孔流向隔板上腔。隔板上端空腔的空气受到压缩，气压增大，无人机垂直速度逐渐减小直到为零。这个过程被称为压缩行程或正行程，无人机与地面的撞击动能被气体吸收，油液流过节流孔摩擦生热也消耗了一部分动能。

油气式缓冲器被压缩到正行程的终点，隔板上端空腔的空气气压大于正常状态下的气压，作用给油液压力，油液经过节流孔流向隔板下端，从而将无人机顶起。随着缓冲器的伸张，气体气压逐渐减小，无人机向上速度也逐渐降低为零。这个过程被称为伸张行程或反行程气体膨胀释放能量，一部分转换为无人机重心抬高的势能，一部分转换为油液与节流孔摩擦产生的热能。

一个正行程与一个反行程形成一个循环。无人机经过若干个循环后，将撞击动能转换为热能消耗掉，直到无人机平稳下来。

技能点 2　如何避免缓冲器的载荷高峰和防止飞机反跳

飞机降落接地时，飞机俯冲的速度快，动能大，缓冲器受到地面施加的载荷迅速增大，压缩速度也迅猛增加。在经历一个正行程过程中，缓冲器的压缩速度又快速减小。缓冲器在压缩行程开始时，压缩速度快速增大与减小，这样的一个起伏现象，被称为载荷高峰。载荷高峰的出现很可能是由于缓冲器受到的载荷超过其规定的最大载荷。当飞机在地面高速滑跑时，地面的突起物也会使得缓冲器出现载荷高峰现象。

载荷高峰常发生在节流孔面积很小的缓冲器上，油液快速通过节流孔导致油液作用力迅猛增大，缓冲器受到的载荷也迅猛增大。为了减小载荷高峰，可增大缓冲器的节流孔，缓解油液流经节流孔的速度，减小油液作用力，避免载荷高峰。但是，增大节流孔的面积，又会影响热能的消耗。为了既避免载荷高峰，又取得较大的热耗作用，目前大多数缓冲器采用油针来实现工作过程中节流孔面积的改变。图 2.2.2 所示为带油针的油气式缓冲器工作过程。在压缩行程的最初阶段，节流孔面积很大，油液从下腔流向上腔，流过节流孔时基本上没有流动阻力，压缩气体吸收撞击动能，避免载荷高峰。随着压缩量的增大，节流孔面积逐渐减小。这种缓冲器在压缩行程阶段能消除载荷高峰并取得较大的热耗作用。

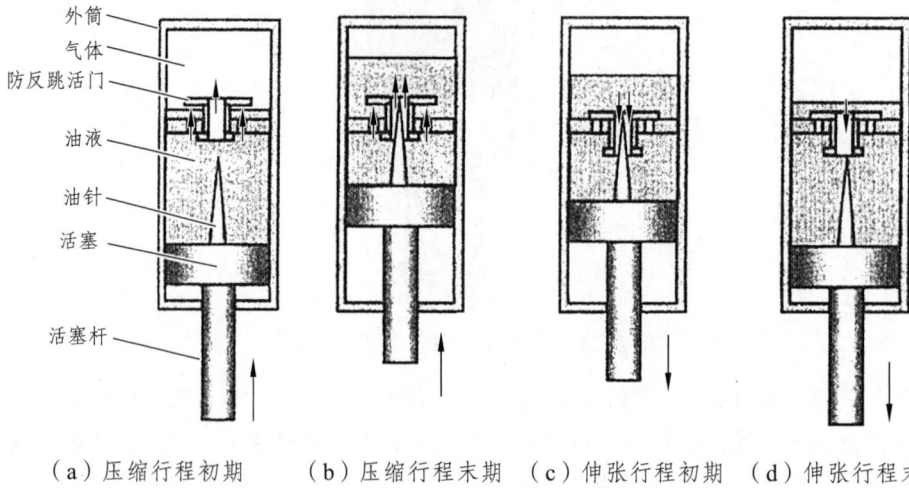

外筒
气体
防反跳活门
油液
油针
活塞
活塞杆

（a）压缩行程初期　（b）压缩行程末期　（c）伸张行程初期　（d）伸张行程末期

图 2.2.2　油气式缓冲器工作过程

当起落架伸张速度过大时，在伸张行程结束时飞机垂直速度大于零，会造成飞机跳离地面的情况，这种现象被称为反跳。为了限制起落架伸张速度，有的缓冲器还安装能够在伸张行程中能够堵住节流孔防止油液流动的单向活门，这种活门叫作防反跳活门，结构如图 2.2.2 所示。

在伸张行程阶段，缓冲器内的空气膨胀做功，使油液从上往下流动，缓冲支柱内筒向下移动，缓冲腔内油液从下向上流动。油液推动缓冲器运动到上极限位置堵住通油通道使得油液只能通过节流孔流动，从而限制伸张速度，以防止飞机反跳。

技能点 3　油气式缓冲器的补填充程序

1. 油气充灌量不符合标准的危害（见表 2.2.1）

表 2.2.1　油气充灌量不符合标准的危害

充灌状态		受力情况变化	危害
减震过软	充气不足	气体反抗压缩变形能力变小	重着陆时容易发生刚性撞击
	充油不足	同样压缩量气体压缩率变小	
减震过硬	充气过多	气体反抗压缩变形能力变大	滑行时飞机颠簸严重，着陆时飞机结构受力增大容易损坏
	充油过多	同样压缩量气体压缩率变大	

2．某型无人机油气式缓冲器补填充程序

（1）顶起无人机。

（2）拆下充填嘴上的保险丝。

（3）将缓冲器气室中氮气放出，直至压力为零。

（4）保持缓冲器处于全伸长状态，竖直放置固定不动使航空液压油沉下。

（5）拧出充填嘴，往缓冲器气室内注入规定量油液。

（6）均匀缓慢压缩缓冲器至全行程，将多余的液压油完全排出为止。若没有多余的油液流出，则向缓冲器内重新充填油液，并按上述程序排出由于再次补充充填的多余油液。

（7）将缓冲器腔内液压油抽出规定量后，拉伸缓冲器至全伸长状态。

（8）在充填嘴上安装新的垫圈，再将充填嘴安装到缓冲器上并拧紧，往缓冲器腔内充入氮气，充填嘴打保险。

（9）放下无人机使起落架机轮接地。

3．缓冲器填充注意事项

（1）释放氮气压力时，缓慢反向旋转堵帽，防止高压气体弹飞堵帽，造成人员受伤。

（2）氮气压力释放后，使减震支柱处于全压缩状态，再充油。

（3）充气时缓慢进行。

（4）充气时，取充气压力范围上限。

【任务测评】

1. 油气式缓冲器充气、充油不足或过多的危害？
2. 油气式缓冲器充气时应注意哪些事项？
3. 描述油气式缓冲器的充填过程。
4. 说明油气式缓冲器的油量灌充程序及其操作注意事项。
5. 请说明油气式缓冲器的结构组成？
6. 请说明油气式缓冲器止行程与反行程的工作过程？
7. 请说明油气式缓冲器缓冲过程中的能量转换？
8. 请画出油气式缓冲器的结构简图。
9. 油气式缓冲器如何避免载荷高峰？
10. 油气式缓冲器如何防止飞机反跳？

崇典范楷模

用生命托起战鹰的翅膀

歼-15 从空中俯冲急下，瞬间降速至 0，稳稳停在辽宁舰上——2012 年 11 月 24 日，中国首批舰载机全部完成航母起降训练，圆了几代航空人让战机从陆地跨向海洋的梦想。

一天之后，辽宁舰返航。罗阳，这位舰载机研制现场总指挥、中航工业沈飞公司董事长，突发心梗，以身殉职，年仅51岁。

这是他最后的行程——11月17日22时，参加完珠海航展的他返回沈阳，没来得及回家看看，就连夜赶到舰载机所在基地。在那里，他把应急保障团队成员召集起来，对舰载机进行又一轮细致检查，直至18日凌晨3时。早上，同事们起床，发现他已在岸边观察天气。

11月18日早上8时许，罗阳上舰。他把行李扔到床上，坐都没坐一下，转身便上了塔台。这一天，他对相关环节全面监测，几乎不曾停下脚步。同事劝他："别着急，反正白天黑夜都在舰上，慢慢看。"他摇头："我上舰晚，不了解的东西太多了，必须抓紧。"

舰上7天，每个深夜，罗阳房间里的灯都要到近凌晨3时才熄。他留下的最后一本笔记里，记满了数据和规划。舰载机降落，外人看到的是雄健的身影，航母上的人所感受到的，则是巨大的振动和难以忍受的轰鸣。测试人员以外的人，通常会选择站在一个声音相对小的地方，但罗阳不是。他总想离得近些再近些，0距离观察舰载机着舰的落点和状况。谁也不知道，他的心脏一次次承受着怎样的冲击？

他是拼了命在干。

罗阳不是只会工作。他是排球健将，爱下围棋，喜欢音乐；他有个和睦的家庭，年轻时工作任务没那么重，每到周末他常带着家人出去游玩。他更知身体重要。在沈飞，他确定了员工每年体检一次的计划，重要岗位员工一年体检两次。

但这些年，现实真的不允许。

——搞航空太难了，不下功夫苦干，只能是一无所获。

舰载机项目启动时，国内完全是空白。获取国外现成的技术，想都别想，即使是资料也搞不到。造出来、飞起来、落得下，成千上万个环节，都是未知领域，都要绞尽脑汁去钻研。

许多行业，搞不出精品，可以降低标准搞个普通的。航空不行，要么是满分，要么就是零分。作为总指挥的他必须"接招"。调集资源、组织攻关、寻求兄弟单位帮助，不知调了多少次、试了多少次，终于拿下核心工艺！那段日子，他吃住在厂部，常常就站在员工身后。

一个歼-15累不垮罗阳，这只是近年罗阳作为研制现场总指挥多个重点型号中的一个。

——任务太紧迫，不抓紧时间、倾力投入，就会拖后腿。

从接到舰载机任务那天起，他一直奋战在研制现场、试验一线。工作节奏最初是"711"，每周干7天，每天干11个小时；在最后冲刺的1个月，他也冲到了极限，变成"720"，几乎每天工作达到20个小时。

人们形容罗阳"是在以冲刺的速度跑马拉松"。在生命的最后阶段，他想必感到了疲惫。但他挂在嘴边的，还是航空人爱说的那句——"既做航空人，就知责任重；既做新装备，就得多辛苦"。

转自 https://www.xuexi.cn/lgpage/detail/index.html?id=2486726958785661753&item_id=2486726958785661753（2021-06-21）

任务 3 检查起落架收放

【情境创设】

在实际工作过程中，机务人员在维修维护起落架时，常发生舱门关闭、起落架意外收起，而夹伤机务工作者的惨剧。为避免无人机在地面停放时，起落架意外收起，常会采取哪些安全措施呢？起落架收放检查时，应检查哪些部件和指示信号呢？

知识点 1 起落架的外部结构组成

起落架的构成除了缓冲器之外，还有撑杆（前撑杆、侧撑杆）、防扭臂、收放机构等。图 2.3.1 所示为某无人机前起落架结构组成。

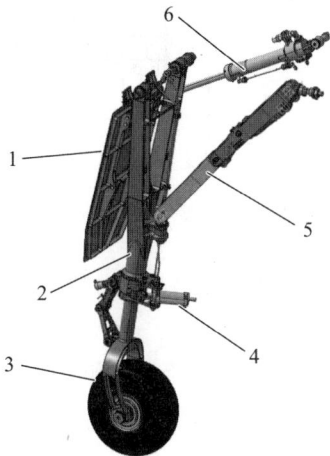

1—前舱门；2—前支柱；3—前轮；4—前轮操纵作动筒；
5—前撑杆；6—前起收放作动筒。

图 2.3.1 某无人机前起落架结构组成

前起落架的撑杆通常由两部分组成，即上撑杆和下撑杆，上、下撑杆之间用铰链连接。当前起落架向前收上时，撑杆可以折叠。主起落架的侧撑杆由两部分组成，即上侧撑杆和下侧撑杆，上、下侧撑杆之间用铰链连接。当主起落架向内侧收进时，侧撑杆可以折叠。撑杆的作用是防止在着陆接地的过程中，起落架由于受到较大的撞击力而发生弯曲变形。无人机由于着陆重量小，撞击力小，因此起落架撑杆用得也较少，一般可用收放作动筒代替撑杆。

防扭臂由上防扭臂与下防扭臂通过铰接的形式连接。上防扭臂与缓冲器的外筒铰接，下防扭臂与缓冲器的活塞杆铰接。防扭臂的作用是使得活塞杆与外筒之间的相对转动。

起落架收放机构的结构组成通常包括收放作动筒、上位锁、下位锁、舱门以及一些协调机构等，如图 2.3.2 所示。

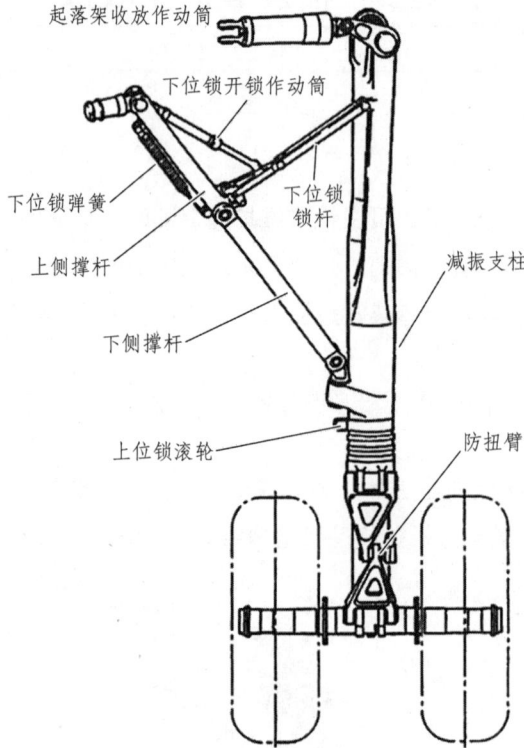

图 2.3.2　某型机起落架收放机构

起落架收放作动筒决定起落架的收起与放下，液压换向活门控制油液进入、流出作动筒内部空腔，进而控制起落架的收放。

上位锁可将起落架锁定在收上位，防止无人机在飞行过程中起落架意外放下。下位锁可将起落架锁定在放下位，避免无人机在降落接地或地面滑跑时，由于受到地面的撞击力而意外收起。

起落架舱门通常包括主舱门与辅助舱门。主舱门的开关由舱门开关作动筒控制，主舱门打开，起落架收起到上位锁锁定，主舱门关闭。辅助舱门由起落架上的连杆驱动，与主舱门的关闭保持同步。

起落架位置信号主要是灯光指示信号，采用不同颜色的灯光表明起落架的位置。不同型号的飞机灯光信号不同，如某型无人机绿灯亮时表示起落架收放到位，红灯亮时表示起落架收放控制信号和起落架位置信号不一致，即起落架处于收放过程中。当起落架锁定时，红、绿信号灯都熄灭。

图 2.3.3 所示为挂钩锁待上锁与上锁状态结构组成图。挂钩锁由开锁作动筒、锁钩、锁弹簧以及锁滚轮等结构组成。当起落架收上时，锁滚轮给锁钩施加逆时针方向的力使得锁滚轮转动进入锁钩，锁弹簧上锁固定。方向开锁时，油液进入开锁作动筒使得活塞杆伸出，推动锁钩顺时针旋转，锁滚轮从锁钩中脱出。

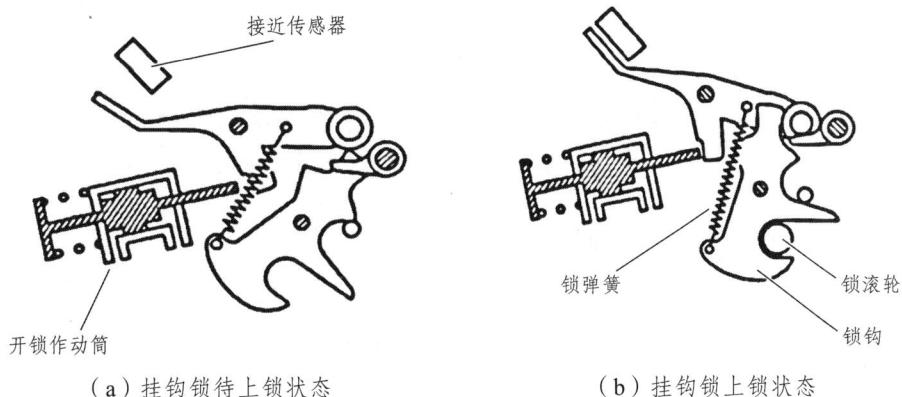

接近传感器

开锁作动筒

锁弹簧

锁滚轮

锁钩

（a）挂钩锁待上锁状态　　　　　　　　（b）挂钩锁上锁状态

图 2.3.3　挂钩锁待上锁与上锁状态

某无人机前起落架撑杆（见图 2.3.4）由上撑杆（1）、下撑杆（9）、撑杆连接轴（11）、开锁作动筒（3）、摇臂（7）、连杆（8）和接近式终点开关（4）等组成。前起落架撑杆的上端通过上撑杆接头与机身连接，下端通过下撑杆接头与前起落架外筒上的耳片相连。前起落架撑杆主要功用是在前起落架放下位置，前撑杆靠下位锁机构将其固定在具有一定偏心的位置上，使前支柱不能绕轴转动，这样起落架就能承受由于着陆冲击、牵引飞机、地面滑行等过程产生的各种载荷。

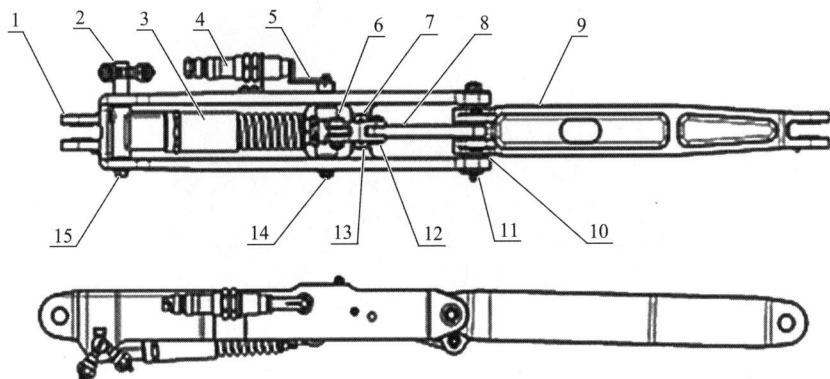

1—上撑杆；2—转动接头；3—开锁作动筒；4—接近式终点开关；5—终点开关拨片；
6—螺栓；7—摇臂；8—连杆；9—下撑杆；10—螺栓；11—撑杆连接轴；
12—螺栓；13—调整垫片；14—螺栓；15—螺栓。

图 2.3.4　某无人机撑杆式锁机构

前起落架下位锁是由装在撑杆上的下位锁机构保证撑杆不能折叠来实现的。下位锁机构是由摇臂（7）、连杆（8）和上撑杆组成的过死点的自锁四连杆机构，起落架放下时，撑杆由开锁作动筒上的弹簧力使其保持上锁状态。在上锁状态，锁机构的摇臂和下撑杆是贴合的，能阻止机构向反行程运动，从而保证撑杆不能折叠。

前起落架收放过程中撑杆的运动情况：

（1）前起落架收上时：刚开始，开锁作动筒起主要作用，开锁作动筒缩短，使锁机构的摇臂转动，通过死点，并由连杆（8）带动上撑杆绕其自身的转轴旋转，撑杆开始折叠。当撑杆折叠一定角度时，再由前起落架收放作动筒带动前起落架收上，撑杆随着折叠，直到收上位置。

（2）前起落架放下时：起落架收放作动筒伸长，推动前起落架放下，撑杆随之逐渐打开。到放下位置时，在撑杆开锁作动筒弹簧力和起落架收放作动筒的作用下，锁机构通过死点，处于上锁状态，前起落架被锁住，终点开关接通，前起落架放下锁定的绿灯亮。

知识点 2　起落架安全收放措施

为防止起落架在地面时意外收起，无人机采取的安全收放措施有地面机械锁、控制收放电路等。

1．地面机械锁

地面机械锁包括起落架安全销与套筒锁。起落架安全销采用一个金属销插入起落架支撑结构的两个或多个定位孔内，防止起落架意外收起。套筒锁可夹住起落架收放作动筒伸出的活塞杆，并采用销钉固定，避免活塞杆收缩。图 2.3.5 所示为套筒锁安装在起落架上。

图 2.3.5　套筒锁

图 2.3.6 所示为起落架安全锁。无人机着陆接地后，起落架放下，机务工作者在定位孔内插入起落架安全销并系上红色飘带。红色飘带上写着 "REMOVE BEFORE FLIGHT"。无人机起飞前，需要拔除安全销，否则起落架无法正常收起。

图 2.3.6　安全销

2．收放电路控制

有的无人机采用直接断开收放系统液压活门电路的方法，避免起落架意外收起。当无人机停放在地面时，收放系统电门断开，起落架无法收起；无人机离地起飞时，缓冲支柱伸张，控制电路接通，起落架收起，接地信号由起落架轮载开关检测。

技能点 1　起落架的外观检查

某无人机起落架的外观检查步骤：

（1）目视检查前、主起落架外观是否有损伤，所有涂漆部位是否有脱漆、磨损。

（2）目视检查前、主起落架收放作动筒液压管路是否泄漏，附件是否损伤。

（3）目视检查前、主起落架收放作动筒与起落架和机身的各处连接点是否可靠，是否有损伤或松动。

（4）目视检查前、主起落架支柱与机身大梁连接处是否有损伤或松动，连接部位保险是否可靠。

（5）目视检查前、主起落架收上到位开关、放下到位开关、轮载开关及电缆有无损坏，电缆固定是否可靠，是否有磨损，主起落架放下到位开关与导磁片间是否有明显不平行。目视检查主起落架放下位置接近信号器与导磁片间隙，保证间隙符合要求。

（6）目视检查前、主支柱缓冲器压缩量是否正常，有无漏油。

（7）目视检查前、主起落架扭力臂无损伤。

（8）目视检查前起落架舱门表面有无异常。

（9）目视检查前、主机轮表面无机械损伤，刹车装置是否损坏，刹车盘磨损量是否正常。

（10）使起落架处于放下位置，检查前撑杆是否处于上锁状态。

技能点 2　起落架收放检查

某无人机起落架收放检查步骤：

（1）用机身托架将飞机顶起，直到轮胎离地一定距离。

（2）将地面电源和液压泵（或手摇泵）连接到飞机液压系统。

（3）液压系统通电后控制收放起落架至少 3 次，检查前、主起落架收放功能、位置信号情况是否正常。

（4）前起舱门运动情况检查：将前起舱门反复收放几次，目视检查前起落架舱门跟随前支柱的运动情况，转动是否灵活，有无卡滞现象以及各处间隙情况。

（5）前起舱门间隙检查：检查前起落架舱门关闭后的各处间隙是否正常；舱门收上后，不得凸出周边机身外形，若不满足要求，则需调整。

（6）起落架缓慢收放过程中和收放到位时，进行间隙检查，检查撑杆、起落架、舱门等结构与机身结构、管路、电缆之间的间隙是否符合要求。

【任务测评】

1. 请说明起落架的外部结构的作用分别是什么。
2. 请说明起落架锁机构的种类，开锁/上锁的原理是。
3. 如何防止起落架在地面误收放？
4. 无人机飞行员如何获知起落架已接地？
5. 起落架告警形式有哪几种？
6. 描述起落架检查的大致步骤。

崇典范楷模

中国航空之父

1895 年，甲午战争失败，年仅 12 岁的冯如挥泪告别父母，随亲戚远渡重洋，去美国旧金山市谋生。到旧金山市后，通过学习英语和科技知识，以及目睹日新月异的先进机器，他认识到：国家富强，必有赖于机器，于是更加发愤学习，专攻机器制造。

1906 年，冯如在纽约学习机器制造之后，重返旧金山市，开始招徒制造机器，冯如同时也开始收集有关设计、制造和驾驶飞机的资料。

经过多年努力，终于在 1909 年 9 月，距世界第一架飞机问世不到 6 年的时间内，冯如完成了中国人自己设计、自己制造的第一架飞机。冯如这架飞机称为"冯如 1 号"，与莱特型飞机相似，也采用了双翼、构架式机身，发动机安装在下翼中央的推进式、鸭式操纵面布局的飞机。其方向舵也像莱特型飞机，但改进了着陆装置，起落架末端安装着 4 个轮子。1909 年 9 月 21 日傍晚，"冯如 1 号"正式试飞。冯如驾机迎着强风起飞，升至 4.5 米高，环绕一个小山丘飞行，飞行了约 800 米，显示了飞机具有良好的性能，从而在我国动力载人飞行史上谱写了光辉的第一页。

冯如继续研制飞机，但又两试两败。先后 6 次受挫，而冯如始终奋斗不止。他在认真总结历次失败教训，并吸取当时先进经验后，终于在 1911 年 1 月研制成功了一架新型飞机——"冯如 2 号"。

1911 年 2 月 22 日，冯如率助手朱竹泉、司徒壁如和朱兆槐携带飞机和设备乘轮船回国。于 1912 年 3 月，制成一架与"冯如 2 号"相似的飞机，揭开了中国航空工业史的第一页，冯如也成为我国近代航空事业的创始人和开拓者。

1912 年 8 月 25 日，冯如在广州燕塘公开进行飞行表演时，飞机失速坠地，机毁人伤。医院抢救无效，冯如以身殉国，时年仅 29 岁。在弥留之际，冯如犹勉励助手："勿因吾毙而阻其进取心，须知此为必有之阶段。"

冯如也被称为中国航空之父，作为我国第一位飞机设计师、制造者和飞行家，他爱国爱乡、刻苦钻研、崇尚科学、敢为人先的精神影响着国人，他谱写了我国动力载人飞行史光辉的第一页，标志着中国航空史的开端，对中国航空事业的发展具有强大的激励与鼓舞作用。

起落架收放故障同样也是关乎飞机安全的最高等级故障，在检查起落架的功能性能时，务必要严谨，避免国家财产损失和人民安全遭受威胁。

引自 https://www.xuexi.cn/lgpage/detail/index.html?id=4070157474404246623（2021-06-18）

任务 4　检查前轮操纵装置

【情境创设】

某无人机在地面起飞或着陆滑行时，突然偏离跑道甚至冲出跑道，此时应检查哪些部附件？无人机在滑行时主要通过什么装置来控制方向？其驱动原理是什么？如何进行航前、航后检查？

知识点 1　前轮转弯系统功能及工作模式

前轮转弯系统是用于为飞机在地面机动滑行时提供方向控制，它能使飞机在侧风着陆、一侧主轮胎爆破等情况下保持滑行方向，以及保证飞机滑行的稳定性要求。前轮转弯操纵是控制无人机滑行方向的关键装置，在进行维护时，需着重检查其结构是否完好，是否能按照技术参数操纵飞机的转弯，如转弯角度、转弯响应时间等。

无人机前轮转弯系统有两种工作状态，分别为前轮转弯模式和减摆模式。飞机处于前轮转弯模式时，由飞控计算机根据当前滑行速度来调节转弯角度控制律，滑行速度越大，前轮偏转控制角度越小。例如，某无人机刚着陆高速滑行时，前轮偏转角度很小甚至不使用前轮转弯，仅略微修正航向，防止转弯幅度过大倾覆造成事故。当无人机在地面低速滑跑时，偏转角度较大，如从停机坪自主滑出进入跑道时，此时转弯角度能达到 60° 以上。

当无人机滑跑速度超过一定阈值、前轮转弯报故障时，前轮转弯进入减摆模式。此时，滑跑中前轮处于自由偏转状态，但是由于减摆器的存在，产生减摆阻尼，抑制前轮摆振，稳定滑行方向。

知识点 2　减摆器原理

飞机在地面高速滑跑时，由于地面不平等因素导致前轮受到干扰偏离正常运动路线，在地面摩擦力与弹性力的作用下出现飞机前轮左右摇摆形成 S 形路径的现象叫作前轮摆振。在飞机高速滑跑时，前轮摆振现象常常会导致飞机滑跑方向难以控制，机身结构剧烈振动受损，起落架减震支柱折断等事故。

为了防止机轮摆振，在前轮转弯操纵系统中加装了液压减摆器，其基本构造如图 2.4.1 所示。

液压减摆器的工作原理是利用油液流经小孔产生阻尼力，将摇摆动能转化为热能消耗掉。常用的液压减摆器有活塞式减摆器与旋板式减摆器。

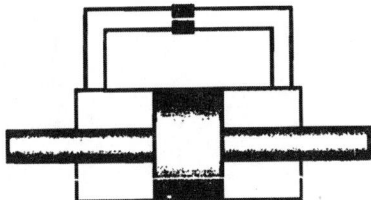

图 2.4.1　液压减摆器基本构造

1. 活塞式减摆器

活塞式减摆器由活塞与油箱组成，油箱内充满油液，活塞上充满小孔置于油箱中，如图 2.4.2（a）所示。当机轮发生摆振时，起落架的传动机构将摆振产生的动能传给活塞，活塞往复移动，油液经过活塞上的小孔产生摩擦，将机轮摆振的动能转化为热能消耗掉。

2. 旋板式减摆器

旋板式减摆器油腔内的固定板与旋板将油室分为 4 个区域，旋板上有阻尼孔，如图 2.4.2（b）所示。当前轮发生摆振时，传动机构将摆振传给旋板，旋板发生转动，油液流经阻尼孔发生摩擦产生热能消耗掉摇摆动能，飞机的摆振现象逐渐减弱。

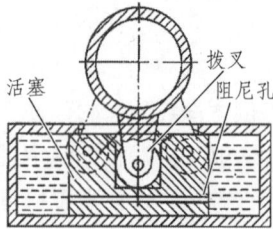

（a）活塞式减摆器基本构造　　　　　　（b）旋板式减摆器基本构造

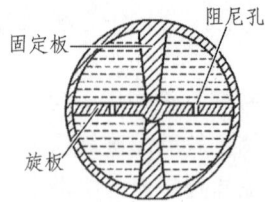

图 2.4.2　两种液压减摆器的基本构造

知识点 3　前轮定中机构

为了使飞机起飞离地后起落架正常收起，飞机着陆接地前起落架正常接地，起落架支柱内具有自动定中机构。自动定中机构由两个定中凸轮组成，其中一个凸轮安装在缓冲支柱的外筒上，另外一个凸轮安装在缓冲支柱的内筒上，两个凸轮相互啮合，如图 2.4.3 所示。

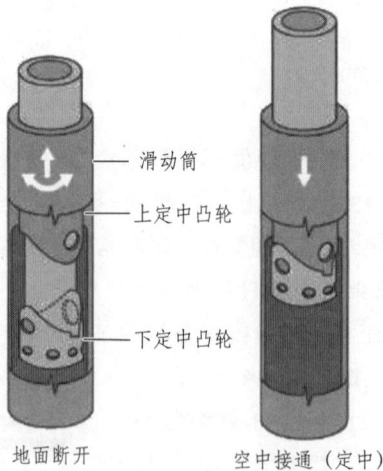

地面断开　　　　　空中接通（定中）

图 2.4.3　前轮定中机构

飞机离地时，缓冲支柱在重力的作用下向下伸张，内筒与外筒上的凸轮沿着表面滑动，相互啮合，使得前轮自动对准正前方的位置，保证起落架正常收进起落架舱，在着陆时也能保证前轮朝向正前方。当飞机着陆接地后，缓冲支柱在地面支持力的作用下压缩，内筒上的凸轮与外筒的凸轮脱离，两个凸轮间可以发生相对转动，此时前轮转弯可以作动。

知识点 4　典型无人机前轮转弯系统传力路径

图 2.4.4 所示为前轮转弯系统结构示意图，其结构由前轮转弯作动筒、转弯套筒、扭力臂等结构组成。转弯作动筒固定于缓冲支柱外筒上，转弯套筒可转动，安装于缓冲支柱外筒上。转弯套筒还与前轮转弯作动筒的活塞杆端头、上扭力臂连接，上扭力臂与下扭力臂铰接，下扭力臂铰接于前机轮的轮叉上。当转弯作动筒的活塞杆推动转弯套筒转动时，转弯套筒通过上下扭力臂带动轮叉和缓冲支柱内筒转动，从而带动前轮转动。

前轮转弯动力的传递路径：转弯作动筒活塞杆→转弯套筒→上扭力臂→下扭力臂→轮叉。

图 2.4.4　前轮转弯操纵系统结构

技能点 1　无人机地面拖行操作

当无人机前轮连接牵引杆或牵引车被拖行时，由于减摆功能，无法自由转弯，此时常用的方法为开启前轮转弯系统释压功能、断开前支柱上下防扭臂。

前轮转弯系统释压，主要通过按钮或手柄打开转弯卸压活门，将前轮转弯作动筒的左右两腔连通，实现前机轮的自由转向，从而防止液压系统对牵引飞机造成阻碍。

断开前支柱扭力臂，是通过拆除扭力臂快卸接头，断开扭力臂的上下连接，从而断开前轮操纵传力路径，以实现前轮在外力矩作用下自由转向，而不影响前轮转弯系统。图 2.4.5 所示为某无人机前起落架支柱及其扭力臂位置。

扭力臂脱开

图 2.4.5　某无人机前起落架扭力臂断开

注意事项：在牵引飞机时，一定要确保前轮未处于转弯模式。若是采取断开扭力臂的方式，需在牵引飞机期间保存好快卸插销和快卸锁。当飞机牵引工作完成时，必须第一时间恢复扭力臂连接，并确保快卸锁处于锁定状态。

技能点 2　前轮转弯操纵系统传力部件的检查

飞行前或飞行后前轮转弯操纵系统的传力部件检查，应当参照工作单位制订的工作卡片，按照标准检查路线进行检查。检查各个传力部件时，应当关注各固定端的结构是否有裂纹，固定是否牢固。其中，前支柱扭力臂的快卸销应当仔细检查，确定其安装牢靠未松脱。

在对飞机液压系统进行定期检查时，会对前轮转弯操纵系统的工作参数进行检查。应参照工作单位所制订的工卡，检查转弯模式情况下，转弯角度是否按照规定参数正常工作，回中时转弯环上喷涂的标线是否与缸体上所喷标线对齐。若不一致，应及时更换前轮转弯作动筒并重新检查。

技能点 3　某型无人机的前轮转弯安装后功能检查步骤

（1）拆除上、下扭力臂连接的快卸轴，断开上下扭力臂，向上振动上扭力臂，保证前轮载开关压缩到接通位置。

（2）接通飞机液压源，给前轮操纵系统加压；接通机上电源，使飞控系统、机电管理计算机正常工作。

（3）飞机上电，前轮操纵系统即通电，通电后检查地面站"前轮系统状态"灯为绿色。若地面站"前轮系统状态"灯为红色，则表示前轮操纵系统存在故障，应排除故障后重新检查。

（4）指挥控制站发送指令接通前轮操纵系统，检查指挥控制站"前轮工作状态"应显示"转弯"。指挥控制站再发送断开前轮操纵系统指令，指挥控制站"前轮工作状态"显示"减摆"。若状态显示与上述状态不符，说明系统出现故障，应查明原因排除故障后重新检查。

（5）发出指令，使上扭力臂在左、右全程范围内摆动 15～20 次，让系统内的空气排除干净。

（6）指挥控制站发出右偏指令，前起落架上扭力臂应向右偏转；指挥控制站发出左偏指令，前起落架上扭力臂应向左偏转。如果上扭力臂转动方向与上述方向不符或者不偏转则应查清原因并排除故障后重新检查。

（7）发出左/右极限转弯角度指令，通过前支柱外筒上的角度刻度指示观察前轮应偏转到最大极限位置。

（8）发指令操纵前轮操纵系统偏转，使上扭力臂偏转到左极限，然后迅速使上扭力臂偏转到右极限位置，测量上扭力臂从左极限位置偏转至右极限位置的时间是否在合格时间范围内。测量 2 次，反方向要求与此相同。

（9）完成检查后重新连接扭力臂。

【任务测评】

1. 请简述摆振现象是什么，有什么危害。
2. 请简述前轮定中机构功能，画出其结构简图。
3. 简述无人机前轮操纵的两种工作模式及其使用条件。
4. 简述牵引飞机时，前轮转弯系统要进行哪些操作。
5. 简述前轮转弯的动力传递过程。
6. 试分析图 2.4.6 中电动前轮操纵装置的功能和原理。

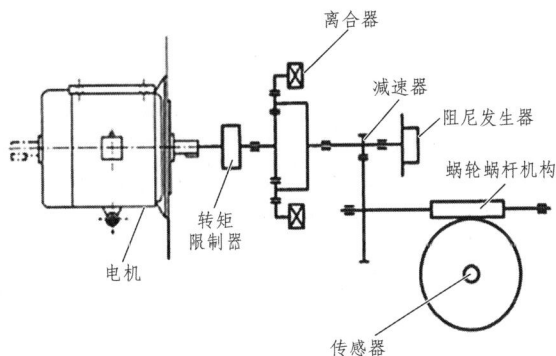

图 2.4.6 题 6 图

崇典范楷模

4.4 秒

2015 年 3 月，张超加入舰载航空兵部队时，同班的飞行员已经进行了 2 年时间的学习训练，他必须在 1 年内赶上战友们 2 年多的训练量。

张超做到了。加入舰载战斗机部队 6 个月时，他追平了训练进度；10 个月时，他第一次驾驶歼-15 飞机飞上蓝天。所有的课目考核成绩，都是优等。

飞行员丁阳说，张超是个认真的人，只要事关训练，一处疑点都不放过。

有一天，飞完教练机，张超有个疑问，先是在餐厅和他讨论了半个小时，觉得还不清楚，吃完晚饭又跟着到宿舍，一直讨论到十一点半才离开。

可丁阳刚躺下，张超又来敲门了，笑呵呵地说着抱歉，"有个问题想不通，睡不着"。两个人站在门口，直到把问题弄清楚，张超才满意地回屋休息。

部队长戴明盟说，张超是个勇敢的人，知道飞舰载机危险，但还是要来。2016 年 4 月 27 日，在连续完成两架次海上超低空飞行后，张超驾驶歼-15 舰载战斗机执行当天最后一个架次飞行任务。当他近乎完美地操纵飞机精准着陆时，已经接地的飞机突报电传故障——这是歼-15 舰载战斗机最高等级的故障。危急关头，他果断处置，尽最大努力挽救战机，全力推杆到底，却错过了最佳跳伞时机。由于弹射的高度过低、角度不好，张超跳伞后从空中重重落下，经抢救无效壮烈牺牲，年仅 29 岁。现场视频和飞参数据显示，从 12 时 59 分 11.6 秒发现故障到 59 分 16 秒跳伞，短短 4.4 秒时间里，张超只有一个动作，就是竭尽全力推操纵杆，力图制止机头上扬，避免战机损毁。

前轮操纵装置虽然在地面上使用，千万别认为飞机接地后就安全了，在飞机滑行阶段出事故的案例有很多，张超驾驶的飞机就是在着舰之后发生的险情，在发现问题时，我们一定要冷静处置。

引自 https://www.xuexi.cn/lgpage/detail/index.html?id= 16658390721891855750&item_ id=16658390721891855750（2021-07-02）

任务 5　检查刹车装置

【情境创设】

无人机降落时有较大的着陆速度，刹车装置应在短距离尽可能安全地使飞机减速，同时还应当具有防滑功能。若无人机某次飞行任务完成回场滑行时，发现刹车距离明显增大，且地面有轮胎"拖胎"痕迹，此时应当对刹车装置进行怎样的维护和检查呢？

知识点 1　机轮刹车减速的原理

飞机降落时有较大的着陆速度，气动阻力与地面施加给飞机的滚动阻力对飞机的减速效果较弱。为了使飞机的滑跑速度快速降低，需要安装减速装置。机轮刹车装置是飞机常用的刹车方式。

无人机着陆接地后，控制系统按照流程控制机轮刹车装置开始工作，液压油进入刹车作动筒，推动刹车动片与静片压紧。动片与静片之间的摩擦力增大，进而增大阻止机轮转动的力矩，机轮滚动受到地面施加的摩擦力增大，飞机滑跑速度减小。无人机在地面滑跑产生的动能主要由刹车片之间的摩擦作用产生热能消耗掉。

知识点 2　机轮"拖胎"现象

无人机着陆后与地面产生的摩擦力是有最大限度的。地面对机轮的摩擦力增大到一定的限度后，即使增加刹车压力也不会增加摩擦力。此时，无人机机轮会从滚动变为与地面产生相对滑动，也被称为"拖胎"。"拖胎"现象发生时，飞机极易出现失控，且由于滑动摩擦力小于滚动中的最大静摩擦力，飞机减速距离也会增加。另外，"拖胎"现象还会使得轮胎摩擦生热发生灼烧与过度磨损现象，甚至造成轮胎爆破。

为了防止"拖胎"现象的发生，需要精准地控制刹车压力，使得刹车产生的刹车力矩始终接近但小于机轮与地面产生的摩擦力矩，从而实现地面与无人机之间的摩擦力始终接近最大摩擦力，但是又不突破最大摩擦力。这样，既能保证无人机的操纵，又能最大程度缩短着陆滑跑距离，从而获得最高的刹车效率。为实现这种刹车控制，类似汽车的 ABS 防抱死系统，除控制系统操控以外，飞机也加装有刹车压力自动调节装置，名为防滞刹车系统。

知识点 3　识别刹车装置结构形式

1．弯块式刹车

弯块式刹车主要由刹车盘和刹车套组成。其中，刹车盘包含调节螺母、主体、弯块、作动筒等结构，如图 2.5.1 所示。弯块一端与作动筒连接，一端与主体铰接，主体与轮轴连接，保持固定不动。刹车时，油液进入作动筒带动活塞，使得弯块压紧刹车套发生摩擦，形成刹车力矩。松开刹车时，刹车力矩消失，弹簧将弯块拉回原来的位置。不刹车时，弯块与刹车套之间保持间隙。弯块式刹车盘分为助动式刹车盘与直接作用式刹车盘。弯块式刹车盘的弯块张开方向与机轮旋转方向一致，弯块上的摩擦力使弯块张开与刹车套压紧，刹车力矩增大。直接作用式刹车盘与弯块式刹车盘相反，机轮旋转方向与弯块张开方向相反，摩擦力阻碍弯块张开，刹车力矩减小。弯块式刹车分为助动式和直接作用式，现在的飞机上大多采用助动式刹车盘。

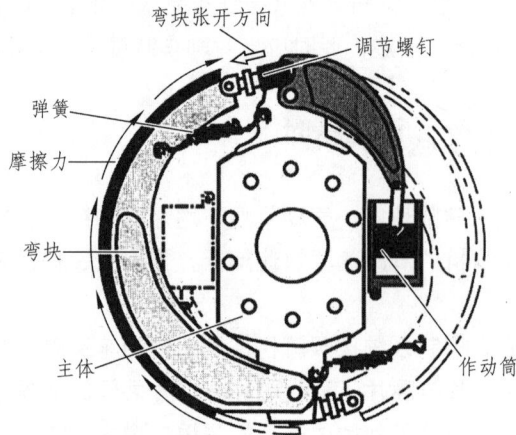

图 2.5.1　弯块式刹车

2．胶囊式刹车

胶囊式刹车盘由刹车主体、刹车支架、胶囊、刹车片、弹簧片等结构组成，结构如 2.5.2 所示。刹车主体安装在轮轴上固定不动。刹车主体两侧用螺栓安装带卡槽的刹车支架。刹车支架的卡槽内安装刹车片与弹簧片。胶囊安装在刹车主体与刹车片之间。刹车时，气体或者油液进入胶囊内部使胶囊鼓起，刹车片与刹车套压紧，产生摩擦力，形成刹车力矩。停止刹车时，胶囊收缩刹车片靠弹簧片回到原来的位置。

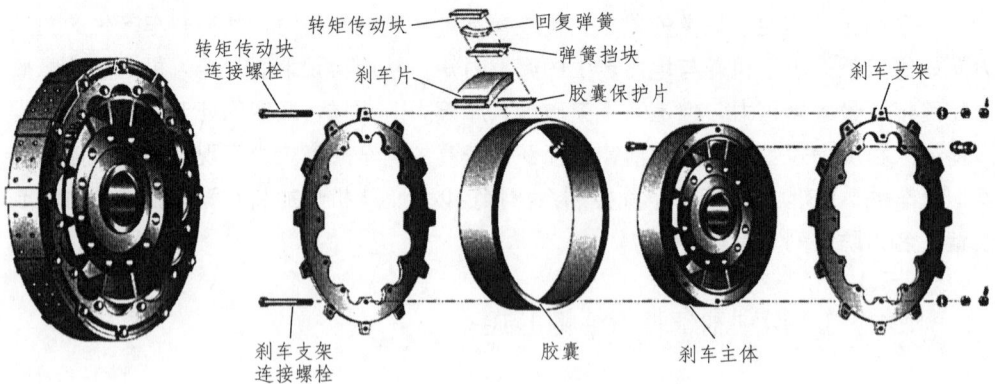

图 2.5.2　胶囊式刹车

3．圆盘式刹车

圆盘式刹车通过圆盘间的摩擦力产生刹车力矩，达到刹车的目的。圆盘式刹车常用于现代飞机，分为单圆盘式刹车与多圆盘刹车。

单圆盘式刹车装置可用于飞机刹车所消耗的动能较小的情况。单圆盘刹车由刹车盘、刹车片以及作动筒组成，如图 2.5.3 所示。刹车盘固定在转轴上，可相对转轴移动。其中，C 为旋转盘可转动，A 为固定刹车片固定不动，B 刹车片可由刹车作动筒活塞杆推动。

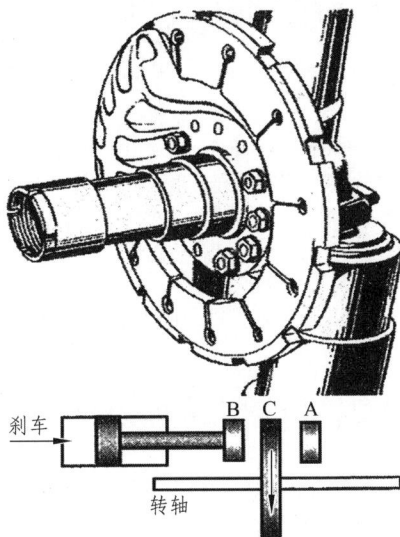

图 2.5.3　单盘式刹车结构

刹车时，刹车作动筒推动 B 刹车片向旋转盘 C 移动，使 B、C、A 盘压紧贴合在一起，旋转盘的轴向位移保证了作用在刹车圆盘两侧的刹车力相等。

图 2.5.4 所示为某无人机的多圆盘刹车装置，主要由刹车缸体组件（4）、刹车壳体组件（5）、压紧环（22）、压紧盘（21）、动盘组件（15）、静盘（16）、承压盘（24）、活塞（6）、回力机构（23）、扩口式接管嘴（17）和排气组件（10）等零、部件组成。刹车壳体（5）筒面上有 8 个导轨供压紧盘（21）、静盘（16）的键槽在其上滑动，并承受刹车盘传递的力矩。通过两个键槽与起落架轮轴进行插键式配合。缸体组件 4 上装有 1 个扩口式液压接管嘴（17），用于刹车时输入刹车介质。缸体上装有 4 个刹车液压活塞（6）、4 个自动调隙机构（23）及排气组件（10）。刹车缸体组件（4）和刹车壳体组件（5）采用卡环式连接，用一个平键固定。

当飞机在地面滑跑时，机轮转动并带动刹车装置中的动盘组件一起转动，而压紧盘、静盘、承压盘静止不动。当液压油输入活塞腔时，使活塞向外移动，推动压紧环、压紧盘、静盘、承压盘压紧随机轮一起转动的动盘组件。同时，在压紧环向前移动时带动拉杆，从而使回力机构内的回力弹簧被压缩。此时，动盘组件和压紧盘、静盘、承压盘之间产生摩擦力，通过动盘上的凹槽传递给机轮，使机轮制动。当松开刹车时，解除液压压力，在回力弹簧的作用下，使活塞和压紧环组件退回，解除动盘组件和压紧盘、静盘、承压盘之间的摩擦，即解除制动。

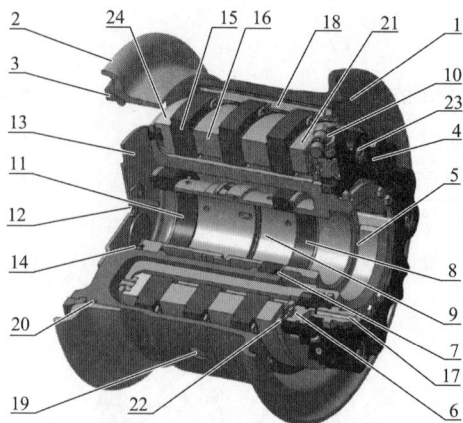

1—轮毂；2—活动轮缘；3—半卡环；4—刹车缸体组件；5—刹车壳体组件；6—活塞；
7—内侧挡油环；8—内侧轴承；9—调隙衬套；10—排气组件；11—外侧轴承；
12—轮速传感器拨杆；13—盖板组件；14—外侧挡油环；15—动盘组件；
16—静盘；17—扩口式接管嘴；18—导轨；19—热熔塞；
20—密封圈；21—压紧盘；22—压紧环；
23—回力机构；24—承压盘。

图 2.5.4　无人机多圆盘刹车结构

知识点 4　惯性防滞刹车系统的结构及原理

惯性防滞刹车系统的结构组成包括惯性传感器、电磁活门，如图 2.5.5 所示。惯性传感器可感知机轮的负角加速度，将机轮的"拖胎"信号发送给电磁活门。电磁活门的作用是控制来油路、回油路的开闭。

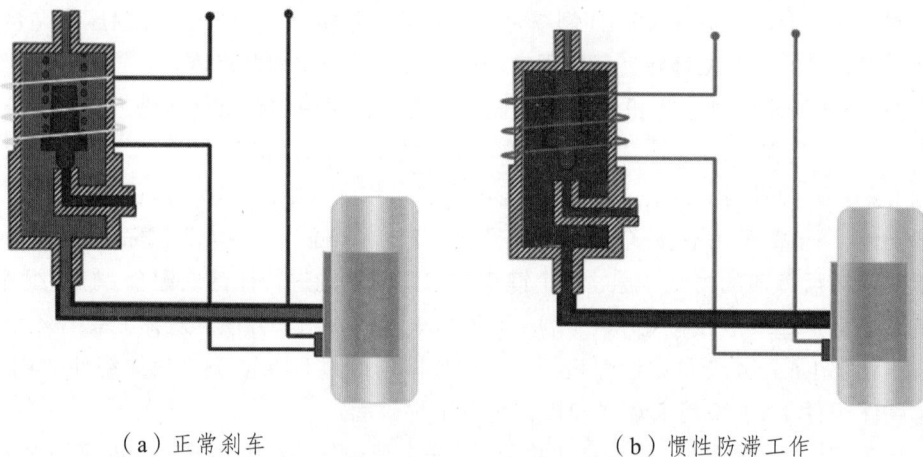

（a）正常刹车　　　　　　　　（b）惯性防滞工作

图 2.5.5　惯性防滞刹车

无人机着陆滑跑时，惯性防滞刹车系统开始工作。当刹车压力过大时，机轮相对地面产生滑动，出现"拖胎"现象。此时，机轮产生很大的负角加速度，传感器感受到该信号后，控制电门，接通防滞活门线圈的电路。在电磁吸力的作用下，防滞活门工作堵住来油路，打开回油路，于是刹车装置压力降低。当"拖胎"现象缓解后，机轮正常转动，传感器电路断开，电磁吸力消失，弹簧将防滞活门拉回原位，来油路打开，回油路关闭，刹车压力增大。当机轮再次出现"拖胎"现象，惯性防滞刹车系统重复上面的工作过程。如此反复，可使刹车压力接近临界压力，既不产生"拖胎"现象，又能保证最大的刹车效率。

在检查刹车工作时，若启动刹车未直接抱死，而是经过规定时间才让机轮停止转动，则防滞系统工作正常。

知识点 5　电子防滞刹车系统的结构与原理

滑移率能反映飞机滑行速度与机轮旋转速度的偏差，可判断飞机轮胎是否处于"拖胎"状态。滑移率的计算公式是：

$$滑移率 = \frac{v_机 - v_轮}{v_机} \times 100\% \tag{2-5-1}$$

式中　$v_机$——飞机的速度；

　　　$v_轮$——轮胎相对轮轴的速度。

当滑移率为 1 时，轮胎相对地面滑动，处于完全"拖胎"状态；当滑移率为 0 时，轮胎相对地面滚动，没有处于"拖胎"现象。当滑移率等于 15%～25% 时，飞机刹车效率最高。

电子防滞刹车系统由防滞传感器、防滞刹车控制器、电子防滞刹车控制活门等结构组成，如图 2.5.6 所示。

防滞传感器是安装在机轮轴上的小型交流发电机。飞机机轮转动时，防滞传感器可将机轮转动的电信号发送给防滞刹车控制器。

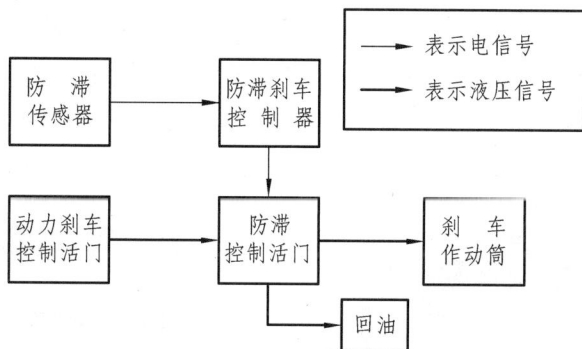

图 2.5.6　电子防滞刹车系统

防滞刹车控制器能够通过接收飞机滑行速度信号、机轮转速信号，再计算出飞机的滑移率与标准滑移率比较后，可发出控制指令给防滞控制活门，调节刹车压力的大小，以获得最高刹车效率。

防滞刹车控制活门采用电液伺服活门系统。防滞刹车控制器可将小的电信号放大，转化成大的液压信号。该输出的液压信号与输入的电信号成反比，如图 2.5.7 所示。

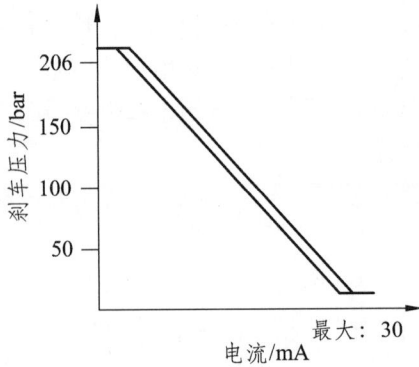

图 2.5.7　液压信号与电信号关系

注：1 bar = 100 kPa

当机轮没有滞动信号时，防滞刹车控制器输出电流为 0，刹车压力最大。此时，液压直接从动力刹车控制活门出来，流向刹车作动筒。当机轮发生滞动时，防滞刹车控制器输出的电流增大，刹车压力减小。

技能点 1　刹车间隙自动调节措施

多圆盘刹车在使用中经常伴随着静盘和动盘的磨损，这种磨损会导致静盘和动盘的间隙增加。若刹车间隙过大，则会影响刹车的响应速度和灵敏性，而间隙过小则可能出现因为振动而产生动静盘误接触导致刹车卡滞。

为防止刹车间隙过大或过小，主机轮刹车设置有自动刹车间隙调节器，根据刹车器的磨损情况自动调整刹车间隙。自动刹车间隙调节器依据其与刹车作动筒的安装关系，有两种形式。其一为分离式，即调节器与刹车作动筒分离；其二为整体式，及调节器与刹车作动筒为一体。此处，以分离式自动刹车间隙调节器为例。

图 2.5.8 所示为一种典型的分离式刹车间隙调节器，其结构主要由摩擦管、摩擦销、弹簧及壳体等组成。摩擦销插入摩擦管内，在摩擦销左端头有一球头，其直径略大于摩擦管内径。

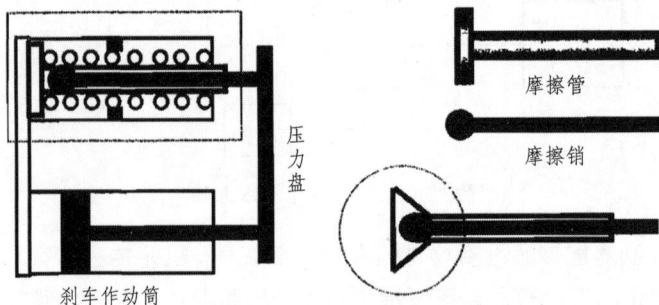

图 2.5.8　分离式自动刹车间隙调节器

在正常情况下摩擦管与摩擦销为一体，不会发生相对移动。若间隙过大，刹车时作动筒行程增加才能实现正常刹车，这会使得摩擦销球头被压入摩擦管内，此时摩擦销从摩擦管中伸出。当松开刹车时，液压作动筒卸压，弹簧使得压力盘复位。但是由于摩擦销球头被压入摩擦管并卡滞其中，压力盘并不会被复位到最初位置，而是由摩擦销伸出部分决定其位置，最终实现刹车间隙补偿。

技能点 2　主机轮刹车装置的检查

1．刹车活动部分与主机轮安装是否正常

在一些日常维护工作，如更换主机轮轮胎时，需要将机轮从支柱上拆下，此时刹车装置会与机轮分离。在进行恢复工作时，重新将机轮安装回支柱的过程中，需要检查主机轮与刹车安装是否正常，若发生错位，需拆下机轮，调整刹车位置，重新进行安装。

2．刹车磨损及间隙的检查

主机轮刹车上通常都有刹车的磨损指示装置，如圆盘式刹车上的磨损指示销。磨损指示装置的状态需经常检查，保证刹车处于正常状态。图 2.5.9 所示为某无人机的刹车磨损指示销示意图，在刹车装置处于刹车状态时，检查指示杆 5 与缸体 3 凹槽底面 4 齐平，则须更换新刹车盘。

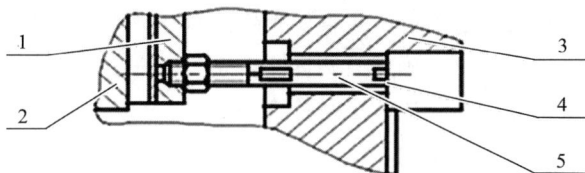

1—压紧环；2—动盘；3—缸体；4—凹槽面；5—指示杆。

图 2.5.9　刹车盘磨损情况检查示意图

3．刹车液压部分的检查

飞机通常采用液压作为刹车工作的动力源。液压部分包括液压管及其接头和液压刹车缸体等需要经常检查。要保证相关部件无裂纹、无渗漏，若发现问题应及时更换。

若飞机采用机械连杆结构控制刹车，则要检查杆件的结构是否完好，各个活动连接是否牢固，各处保险是否完整，然后清洁各活动连接并做好润滑工作。

技能点 3　"预先""直接"和"再次出动"机务准备中对刹车系统的检查

预先、直接和再次出动机务准备的工作主要是在外场放飞期间进行，工作单位都有具体的工作卡片严格规定正确的检查路线和标准。三者的区别主要体现在工作量和时长上，但是无论内容多寡，都要对主机轮刹车进行检查。机务准备中，主要是目视检查刹车液压作动筒缸体和液压油管是否渗漏，以及刹车指示销的露出端长度，以判断刹车的状态是否完好。

技能点 4　周期性工作中的刹车系统检查

周期性工作一般是指在"定期维修制度"中的周期性维修维护工作，而周期性工

作中对刹车系统检查，通常是诸如"飞机100飞行小时维护"等工作对于飞机液压系统的检查维护中，涉及主机轮液压刹车的部分。

周期性工作对于主机轮刹车的工作除"预先机务准备"中对刹车的检查工作外，还要对刹车的液压工作进行检查，一般流程如下：

（1）顶起飞机。

（2）连接外部供压供电设备，用地面设备对机轮加速到规定转速。

（3）控制刹车制动并记录系统压力和机轮停止时间，刹车的工作模式不同其对应的机轮停止时间不同。

（4）在记录刹车工作参数的同时，要检查液压系统的传感器是否工作，各工作模式的反馈信号是否正常传回。

技能点 5　专项检查中对刹车的检查

专项检查通常是指同型号飞机在某系统或部件出现故障导致重大事故后，由单位统一下发的指令进行的，针对存在问题的部件进行的检查。

通常情况下对刹车系统的专项检查，需要拆解主机轮刹车，逐个部件地进行检查，确定其完好性后才能对其结构进行复原。检查过程中，包含对各部件的清理和维护，以及对磨损达到更换标准的部件进行更换。在完成刹车的结构复原后，需要对主机轮刹车进行"排气排残油"操作，确保管路内不含空气。在复原结构后，参照周期性工作中对液压系统刹车部分的检查内容进行检查。

技能点 6　刹车系统的排气工作

在维护工作中，涉及拆装液压管路的内容时，工作结束后要对刹车系统进行排气。其主要工作内容如下：

（1）顶起飞机，连接地面供电供压设备。

（2）在排气活门处连接专用装置（软管或专用阀，视机型而定），在下方放置接油盘。

（3）操作刹车，排除系统内空气。当排出油液中不含气泡时，先关断排气活门，再操作松开刹车。

（4）拆卸专用装置，清洁相关活门油污。

注意事项：

（1）在排气工作中，严禁人员靠近起落架舱，防止因人员误操作或其他原因，起落架突然收起，造成人员伤亡。

（2）工作全程应保证现场清洁，摆放规范，防止出现液压油液污染。

【任务测评】

1. 简述无人机刹车装置的类型。

2. 简述多圆盘式刹车装置的制动原理。

3. 什么情况会造成拖胎？怎样获得最高刹车效率？

4. 如何判断刹车盘是否需要更换？

5. 什么是滑移率？如何计算？

6. 简述阐述惯性防滑刹车工作过程。

7. 无人机电子防滑刹车的组成及原理？

8. 飞行机务准备、周期性检查和专项检查对刹车系统的检查各有什么区别？

9. 简述刹车排气工作的流程，并分析工作过程中应当注意什么。

崇典范楷模

蓝天"花木兰"

1952 年 3 月 8 日 11 时 45 分，随着三颗开飞信号弹蹿上天空，14 名平均年龄不到 20 岁的女飞行员，驾驶着 6 架苏式里-2 型墨绿色双发运输机，准备从北京西郊机场冲上蓝天，飞向天安门广场接受检阅。

来自首都各界的 7 000 余名代表和 50 多位各国驻华使节的夫人以及中外记者共同见证了新中国第一批女飞行员的起飞典礼。当飞机从中南海上空飞过的时候，毛泽东主席特意从办公室走到院子里观看，还赞扬她们："细妹子不简单，飞得好高啊！"

下午 1 时 10 分，6 架飞机准时通过天安门上空，接受检阅；1 时 20 分，飞机陆续返回机场，平稳降落。朱德总司令、全国妇联副主席邓颖超检阅并接见了女飞行员。多年以后，首批女飞行员武秀梅对当天的场景依然记忆犹新。

武秀梅回忆："邓颖超说，只有在新中国，女同志才能和男同志一样，男同志能办到的事，女同志也能办得到。"首批女飞行员周映芝记得，邓颖超语重心长地对大家说，今天的起飞典礼证明了妇女只要打破自卑感，有信心，有勇气，就没有办不成的事。随第一批女飞行员飞向蓝天，第二、三、四、五、六批女飞行员也相继完成培训，成为空军建设中的重要力量。她们驾驶的飞机飞遍了祖国各地，执行空运、空投、抢险救灾等各种任务，为人民空军赢得了荣誉，也为新中国妇女争了光，为祖国争了光。

我们要开拓进取、勇当先锋，祖国终将选择那些忠诚于祖国的人，祖国终将记住那些奉献了祖国的人！

引 自 https://www.xuexi.cn/lgpage/detail/index.html?id=3946186943698021176&item_id= 3946186943698021176（2021-07-09）

任务 6　检查机轮与轮胎

【情境创设】

轮胎在滑行过程中磨损最为严重，为易损件，因此需掌握轮胎的构造，才能判断什么情况下应该更换轮胎，防止事故发生。机务的维护工作包括对轮胎的维护，所以认识轮胎的结构、组成对无人机维护工作至关重要。

知识点 1　机轮的主要形式

机轮直接与地面相接触，是起落架的重要组成部分之一。机轮由轮胎和轮毂等组成，用来减小飞机在地面运动的阻力，并吸收在着陆接地和地面运动时的一部分撞击能量。

机轮主要包括三种形式：分离式机轮、可卸轮缘式机轮、固定轮缘式机轮。图 2.6.1 所示为分离式机轮，分离式机轮通过高强度连接螺栓和自锁螺母连接内侧和外侧半轮毂。分离式机轮上还安装有充气活门和热熔塞。热熔塞的作用是当轮毂温度急剧升高时，通过它的熔断进行释压，防止轮胎爆破或机轮破裂。如果发现一个热熔塞熔断而使轮胎压力释放，此轮胎应该报废。分离式机轮在现代飞机中应用较多。

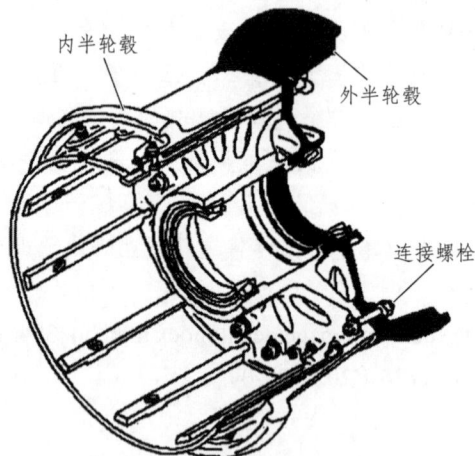

图 2.6.1 分离式机轮

图 2.6.2 所示为可卸轮缘式机轮，中间下凹的与基面平直的可卸轮缘式机轮有一个整体的轮缘，它由一个止动卡环固定。可卸轮缘式机轮配备低压轮胎。轮缘可在取下止动卡环并从底座上提起轮缘后，快速从轮胎上卸下来。当在机轮的两边装上常用的刹车鼓（套）时，就形成了一个双作用式刹车装置。

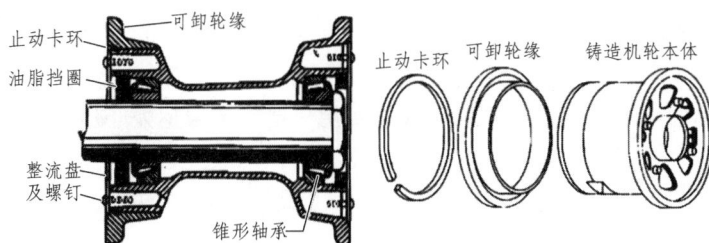

图 2.6.2　可卸轮缘式机轮

图 2.6.3 所示为固定轮缘式机轮，中间下凹的固定轮缘式机轮专门用于使用高压轮胎的飞机（如军用飞机）上，可在老式飞机上看到。

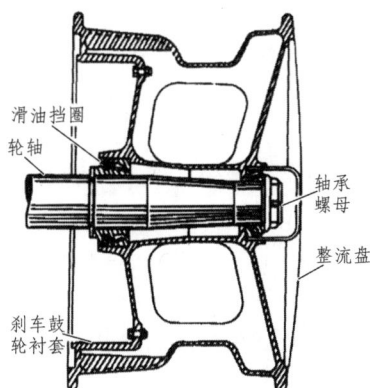

图 2.6.3　固定轮缘式机轮

知识点 2　无人机的轮胎构造

无人机在地面滑跑时，轮胎可吸收无人机因与地面摩擦产生的热能。当无人机降落着陆时，轮胎还可以吸收无人机与地面的撞击动能。轮胎内还可以安装刹车装置，以便无人机降落后，可快速刹车停车。

以前，轮胎的结构组成包括内胎与外胎，现在的飞机大多采用没有内胎的轮胎，如图 2.6.4 所示。

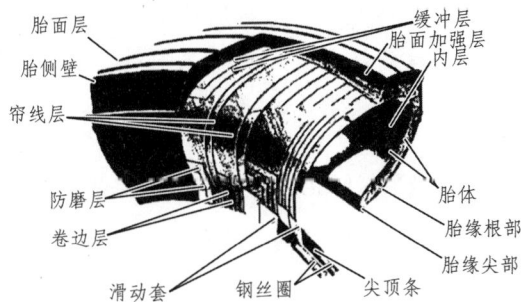

图 2.6.4　轮胎构造

1．胎面层

机轮胎面采用合成橡胶制造，韧性和耐久性较好。根据飞机工作需要，胎面制有不同的花纹。应用较为广泛的是花纹沿圆周方向凸起的飞机轮胎，因为它们在各种跑道上都能提供较大的结合力。

为了使胎面具有高速工作性能，胎面要用一层或多层尼龙予以加强（主要用于高速轮胎）。

2．缓冲层

缓冲层常采用尼龙材质，放置在胎面层下面，它用于保护轮胎各层和加强胎面区域（但并不常用）。

3．胎体层

胎体层常采用涂胶的尼龙线来提高轮胎的强度。

4．钢丝圈

钢丝圈采用钢丝制成，被尼龙线缠绕，埋置在橡胶内。钢丝圈可稳定轮胎各层结构，用于将轮胎安装的机轮上。

5．滑动套

滑动套由布与橡胶组成，将胎体与钢丝圈隔开。

6．防磨层

防磨层由布与橡胶构成，隔离胎体与刹车装置之间的热能，保护轮胎拆卸过程中不受损害。

7．内　层

在没有内胎的轮胎上，内层相当于内胎，可阻止空气通过胎体渗透出去。对于有内胎的轮胎，内层可防止内胎与轮胎内壁各层的接触，避免摩擦。

8．胎面加强层

胎面加强层位于胎面与胎体之间，可增加轮胎的韧性与耐久性，也可起到缓冲作用。

9．胎侧壁

胎侧壁是胎体侧面的防护层，防止尼龙线的损害与暴露。

知识点 3　轮胎压力

必须保持轮胎充气压力在正确值。充气不足的轮胎可蠕动至某种程度而使气门被拔出，造成轮胎快速放气。而过量充气会造成飞机滑行时过量振动、不均匀的轮胎磨损和高压放炮（爆破）。另外，如果两个机轮和轮胎安装在同一轮轴上，不同的轮胎压力会造成一个轮胎比另一个轮胎承受更大的载荷，工作时可能会超过其额定值，起落架也会承受附加应力。

轮胎制造厂为每种轮胎都规定了额定充气压力，它适用于不承受载荷的冷轮胎。当轮胎承受附加重力时，轮胎的充气压力通过给额定充气压力加上一个压力修正值来确定（正常情况下为4%）。通常规定高于承载空气压力5%~10%的容差，并允许轮胎压力达到该最大值。某一特定飞机上轮胎的承载充气压力在相关维护手册中规定为许可的最大和最小压力，或者采用压力与附加重量函数的图表形式表示。当飞机已经着陆或在滑行时，由于轮胎吸收能量和从刹车元件传来的热量，压力值预计可上升达10%，不应该将压力降至正常工作压力，因为这样会造成正常温度时充气不足。

知识点4　轮胎充气程序

1．轮胎正常的充气程序

（1）参照飞机维护手册检查所需充气压力。
（2）拆下气门盖，将压力源连接到气门上。
（3）调节气源车上的调节器至所需压力。
（4）缓慢充气至所需压力。
（5）断开气源，检查气门有无泄漏，然后重新盖上气门盖。

2．注意事项

（1）冷轮胎。
在大气温度条件下检查轮胎压力时，应该放弃使用任何低于承载充气压力超过10%的轮胎，同时放弃使用装在同一轮轴上的另外一个轮胎。低于承载压力在5%~10%的轮胎，应重新充气至正确压力并在第二天对其进行检查；如果压力低于承载充气压力超过5%，则应放弃使用该轮胎。
（2）热轮胎。
有时需要检查着陆后仍然发热轮胎的压力。应该检查并记录每个轮胎的压力，并与相同起落架支柱上的其他轮胎压力进行比较。如果同一缓冲支柱上的任一轮胎的压力低于所记录的最大压力的10%或超过10%，应重新充气至最大压力，但是如果下一次检查时仍发生同样明显的压力损失，则应放弃该轮胎的使用。
（3）飞机轮胎充气压力过小的危害。
① 刹车时产生错线（轮胎相对于轮毂滑动）。
② 胎面边缘或边缘附近磨损过快且不均匀。
③ 着陆冲击时，可能损坏轮胎侧壁和胎缘引起轮胎爆破。
④ 产生过大热量和应变引起轮胎爆破。

知识点 5　认识轮胎平衡标记

轮胎沿圆周方向的质量分布不可能绝对均匀，这种质量不均匀会使飞机在起飞滑跑离地后产生振动。为了使外胎各部分的重量基本上平衡，以避免上述情况，制造厂常采取一定措施。有些轮胎附有"轻点"标记，即在外胎上有一个红点，表明外胎轻的部位。对有内胎的轮胎此红点应对准内胎上的"重点"平衡标记，内胎上若无标记则应对正充气嘴安放。对无内胎轮胎，红点必须总是对正充气嘴安放，使装配好的轮胎更接近平衡。

知识点 6　常见的机轮损伤

1．嵌入石头、硬物或玻璃

应该检查轮胎外表面是否有嵌入物，并应认真清除已发现的所有嵌入物。

2．切口和划痕

应该用一种合适的钝头工具探测所有的切口，以便确定对胎体造成损伤的深度和程度。小损伤可定义为不影响胎体帘线；在胎面胶和侧壁胶上的切口，只要它们没有暴露胎体帘线，就不会明显地影响轮胎。这种缺陷应用轮胎填充剂进行填充，因为继续暴露就会进水和砂粒，可能会造成擦伤和腐烂。损伤超过限度的轮胎应报废。

3．鼓　包

出现鼓包表明胎体出现部分损伤，应拆下轮胎做进一步检查。如果胎体已经明显损伤，也就是说，如果纤维层已经裂开，则应该废弃该轮胎，但如果不是，则应将其送回到制造厂进行修理。

4．磨　损

一般不容易确定胎面从轮胎上磨掉的程度（不论是整体还是局部）；指示磨损的方法，如图 2.6.5 所示。当中间沟槽在规定长度不可见时，便达到了正常磨损极限。在没有中间沟槽的轮胎上，当跨过胎面中心线的两个沟槽中任何一个在规定长度区域内不可见时，则达到了正常磨损极限。

局部磨损可以是"平点"形式，并且是由严重摩擦或拖胎烧伤引起的，这些情况可能是过度刹车、硬着陆或滑水造成的后果。随着胎面花纹深度的减小，"滑水"的可能性就会增加。

某些军用机的轮胎采用"帘线层"作为磨损指标。例如，国产某型歼击机主机轮胎以"磨穿第二层帘线层，第三层帘线层可见"作为磨损更换标准，称为"磨二见三"。

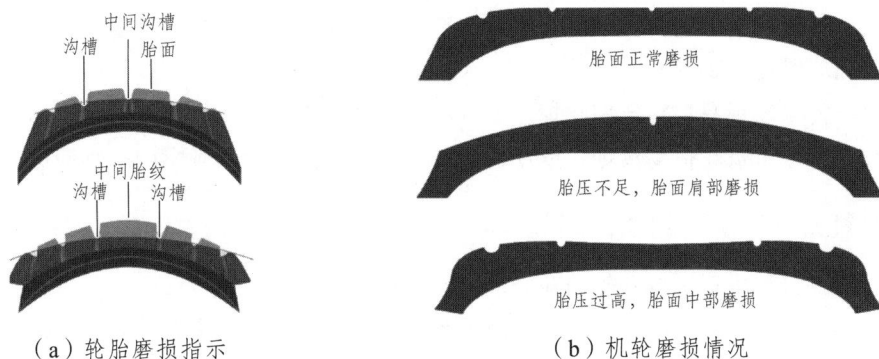

（a）轮胎磨损指示　　　　　　（b）机轮磨损情况

图 2.6.5　轮胎磨损指示与机轮磨损情况

技能点 1　已安装好的轮胎检查

每次飞行前都应该对飞机轮胎进行仔细的目视检查，如果可能要转动机轮以确保检查整个轮胎表面。制造厂规定了损伤限度，在该限度内的轮胎可以继续使用，轮胎损伤超过了该限度，应该从飞机上拆下来进行修理，或根据相应情况予以报废。

某无人机轮胎检查程序如下。

1．轮胎磨损检查

（1）前轮胎磨损到冠部露出第 3 层帘线（即磨二见三）时，应及时更换轮胎。

（2）主轮胎磨损检查：轮胎磨损到冠部露出第 2 层帘线（即磨一见二）时，应及时更换轮胎。

2．轮胎报废

轮胎在使用中有下列情况之一时，应报废：

（1）胎面或帘布层间脱层、鼓泡、甩胎面。

（2）胎面或胎侧龟裂至帘布层。

（3）胎面或胎侧因受油类、化学药品影响而发生胶料溶胀、变软/发脆或受机械损伤伤及帘布层。

（4）胎圈钢丝刺出。

（5）飞机中止起飞或非正常着陆，前、主起轮胎全部换下。

（6）飞机主机轮易熔塞熔化时，应将熔化一侧的起落架轮胎换下。

技能点 2　已安装好的机轮检查

（1）检查机轮有无裂纹、腐蚀、变形、压痕和划伤，特别注意轮缘区域。尽管可在规定限制范围内将轮缘外侧的压痕打磨好，但是通常不允许轮缘与轮胎相接触的地方有损伤。当打磨掉压痕或擦伤时，应该仔细检查外露金属有无裂纹并对其重新进行防护处理。对于镁合金机轮来说，修理后进行的防护处理工作应受到高度重视。

（2）应该检查轮毂连接螺栓和螺母、充气气门、配重以及可见的轮轴螺母保险装置的牢固性及是否损伤。如果发现任何连接螺栓失效，应该拆下机轮并重新进行全面调整。

（3）应该检查机轮、刹车器和轮胎有无过热迹象，如油漆起皮或褪色、变形以及从机轮轴承泄漏油脂。

（4）如果发现易熔塞已熔化掉，则应废弃轮胎并重新密闭易熔塞密封装置。

（5）定期将机轮抬高离地，以便检查其能否自由转动以及轴承内的轴向活动量。

技能点 3　机轮的离位检查

（1）在分解机轮或拆卸轮胎前必须给轮胎完全放气。

（2）应该在合适的清洗液中彻底清洗分解的机轮，然后检查有无裂纹、腐蚀、变形或其他损伤。

（3）某些制造厂要求在检查机轮有无裂纹前应彻底清除油漆层。使用化学油漆清除剂的地方，必须通过冲洗去除化学物质。

（4）通常使用超声波或涡流方法仔细检查螺栓孔周围、轮缘基座（胎缘座）的径向和其他高应力点有无裂纹。

（5）较轻的表面腐蚀可以清洗掉，轻微的表面损伤可在规定限制范围内进行修补，但是超过限制范围深度的腐蚀、擦伤、压痕或裂纹将使机轮不能使用。

（6）将机轮放置于 V 形垫块中的心轴上，并使用刻度盘试验指示器检查轮缘，还应使用大型卡尺检查机轮有无变形及同心度是否改变，检查完成后应对机轮做静平衡试验。

（7）有时可在原位检查轴承，但是必须经常拆下轴承（必要时使用分离工具）以便对其进行彻底清洗和检查。检查轴承有无腐蚀、轴承座圈是否剥落、滚珠或滚柱是否碎裂、止推定位圈状态是否良好、粗糙度和褪色状况。如果轴承可以使用，则应该在检查后立刻填充润滑油脂，以防止尘土和污物进入轴承。

（8）应该检查用于固定分离式机轮两半轮毂部分的连接螺栓，有无腐蚀、变形、裂纹，以及螺纹的状况。

（9）按照制造厂的要求和规定，应该给机轮刷漆并重新组装机轮，并且特别要注意装配顺序和连接螺栓的拧紧力矩。通常建议在重新装配时换上新的密封圈。

注意事项：在机轮上安装轮胎时，整个组件应该是静态平衡的。

技能点 4　装配无内胎轮胎的可分离式机轮的注意事项

（1）查看充气活门及热熔塞的正确及完整性，并按照机轮制造厂手册规定程序装配。

（2）检查机轮密封圈完好性及润滑密封圈。

（3）使两个半片机轮的"轻"边（轮缘标有"L"）互成 180° 装配，装配时不要使密封圈错位或损坏。

（4）确保连接用的螺母、垫圈、螺栓是合格的。对转动接合面润滑，并按规定力矩值拧紧。

（5）保证机轮的轮缘部位干净和干燥。

【任务测评】

1. 简述轮胎各结构组成的作用。

2. 无人机机轮的形式有哪些？

3. 哪一层磨损时必须更换轮胎？

4. 轮胎应怎样存放？

5. 轮胎充气操作程序是什么？

6. 轮胎压力过大及过小的危害是什么？

7. 拆卸机轮后，如何检查机轮的完好性？

8. 无内胎轮胎的可分离式机轮在检查时应注意哪些事项？

崇典范楷模

"救国"号

1933 年 6 月 26 日，孙桐岗驾驶自购的德制克莱姆-32 型"救国"号飞机，从德国的福尔特城起飞，途经奥地利、匈牙利、保加利亚、捷克、土耳其、叙利亚、波斯、印度、缅甸、暹罗（泰国）和越南等地，7 月 22 日飞抵广州，23 日抵长沙，24 日飞抵南京。孙桐岗此次长途飞行，历时 29 天，全程 1.2 万千米，实际飞行 19 天，空中飞行时间 130 小时。

孙桐岗驾驶的飞机，装有 90 马力发动机 1 台，最高速度 175 千米每小时。这种飞机没有夜航设备，座舱是敞开式的，没有座舱盖。驾驶这种小型运动飞机长途飞行需要相当的胆量，途中也确实遇到不少惊险场面。当飞至叙利亚上空时，遇到旋风，飞机又正处于沙漠上空，被迫连续降落 3 次，机身也略受损坏，勉强飞到一个机场降落，在驻地军队的帮助下维修了 4 天才得以继续飞行。中国人当时敢于用这种小型飞机进行长途飞行，使沿途英国、美国驻军感到惊奇和钦佩。当飞机进入印度，飞到孟买上空时，适遇倾盆大雨，这对于没有座舱盖的小飞机是一个致命的威胁，座舱的积水使飞机操纵困难，飞机迫降在一个小山坡下，经过近 5 小时的艰苦维修，在没有夜航设备也没有地面导航的条件下，当晚冒险飞抵加尔各答，到达机场后，受到中国政府驻当地领事及 500 名华侨和当地 1 000 多人的热烈欢迎，他们对孙桐岗的冒险精神和高超的飞行技术无不惊叹。

孙桐岗回国后不久，为了进一步地宣传"航空救国"思想，唤起国人加强空军建设以抵抗日本的步步侵略，与早期留德归国的王祖文驾驶这架克莱姆-32 型飞机在国内分段长途飞行，所到之处受到热烈欢迎。通过这些飞行宣传使得一些爱国青年参加航空队伍。抗战时，有不少青年就是受了他们的影响而报考航校的。

引自 https://www.xuexi.cn/lgpage/detail/index.html?id=15729088338611685624（2021-07-23）

模块 3 无人机液压气动系统的识辨、分析与检查

在无人机航前、航后的机务工作或机型改造工作中，机务人员不可避免需要对机载液压气动系统进行检查、维护、故障分析和处置，因此对无人机液压与气压传动系统的功能、特点和原理的学习、掌握和分析是必要的。

知识目标

1. 熟悉液压传动系统的基础理论知识。
2. 掌握无人机液压系统的功能、组成及附件分类。
3. 掌握典型液压成品、附件的功能、工作原理和特点。
4. 掌握典型无人机液压系统的原理分析方法。

技能目标

1. 能描述典型液压成品、附件拆装、检查、维护的正确措施及操作注意事项。
2. 能读懂典型无人机液压气动系统原理图并正确分析其工作原理。
3. 能根据现象判故并定位故障点。
4. 能对无人机液压气动系统进行一般性检查。

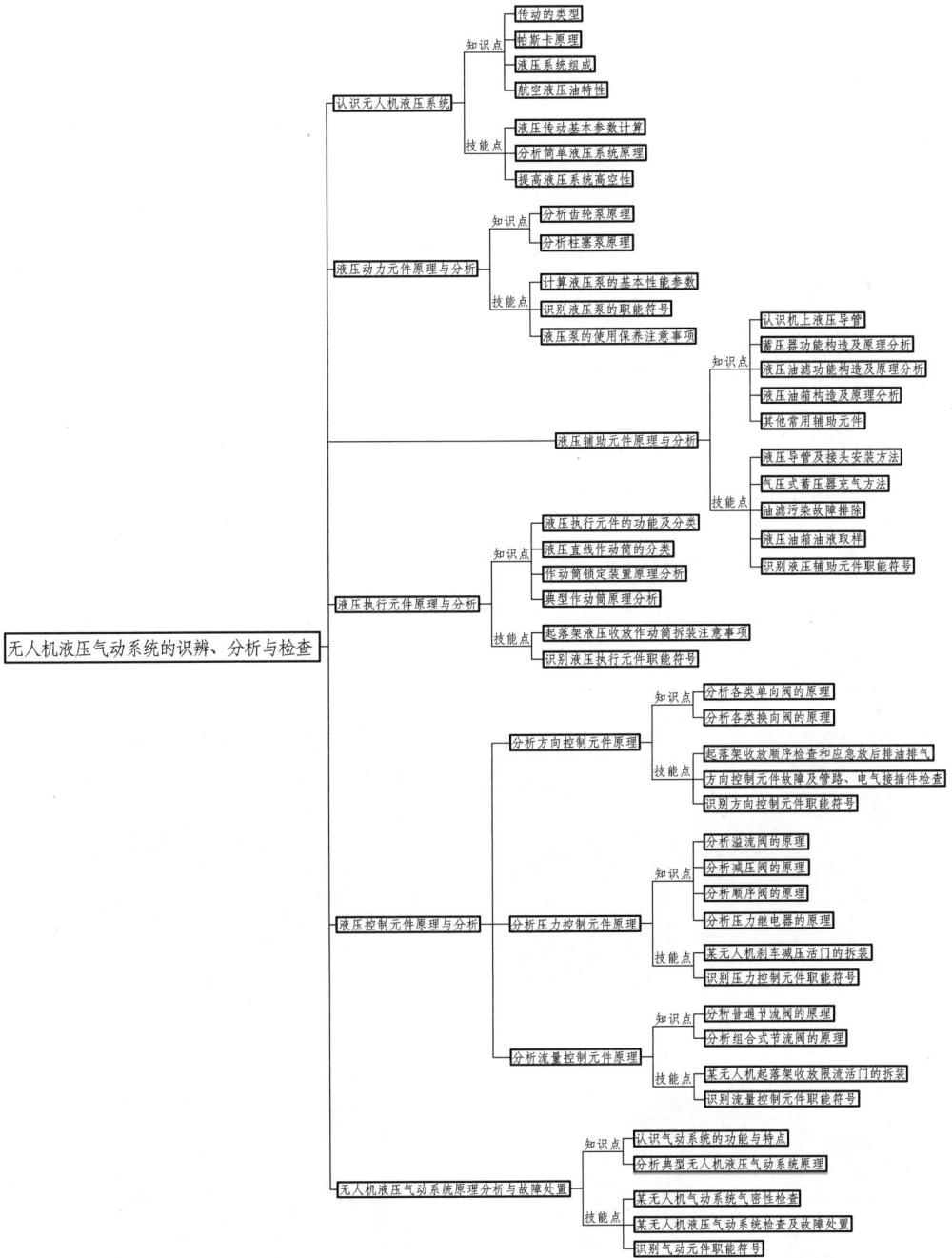

知识技能树

无人机液压气动系统的识辨、分析与检查

- 认识无人机液压系统
  - 知识点
    - 传动的类型
    - 帕斯卡原理
    - 液压系统组成
    - 航空液压油特性
  - 技能点
    - 液压传动基本参数计算
    - 分析简单液压系统原理
    - 提高液压系统高空性
- 液压动力元件原理与分析
  - 知识点
    - 分析齿轮泵原理
    - 分析柱塞泵原理
  - 技能点
    - 计算液压泵的基本性能参数
    - 识别液压泵的职能符号
    - 液压泵的使用保养注意事项
- 液压辅助元件原理与分析
  - 知识点
    - 认识机上液压导管
    - 蓄压器功能构造及原理分析
    - 液压油滤功能构造及原理分析
    - 液压油箱构造及原理分析
    - 其他常用辅助元件
  - 技能点
    - 液压导管及接头安装方法
    - 气压式蓄压器充气方法
    - 油液污染故障排除
    - 液压油箱油液取样
    - 识别液压辅助元件职能符号
- 液压执行元件原理与分析
  - 知识点
    - 液压执行元件的功能及分类
    - 液压直线作动筒的分类
    - 作动筒锁定装置原理分析
    - 典型作动筒原理分析
  - 技能点
    - 起落架液压收放作动筒拆装注意事项
    - 识别液压执行元件职能符号
- 液压控制元件原理与分析
  - 分析方向控制元件原理
    - 知识点
      - 分析各类单向阀的原理
      - 分析各类换向阀的原理
    - 技能点
      - 起落架收放顺序检查和应急放后排油排气
      - 方向控制元件故障及管路、电气接插件检查
      - 识别方向控制元件职能符号
  - 分析压力控制元件原理
    - 知识点
      - 分析溢流阀的原理
      - 分析减压阀的原理
      - 分析顺序阀的原理
      - 分析压力继电器的原理
    - 技能点
      - 某无人机刹车减压活门的拆装
      - 识别压力控制元件职能符号
  - 分析流量控制元件原理
    - 知识点
      - 分析普通节流阀的原理
      - 分析组合式节流阀的原理
    - 技能点
      - 某无人机起落架收放限流活门的拆装
      - 识别流量控制元件职能符号
- 无人机液压气动系统原理分析与故障处置
  - 知识点
    - 认识气动系统的功能与特点
    - 分析典型无人机液压气动系统原理
  - 技能点
    - 某无人机气动系统气密性检查
    - 某无人机液压气动系统检查及故障处置
    - 识别气动元件职能符号

任务 1　认识无人机液压系统

【情境创设】

在对机载液压系统进行检查、维护前，为了保证操作正确和人员安全，机务人员必须对整个液压系统的组成和功能有所了解，否则容易出现操作失误或安全事故。某型无人机机载液压系统进行周期性定检中发现某液压部件故障，需要对该部件进行离位检测，你如何正确辨别高、低压液压管路，并进行维修作业？

知识点 1　认识传动的类型

早期的有人机多采用人力传动的方式，但随着飞机的飞行速度和重量不断加大，用人力来操纵飞机和某些部件（如收放起落架、襟翼等）日益困难。因此飞机上逐渐采用其他驱动方式。

机械系统中所用到的传动有多种类型，按工作原理可分为机械传动（如齿轮传动、平面连杆传动、链传动、滚珠丝杠传动等）、电气传动（电机传动等）、流体传动（液压气压传动、液力传动）、磁力传动和多种传动并用的复合传动（机电液复合传动等）。图 3.1.1 所示为飞机上采用的传动方式。

（a）襟翼采用平面连杆传动

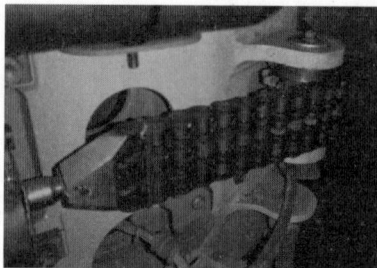

（b）舱门采用链传动

（c）舵面采用电动舵机驱动

（d）起落架收放采用液压驱动

图 3.1.1　飞机上的传动方式

机械传动为最原始的传动方式，在飞机作动系统中得到了广泛的应用，相对其他传动类型而言，机械传动具有结构简单、寿命长、可靠性高、便于维护等优点。但机械传动种类多，在不同的场合，应根据其工作特点选择传动方式。如图 3.1.1（a）中的襟翼采用了平面连杆机构作为其传动方式。该连杆机构中的运动副均为低副，运动副元素之间为面接触，相同条件下，运动副之间压强小，承载能力较大，润滑好，磨损小。设计合理的连杆机构能够实现各种复杂的机械运动，这对机翼获得良好的空气动力学性能是极为有利的。

电力传动具有传输速度快、动作灵敏、线路布置方便、无污染等优点，但当输出功率需求较大时则需要质量很大的电动机才能满足要求，而且电动机与被传动部件之间的连接也比较复杂。目前，电力传动多用于传动需用功率较小或要求工作比较灵敏的部件。

流体传动是以流体（液体或气体）作为工作介质对能量进行传输和控制的作动形式，最常见的就是液压与气压传动。在 20 世纪中叶后，液压与气压传动在工业领域得到广泛应用，随着微电子技术的发展，液压与气压传动技术在航空领域也得到广泛应用。

飞机液压传动系统是以航空液压油为工作介质，通过动力元件（液压泵），将机械能转换为油液的压力能，然后再通过管道、控制元件进入执行元件，将油液压力能转换为机械能，驱动负载实现直线或回转运动。

液压传动具有其不可替代的优点：

（1）在同等的体积下，液压传动能比电力传动产生更多的动力。在同等的功率下，液压装置的体积小、质量小、功率密度大、结构紧凑。液压马达的体积和质量只有同等功率电动机的 12% 左右。

（2）液压装置工作比较平稳。由于质量小、惯性小、反应快，液压装置易于实现快速启动、制动和频繁的换向。

（3）液压装置能在大范围内实现无级调速。

（4）液压传动易于实现自动化，液体压力、流量或流动方向调节或控制方便。将液压控制和电气控制、电子控制或气动控制结合起来使用时，整个传动装置能实现很复杂的顺序动作，也能方便地实现远程控制。

（5）液压装置易于实现过载保护。液压作动筒和液压马达都能长期在堵转状态下工作而不会过热，这是电气传动和机械传动无法办到的。

（6）由于液压元件已实现了标准化、系列化和通用化，液压系统的设计、制造和使用都比较方便。

（7）用液压传动实现直线运动远比用机械传动简单。

液压传动的主要缺点：

（1）液压传动在工作过程中常有较多的能量损失（摩擦损失、泄漏损失等），长距离传动时更是如此。

（2）液压传动对油温变化比较敏感，它的工作稳定性很容易受到温度的影响，因此它不宜在很高或很低的温度条件下工作。

（3）为了减少泄漏，液压元件在制造精度上的要求较高，因此它的造价较贵，而且对工作介质的污染比较敏感。

（4）液压传动出现故障时不易找出原因。

飞机气压传动系统通常是以气体（主要为氮气）为工作介质，依靠气体的压力能来实现能量的转换、传递和控制的一种传动形式。在中大型无人机中，气压传动一般作为液压传动的余度备份。

气压传动具有以下一些独特的优点：

（1）使用过的气体可直接排放到大气中，若存在泄漏，会引起部分传动功率损失，但不会立即引起传动完全失效，也不会污染环境。

（2）气体黏度很小，在管道中的压力损失较小。

（3）因气体的工作压力较液压低，因此气动元件对材料和制造精度的要求较低。

（4）气动系统维护简单，管道不易堵塞。

（5）使用安全，没有防爆的问题，并且便于实现过载自动保护。

（6）气动元件采用相应的材料后，能够在恶劣的环境（强振动、强冲击、强辐射等）下正常工作。

气压传动同时存在以下缺点：

（1）气动装置中的信号传递速度较慢，仅限于声速的范围内。所以气动技术不宜用于信号传递速度要求十分高的复杂线路中。同时，实现飞行过程中的远距离控制也比较困难。

（2）由于气体具有可压缩的特性，因而运动速度的稳定性较差。

（3）因为工作压力较低，又因结构尺寸不宜过大，因而气压传动装置的输出力一般不可能很大。

（4）目前，气压传动的传动效率较低。

总的说来，液压与气压传动的优点是主要的，而它们的缺点通过技术进步和技术人员多年的不懈努力，已得到克服或得到了很大的改善。目前，飞机部件的收放作动、舵面操纵、机轮刹车、舰载机弹射杆/拦阻钩收放等几乎都采用液压或气压传动，保持飞机液压和气压传动系统的性能良好，是飞机维护工作的重要内容。

知识点 2　帕斯卡原理

17 世纪末，帕斯卡提出了静压传递原理，被称为帕斯卡原理，液压和气压传动就是利用帕斯卡原理实现的。帕斯卡原理表明，对密闭容器中液体的任一部分施加压力，液体都能把这个压力（压强）大小不变地向任何方向传递。利用这一原理可以制成一些省力的装置，如液压千斤顶等。

如图 3.1.2 所示，F_1 为施加的输入力，F_2 为负载，液压缸 1 的无杆腔与油液作用面积为 A_1，液压缸 2 无杆腔与油液作用面积为 A_2。当该系统达到力的平衡状态时，液压缸 1 无杆腔中压强 $p_1 = F_1 / A_1$，液压缸 2 无杆腔中压强 $p_2 = F_2 / A_2$，液压缸 1 和液压缸 2 的无杆腔通过管路形成密闭空间，有帕斯卡原理得出 $p_1 = p_2$，即 $F_1 / A_1 = F_2 / A_2$。

因此，若 $A_2 = 10A_1$ ，则 $F_2 = 10F_1$ 。液压缸 1 和液压缸 2 的油液作用面积比越大，增力倍数越大。

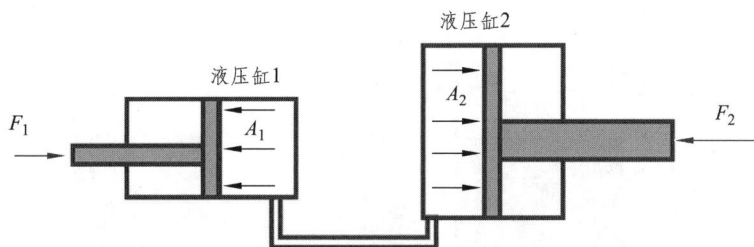

图 3.1.2　静压传递原理

液压千斤顶是帕斯卡原理的实例应用，由图 3.1.3 可见，当向上提手柄使小液压缸（1）内的活塞上移时，小液压缸下腔因容积增大而产生真空，油液从油箱（4）通过吸油单向阀（3）被吸入并充满小缸。当按压手柄使小液压缸活塞下移时，则刚才被吸入的油液通过压油单向阀（2）经油管（7）输到大液压缸（6）的下腔，油液被压缩，压力立即升高。当油液的压力升高到能克服作用在大活塞上的重物负载（无人机）所需的压力值时，重物就随手柄的下按而上升。此时，吸油阀是关闭的。当需要把重物从举高的位置放下时，系统中专门设置了截止阀（5）（放油螺塞），打开截止阀（5）后，大液压缸（6）下腔油液放回到油箱（4）中。

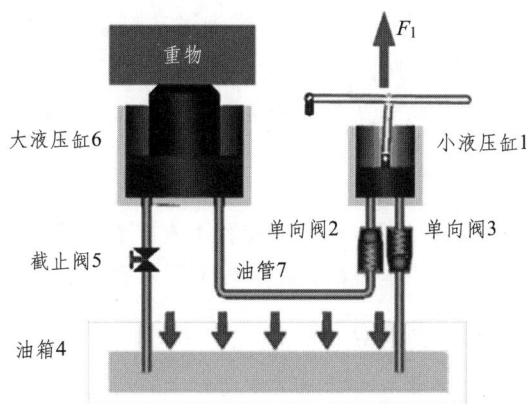

图 3.1.3　千斤顶原理

技能点 1　计算液压传动的基本参数

基本概念一：压力取决于负载。

将千斤顶模型进行简化，如图 3.1.4 所示。为了能提升重物 W ，必须在活塞（1）上施加主动力 F ，这时，重物 W 就是工作的负载。

若活塞（5）上作用的负载 W 为 0，在不计活塞摩擦力和活塞自重的情况下，此时系统的液压力会是多少呢？很明显在活塞（5）下的压强 $p_2 = \dfrac{W}{A_2} = 0$ ，这时活塞 1 下的压力 $p_1 = p_2 = 0$ ，主动力 F 只能为 0，也就是说主动力是加不上去的。

若活塞（5）上作用的负载 W 不为 0，在 F 足够大的情况下，系统中的液压压强

$$p_1 = p_2 = \frac{W}{A_2}$$

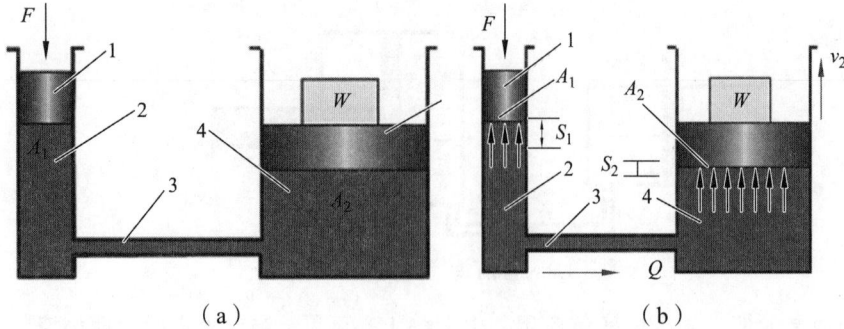

1，5—活塞；2，4—液压缸；3—油管。

图 3.1.4　简化模型

所以，只有活塞（5）上有负载，活塞（1）才能施加上作用力 F，并且使液体受到压力 P。就负载和液体压力二者来说，负载是第一性的，压力是第二性的，即有了负载，并且有作用力 F 后，液体才受到压力。液压传动中液体的压力决定于负载。

基本概念二：运动速度取决于流量。

如图 3.1.4（b）所示，活塞 1 向下移动 S_1，通过液体的能量传输，将使活塞（5）上升一段距离 S_2，很显然 $S_1 \neq S_2$。由于不存在泄漏及忽略液体的可压缩性，由质量守恒定律可知，在 Δt 时间里从液压缸（2）中挤出的液体体积 $V_1 = A_1 S_1$，等于通过管道（3）进入液压缸（4）的体积 $V_2 = A_2 S_2$，即 $A_1 S_1 = A_2 S_2$（流量连续性方程）

两边同除以 Δt，则 $\dfrac{A_1 S_1}{\Delta t} = \dfrac{A_2 S_2}{\Delta t}$。

定义单位时间内从液压缸（2）中排出的液体体积或挤入液压缸（4）的体积为流量 Q。实质上就是说液压缸（2）排出的流量等于进入液压缸（4）的流量。

由流量公式：$Q = \dfrac{AS}{\Delta t}$，可得 $Q = A_1 v_1 = A_2 v_2$。

由此，活塞（5）的运动速度只取决于液压缸（4）的流量，即在液压系统中执行机构的速度只取决于流量。

油液推动负载运动时，即对负载做了功，油液在单位时间内对负载所做的功称为功率，用 N 表示。假如传动的力为 F，传动的距离为 S，传动的时间为 Δt，则传动功率为 $N = \dfrac{FS}{\Delta t}$。而 S/t 就是单位时间内作动筒活塞移动的距离，即活塞的运动速度 v。此外，作用在活塞的力 F 等于油液压强 p 与活塞面积 A 的乘积，因此有

$$N = \frac{FS}{\Delta t} = pA \cdot v = p \cdot Q$$

所以，液压功率大小取决于系统的工作液压压力和流量。

液压参数计算过程中的常用单位有国际单位制和英制单位两种。国际单位中，力的单位是牛顿（N），面积单位是平方米（m^2），压强单位是牛顿每平方米（N/m^2），也

称帕斯卡（Pa）。英制单位中，力的单位是磅（lb），面积的单位是平方英寸（in^2），压强的单位是磅每平方英寸（lb/in^2，psi）。表 3.1.1 为常用压强单位换算表。

表 3.1.1 压强单位换算表

千克力/厘米^2 （kgf/cm^2）	磅/英寸^2 （PSI）	帕 （Pa）	巴 （bar）	标准大气压 （atm）
1.0	14.233	98 067	0.980 67	0.967 8

【知识点 3 液压系统的组成】

无人机基本液压系统回路由各种液压元件组成，为了区别液压元件的功用，因此有必要对液压系统进行分类。一种按组成系统的液压元件的功能类型划分，一种按组成系统的分系统功能划分。

（1）按液压系统的功能划分，液压系统主要由 4 种元件组成。

动力元件，指液压泵，其作用是将原动机的机械能（如电动机或发动机产生的机械能）转换成液压能。

执行元件，其作用是将液体的压力能转换成机械能，如液压作动筒和液压马达。

控制调节元件，即控制阀（或称活门）。用来调节各部分液体的压力、流量和方向，满足液压系统工作的要求。

辅助元件，除上述各元件之外的其他液压元件都称为辅助元件，主要包括液压油箱、油滤、冷却器、蓄能器及液压导管（软管、硬管）、接头和密封件等。

（2）按组成系统的分系统功能划分为液压源系统和工作系统。

液压源系统，包括液压油箱、液压泵、液压油滤、冷却系统、压力控制与调节系统及蓄能器等。例如，某型无人机上的产生并输出液压能源、给工作系统供压的液压能源子系统。

工作系统（或用压系统），是用液压源系统提供的液压能实现工作任务的系统。例如，某型无人机上的起落架收放子系统、刹车子系统、前轮操纵子系统等。

（3）液压系统管路大致可分为 3 类。

供油管路：连接油箱和液压泵进口的管路，属低压管路。

压力管路：液压泵出口到传动部件之间的管路，高压管路；

回油管路：从传动部分返回油箱的管路，包括系统回油管路和油泵壳体回油管路，属低压管路。

技能点 2 分析简单液压系统原理

图 3.1.5 所示为一个简单液压系统，其基本组成部件有：油箱、油滤、液压泵、安全活门、选择活门、节流阀、作动筒等。液压油箱储存一定数量的液压油，电动机带动液压泵运转，把油液输送到各个传动部分。传动部分不工作时，液压泵还在不停地输送油液，为了避免系统压力过大，在输油管路上装有安全活门。当系统压力增大

到一定数值时，油液可推开安全活门流回油箱。选择活门处于左边工作位置时，进油路便与作动筒的无杆腔端相通，回油路与有杆腔端相通，油液经选择活门进入作动筒，推动活塞杆伸出带动负载，有杆腔中的油液被挤出，经过选择活门流回油箱。当选择活门处于右边工作位置时，进油路便与作动筒的有杆腔端相通，回油路与无杆腔端相通，油液经选择活门进入作动筒，推动活塞杆缩回，无杆腔中的油液被挤出，经过选择活门流回油箱。若在管路中增加节流阀，可通过调节油液流量来控制作动筒运动速度。使用过程中，油箱和油液中难免混入杂质，在管路中采用液压油滤对油液进行过滤，确保液压系统的正常运行。

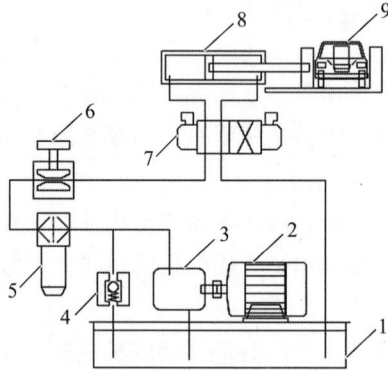

1—油箱；2—电动机；3—液压泵；4—安全活门；5—液压油滤；
6—节流阀；7—选择活门；8—作动筒；9—负载。

图 3.1.5　简单液压系统

技能点 3　提高液压系统高空性

液压系统中，局部液压降低到一定程度时，大量蒸气和空气从油液中分离出来，形成蒸气囊和气泡，当它们流入高压区时，蒸气迅速凝结，空气又逐渐溶解，这种现象叫作气穴现象。液压泵是液压系统中容易产生气穴现象的部件，因为液压泵的吸油腔往往是系统中油液压力最低的地方，而压油腔的液压很高，蒸气囊和气泡进入增压腔时，会很快凝结和溶解。

当飞行到一定高度后，气穴现象产生后会导致不能正常供油，影响系统正常工作，液压系统高空性的好坏，就是以液压泵能够正常供油的极限高度来表示的。

要提高液压系统的高空性，需提高液压泵进口的实际压力和降低其需用压力。

主要可采用以下措施：

（1）采用密封的增压油箱，即从发动机引出增压空气或从液压泵出口引出高压油到油箱内增压，以提高油箱内压力。

（2）将液压油箱安装在高位置，以增大油箱油平面与液压泵进口之间的高度差，利用油液重量来增大进口实际压力。

（3）采用内径较大的进油导管，以减少油液在管路中的压力损失。

在液压系统维护工作中应当注意检查油箱的密封性，注意检查油箱增压部分工作是否正常，防止进油导管压扁或过度弯曲等。

知识点 4　识别典型航空液压油的特性

为了确保液压系统工作可靠，液压油应满足相关性能要求，而且不同种类的液压油具有不同的物理化学特性，适用于不同材料的密封装置和软管。错误使用液压油会直接影响液压系统的正常工作，甚至造成液压系统失效。

1．压缩性

液压油受压力增大而体积缩小的性质称为液压油的可压缩性。试验表明，所有的液体都是可压缩的，但可压缩的程度一般很小。例如，一种常用的 YH-10 型液压油，在温度为 20 ℃ 的条件下，压力增加 1 kgf/cm^2，其体积仅比压力增加前的体积小 1/12 500。因此，通常都认为液体是不可压缩的。

为了动力传递迅速，确保传动的灵敏度，液压油的压缩性应尽可能小。但液压油中混有气泡，其可压缩性将显著增加，这将导致传动装置迟缓，甚至造成液压系统的故障，因此必须确保液压油不含气泡。

2．黏　性

液体的黏性是液体流动时内部产生摩擦力的一种性质。任何液体流动时，内部都会产生摩擦力，黏性的大小用黏度表示。液压油的黏度不宜过大，黏度大则流动阻力大，能量损失大，液压油的工作温度随之升高。液压油黏度过小，会导致系统泄漏量增加。为了保证液压系统的传动效率，飞机液压系统中使用的液压油必须具有适中的黏度，且黏度随温度变化尽可能小。

3．润滑性

液压油的润滑性是指在摩擦表面之间形成一层"油膜"的特性。该"油膜"覆盖在摩擦表面并防止其直接接触，从而减少了摩擦和磨损。液压系统通过液压油润滑，因此液压油必须具有良好的润滑性。

4．机械稳定性

液体的机械稳定性，是指液体在长时间的高压作用（主要是挤压作用）下，保持其原有的物理性质（如黏性、润滑性等）的能力。液体的机械稳定性越好，在受到长时间的高压作用后，其物理性质的变化就越小。

5．化学稳定性

化学稳定性主要是指油品的抗氧化能力，它是选择液压油的另一个非常重要的因素。油品在使用过程中，难免会接触到空气、水分、盐分等杂质，特别是在长期运行过程中，温度也会升高。有些油品还会与锌、铅、铜等金属发生反应，产生酸性物质。这些不利因素，会导致液压油氧化，黏度增加、杂质增多、油品变质，继而引起元件的阻滞、泄漏或因润滑性能下降，造成零件磨损。因此，液压油必须具有良好的化学稳定性。

6．耐燃性

衡量耐燃性的指标为闪点、燃点和自燃点。

闪燃是指液体表面产生足够的蒸气与空气混合形成可燃气体，在有火源的情况下产生短暂的火焰，一闪即灭的现象。闪燃发生的最低温度称为闪点。

燃点是指易燃液体表面的蒸气和空气的混合物与火接触，产生火焰，并能持续燃烧不少于 5 s 的温度。

自燃点是指可燃物在没有外部火源的情况下，在助燃气体中被加热到燃烧的最低温度。

在实际使用中，通常用闪点和燃点来代表液压油发生爆炸或燃烧的可能性。航空液压油要求具有良好的防火性能。

飞机通常使用的液压油有植物基、石油基和磷酸酯基三种类型。为了便于识别，这些液压油通常被染色。不同规格的液压油绝不能混用。军机上最常用的是石油基液压油，它是从石油中提炼出来的。进口液压油的型号有 MIL-H-5606，国产飞机通常使用 10 号、12 号、15 号航空液压油等。这种类型的液压油防火性能好、不导电、无腐蚀、润滑性能好、凝结点很低、沸点高，通常呈红色，俗称红油。

10 号和 12 号航空液压油是以深度精制的轻质石油馏分油为基础油，加有增黏剂、抗氧化剂、抗磨剂、防锈剂及染色剂制成。10 号航空液压油具有良好的黏温特性、低温性能和氧化安定性，适用于低温工作、常温时黏度较低的液压系统。12 号航空液压油除低温性能略低于 10 号外，有更优良的高温性能和氧化安定性，其他性能基本类同。10 号和 12 号航空液压油均可用作无人机液压系统的工作介质。

10 号和 12 号航空液压油的技术性能见表 3.1.2。

表 3.1.2　10 号和 12 号航空液压油的部分技术性能对比

项　目		质量指标		试验方法
		10 号	12 号	
外　观		红色透明		目视检查
运动黏度/（mm^2/s）				
150 ℃	不小于	—	3	GB/T 265
50 ℃	不小于	10	12	
−40 ℃	不大于		600	
−50 ℃	不大于	1 250	—	
−54 ℃	不大于		3 000	
初馏点/℃	不低于	210	230	GB/T 6536
酸值/（mgKOH/g）	不大于	0.05	0.05	GB/T 264
闪点（开口）/℃	不低于	92	100	GB/T 267
凝点/℃	不高于	−70	−60	GB/T 510
水分/（mg/kg）	不大于	60	—	GB/T 11133
机械杂质/%		无	无	GB/T 511

续表

项　目		质量指标		试验方法
		10 号	12 号	
水溶性酸或碱		无	无	GB/T 259
氧化安定性（140 ℃，60 h）			（160 ℃，100 h）	SH/T 0208
氧化后运动黏度/（mm²/s）			变化率 −5% ~ 12%	
50 ℃	不小于	9.0	变化率 −5% ~ 12%	
−50 ℃	不大于	1 500	—	GB/T 264
氧化后酸值/（mgKOH/g）	不大于	0.15	0.3	
腐蚀度/（mg/cm²）				
	钢片不大于	±0.1	±0.1	
	铜片不大于	±0.15	±0.2	
	铝片不大于	±0.15	±0.1	
	镁片不大于	±0.1	±0.2	
密度（20 ℃）/（kg/m³）	不大于	850	800 ~ 900	GB/T 1884 GB/T 1885

在系统油箱中通常装有温度传感器来检测液压油的温度，并在地面站显控界面中显示。需要保持所用液压油在工作温度范围内，这样液压系统才能有效工作，液压油才能保持其性能稳定。如果油液温度过低，油液黏度增加，将导致液压系统运动迟缓。如果温度过高，油液黏度降低，油液的化学性质也将受到破坏。为保持液压油的工作温度在合适范围，常在系统进油或回油管路上安装热交换器。

【任务测评】

1. 叙述帕斯卡定理。

2. 液压系统压力和运动速度分别取决于什么参数？

3. 液压系统的功率如何计算？

4. 若要求你制作一款 2 kg 的小型无人飞行器，且要求起落架可收放，你计划采用哪种作动方式，并说出理由（将理由填入表 3.1.3 中）。

表 3.1.3　任务测评表

原　因	传动类型			
	机械传动	电力传动	液压传动	气压传动
选择的原因				
不选择的原因				

5. 请将图 3.1.5 中的液压元件 1~8 按系统的功能划分类型（填入表 3.1.4 中），并区分供油管路、压力管路和回油管路。

表 3.1.4　液压系统识别测评

元件划分	动力元件	
	执行元件	
	控制元件	
	辅助元件	
管路划分	供油管路	
	压力管路	
	回油管路	

6. 如何保证液压系统在高空可靠供油？

7. 某无人机在高空巡航 2 h 后，此时液压油性质将发生何种变化，针对此变化，应采取怎样的措施？

仰军中英模

科研试飞强军报国

王昂在承担各项科研飞行中，以共产党员的高度革命责任感，精心掌握业务技术，艺高胆壮，机智果断地处理各种复杂情况，曾多次化险为夷。

1970 年 6 月 28 日，他驾驶国产歼击机进行性能试飞时，在飞机力臂调节器严重故障的情况下，他判断准确，处置得当，多次战胜了剧烈的纵向摆动和左右摇晃，终于安全着陆，挽救了飞机，为改进国产歼击机提供了可贵资料。

1976 年 5 月 28 日，他驾驶一种新型歼击机，按预定计划完成了一万二千五百米高度上的试飞后，正准备在 8 千米上进行马赫数 1.5 的检飞动作。当他打开加力，马赫数增到 1.24 时，整个仪表出现了抖动。他当即报告了地面，并继续增速。可是当马赫数超过 1.35 后，抖动并未消失。怎么办？是进还是退？他想，作为一个共产党员，一定要千方百计地完成党交给的每一次试飞任务，如果有点不正常就退回来，一种新型机种的性能何时才能试得出来？转眼两三秒钟过去了，当马赫数增到 1.41 时，抖动加剧，仪表也看不清了，随即听到"嘭、嘭、嘭"三声巨响，好像有重物打击飞机尾部一样（事后才知道是由于左发动机加力燃油导管断裂后，燃烧气体从操纵连杆连接处冲出，把垂直尾翼根部打了三个大洞）。他果断地采取了应急措施，才使抖动停止。

他一面继续观察飞机工作情况，一面收油门，下降高度。当下降到四千米时，听到进气道声音粗糙、发动机振动，他意识到飞机出现的一系列异常现象绝不是一般问题，必须争取尽快落地。可是，当飞机在顺风两米的条件下接地时，又放不出减速伞（据事后检查，减速伞已烧坏），他立即关闭左、右发动机，并使用刹车。飞机速度仍然很大。突然间他发现一辆自行车载着两个人在右机翼前方出现。在这千钧一发之际，他一下把应急刹车拉到底，左轮当即爆破，飞机从骑车人身边擦过，冲出跑道三十多米才停住。

事后检查，这次故障是左发加力燃油导管断裂引起的，飞机后部在空中已严重烧伤，如果处置不当，必然导致严重后果。王昂艺高胆大，化险为夷，为保护国家财产和群众生命安全，为新型歼击机早日定型做出了贡献，再次荣立三等功。人们称赞说，王昂不仅是一名科研试飞的尖兵，也是一面安全红旗。

液压系统像是飞机的"血管"，一旦出问题将殃及全机，我们要学习王昂临危不乱的精神，机智果断地处置各种情况，在系统地面检查阶段就将事故的苗头消灭在摇篮里，保障飞行安全。

引自 https://baike.baidu.com/item/%E7%8E%8B%E6%98%82/6273?fr=aladdin（2021-07-21）

任务 2　典型液压动力元件原理分析与检查

【情境创设】

液压动力元件是液压系统的"心脏"，是无人机液压传动与控制系统的能源部件。对无人机液压系统动力元件进行检查维护前，需要从液压原理图中读懂动力元件的类型和功能，对液压动力元件原理进行分析，从而对不同类型的动力元件采取不同的检查维护方法。

液压泵是主要的液压动力元件，它通常由机上发动机或电动机驱动，将机械能转变成液压能，向整个液压系统供压。常见的液压泵类型有齿轮泵、叶片泵和柱塞泵，其中柱塞泵在机上使用最广泛。

知识点 1　分析齿轮泵原理

常用的齿轮泵由泵体和一对齿轮(主动齿轮和从动齿轮)两个基本部分组成；此外，还有轴承和密封装置等。齿轮两端面靠端盖密封，泵体、端盖和齿轮各个齿间槽三者形成密封的工作空间，当主动齿轮按图 3.2.1 所示逆时针旋转，从动齿轮顺时针旋转时，右侧轮齿逐渐退出啮合，工作空间的容积逐渐增大，形成低压区，油箱中油液在外界大气压力的作用下，经吸油管进入，因此右侧腔为吸油腔。吸入到齿间的油液在密封的工作空间中随齿轮旋转带到左侧腔，因左侧的轮齿逐渐进入啮合，工作空间的容积逐渐减小，形成高压区，所以齿间的油液被挤出，输送到压力管路中去，因此左侧腔为压油腔。

随着齿轮的旋转，轮齿依次地进入啮合，吸油腔周期性地由小变大，压油腔也周期性地由大变小，于是齿轮泵就能不断地吸入油液和压出油液。齿轮泵的工作腔容积变化是一定的，其输出流量无法调节，因此齿轮泵常作为定量泵。

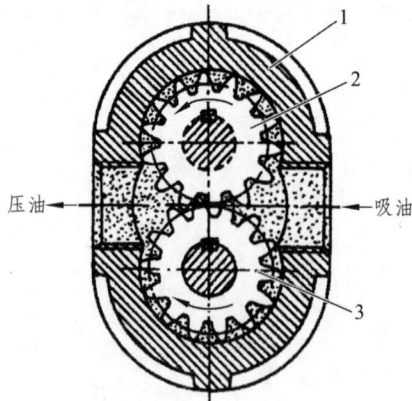

1—泵体；2—主动齿轮；3—从动齿轮。

图 3.2.1　齿轮泵结构原理

知识点 2　分析柱塞泵原理

柱塞泵主要分为轴向柱塞泵和径向柱塞泵。轴向柱塞泵的密封性易于保证，故其工作压力、供油流量和效率都可达到较高的数值；由于它的结构紧凑和转动惯量小，可采用较高的转速，它可用多种方式实现供油流量自动调节，故一般都作为变流量泵应用。这种泵的结构比较复杂，对油箱压力及油液质量的要求也比较严格，从而对使用维护工作提出了较高的要求。本书主要介绍轴向柱塞泵，径向柱塞泵原理与之类似。

图 3.2.2 所示为斜盘式柱塞泵原理。柱塞沿轴向均布在转子上，并能在其中自由滑动，斜盘（倾角为 θ）和分油盘固定不动，传动轴带动转子和柱塞旋转，柱塞在油液压力作用下（或靠机械装置）始终紧靠在斜盘上。当转子旋转时，柱塞在自下往上回转的半周内逐渐向外伸出，密封工作腔容积不断增大而产生低压区，油液便从分油盘的吸油区吸入；柱塞在自上而下回转的半周内又逐渐往里推入，将油液经分油盘的排油区压向系统。转子运转一周，柱塞往复运动一次，完成一次吸油和排油，转子持续旋转，油泵便持续吸油和排油。改变斜盘角度即可实现流量调节，斜盘倾角 θ 越大流量越大，倾角 θ 为零时无流量输出。

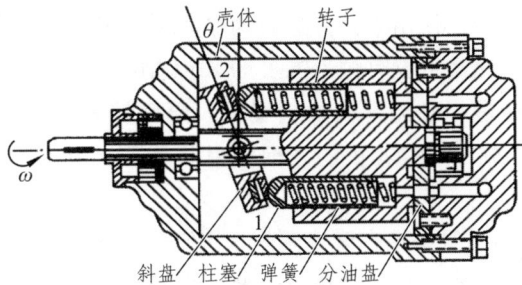

图 3.2.2　斜盘式柱塞泵原理

图 3.2.3 所示为斜轴式柱塞泵原理。其结构特点为转子与主轴通过连接轴连接起来，利用弹簧消除它们之间的间隙。连接轴的轴线 AB 与转子轴线 OB 的夹角 θ_1 等于与主轴轴线 OA 的夹角 θ_2，连接轴两端的方向铰的小轴在一个平面内。当主轴带动转子转动时，由于它们之间有一定的倾角 θ，柱塞被球头连杆带动在密封工作腔内做往复运动，从而完成吸油和排油。

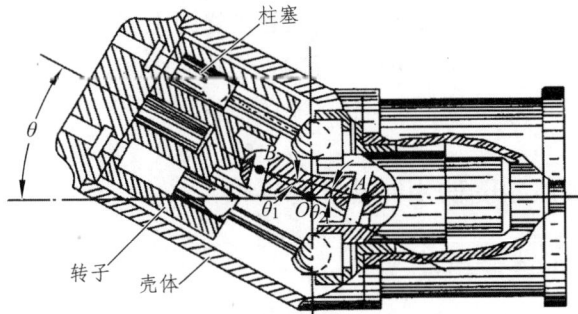

图 3.2.3　斜轴式柱塞泵原理

技能点 1　识别液压泵的职能符号

液压泵根据其流量是否可调节分为定量泵和变量泵，根据其进油口和吸油口是否可以互换分为单向泵和双向泵。因此，液压泵可分为单向定量泵、单向变量泵、双向定量泵和双向变量泵，其职能符号如图 3.2.4 所示。

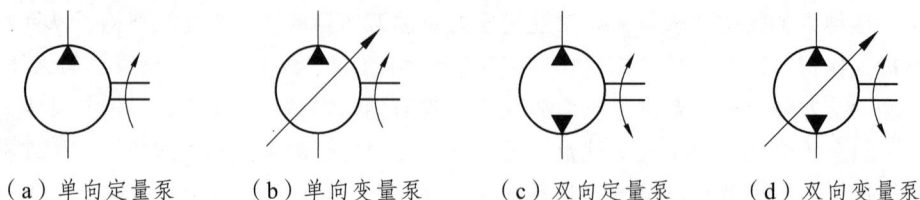

（a）单向定量泵　　　（b）单向变量泵　　　（c）双向定量泵　　　（d）双向变量泵

图 3.2.4　液压泵的职能符号

技能点 2　计算液压泵的基市性能参数

液压泵的基本参数有压力、排量和流量、功率和效率等。

工作压力：指液压泵的输出压力，工作压力是随负载变化而变化的。

额定压力：指液压泵在使用中允许达到的最大工作压力，工作压力超过额定压力即为过载。常用的压力计量单位有帕（Pa）、兆帕（MPa）、巴（bar）等。

排量 V：泵的排量是指在无泄漏的情况下，泵每转一转所排出的油液体积。它的大小取决于泵内部的工作腔容积的几何尺寸，常用的排量计量单位为毫升每转（mL/r）。

理论流量 Q_t：泵的排量是指在无泄漏的情况下，泵每转一转所排出的油液体积，它等于泵的排量与其转速的乘积。流量的计量单位为升每分（L/min）。

实际流量 Q：泵的实际流量是指泵工作时的输出流量，因为泵的各密封间隙始终存在泄漏，所以它小于理论流量。

额定流量泵的额定流量是指在额定转速和额定压力下的实际输出流量。

理论功率：液压泵理论上产生的功率，等于液压泵的理论流量与泵的出口压力的乘积。

实际输出功率：液压泵的输出功率用实际输出流量与泵的出口压力的乘积来表示。

容积效率：它是泵的实际流量与泵的理论流量的比值。

机械效率：它是泵的理论扭矩与实际输入扭矩的比值。

总效率：等于泵的容积效率与机械效率的乘积。

技能点 3　液压泵的使用保养注意事项

1．泵安装时的注意事项

（1）泵与其他机械连接时应保证同心度要求或采用柔性连接，对不能承受径向力的泵，严禁直接采用皮带或齿轮传动。

（2）泵的泄漏油管要畅通，一般不设背压。如泄漏油管太长引起背压升高，或因某种原因（如保证停机时泵壳内的油液不致全部流回油箱）而设背压时，其压力不得超过低压密封所允许的数值。

（3）泵的吸油管尺寸应与其吸油口相当，并力求短和直，以减小吸油阻力；油箱中的吸、回油管间的距离应尽可能远，以免吸入气泡。

（4）由于油泵吸油压油过程是周期性的，吸油管和压油管中会产生压力脉动，因此吸油管和压油管应采用软管。

2．泵的使用条件应符合的性能要求

（1）转速和工作压力应按规定使用。转向若有规定时，应按规定要求使用，否则将使低压密封破坏，并产生冲击振动和结构损坏等事故。

（2）对于具有自吸能力的泵，其真空度或吸油高度应在规定范围之内；对于没有自吸能力的泵，则应按规定设置辅助泵，以免由于吸油不足而产生气蚀、噪声和振动。

3．泵的维护和保养必须注意的条件

（1）油液的黏度和工作油温应适宜。当周围环境温度低时，应使用黏度小的油；反之，用黏度大的油。

（2）应经常保持油液的清洁，并经常检查滤油器的阻塞情况和管道的密封情况，以免产生气蚀和充气现象。

（3）启动时应断续开启数次以排除内部空气和保证内部润滑，待运转平稳后才逐渐加载至正常工况。

4．压力流量特性检查

液压泵压力流量特性可由实验测定，以便与工厂给出的技术指标比较。在外场维护中，主要是通过零流量压力进行检查，其压力流量曲线如图3.2.5所示。

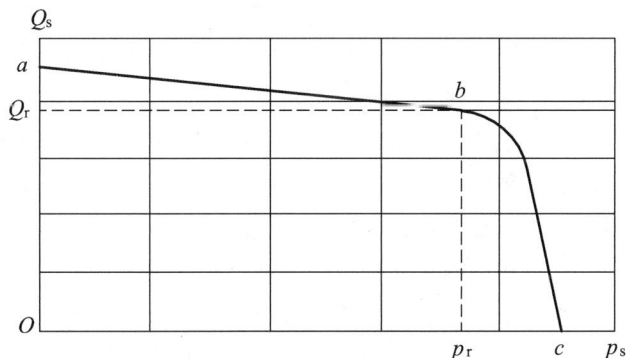

图 3.2.5　泵的压力流量特性曲线

（1）低转速时零流量压力检查。影响零流量压力的因素是 b 点调整及泄流损失。但在低转速时，油泵供油本来就小，而泄流量主要随压力而变，转速小时，泄流量并不小。所以在较大的斜盘倾角（即较小的压力）时，供油量就等于泄流量，零流量

压力会明显下降。泄流越严重，零流量压力下降越多。所以，低转速的油泵零流量压力下降较多时，有可能是（不一定是）油泵磨损泄流严重。

（2）高转速时零流量压力检查。在高转速时，由于供油量大，泄流量相对较小，泄流量增大引起的零流量压力下降不明显。所以高转速时零流量压力变化主要是由全流量压力点调整不当引起的，可调整调压弹簧来解决。

应当注意的是，仅仅是低转速零流量压力下降，一般不应调整调压弹簧，以防止严重磨损泄漏的泵在飞机上继续使用。另外，有的机务人员片面地认为压力小些较为安全，人为地把零流量压力调得较小（如调到下限值），这样就必然同时调小了最大全流量压力，不利于传动部分的工作。

【任务测评】

1. 识别液压泵的职能符号、名称及功能，并填入表 3.2.1 中。

表 3.2.1   液压泵分类

名　称	单向定量泵	单向变量泵	双向定量泵	双向变量泵
符　号				
实现功能				

2. 已知液压泵的输出压力 p 为 10 MPa，泵的排量 V 为 100 mL/r，转速 n 为 1 450 r/min，泵的容积效率 $\eta_v = 0.90$，机械效率 $\eta_m = 0.90$，计算该泵的实际流量和功率。

仰军中英模

中华英雄

李中华是我国的试飞专家，从事试飞工作 23 年，先后经历空中特大险情 5 次、空中重大险情 15 次。

2005 年 5 月 20 日，是李中华与死神距离最近的一次，也险些成为中国航空工业史上黑暗的一天。在一次试飞任务中，意外在 500 米高度发生。报警灯乍亮。飞机猛然向右偏转，瞬间由大侧滑进入"倒扣"状态，向地面坠去。500 米、400 米、300 米……地面的麦田、河沟等景物迎面扑来，情况万分危急！

"别动，我来！"后舱传来李中华沉稳的声音。选择挽救飞机，也就意味着放弃了弃机逃生的机会。悬在空中的李中华咬牙顶住剧烈的眩晕，全力操纵飞机。

蹬舵、压杆，飞机毫无反应；关闭计算机电源再重启，飞机毫无反应；按下操纵杆上的紧急按钮，飞机还是毫无反应。

平日熟悉得如同战友般的飞机，这会儿丝毫不理会李中华的一次次努力，飞速坠向地面。

李中华清楚，在自己选择了挽救飞机的那一刻，弃机逃生的可能性已经没有了——倒扣飞机的高度已不够他们跳伞求生。

灵感,在生死须臾的那一刻从天而降。李中华下意识地把右手边的变稳、显控和计算机三个电门全部关闭——距地面200多米,"休克"的飞机恢复了生机。倒扣的飞机翻了过来。飞机保住了,宝贵的试验数据保住了……

"要不是李中华的惊天一搏,我们将痛失 2 名优秀的试飞员,我军某型航空武器的研制也将滞后 8 年到 10 年。"提起当时的情景,时任中国飞行试验研究院院长的沙长安至今仍心有余悸。

李中华曾经说:"我是个简单的人,我的追求也很简单:喜欢的工作、强健的身体、身边有爱人朋友就够了。至于在'李中华'前面加什么定语都不重要,最重要的是,能够有机会飞喜欢的飞机,做喜欢的事情,过平常、安稳的生活。"李中华非常喜欢列宁的一句话:什么是幸福?幸福就是一个人活着,并快乐地工作着。

中国要崛起,不能没有敢于探险的人;中华民族要复兴,不能没有挑战极限的英雄。李中华正是拥有敢于探险、勇于挑战的精神。中国空军要腾飞,也必须有一群甘愿用生命为代价去搏击风雨的雄鹰!

引自: https://www.xuexi.cn/0def1af4eb87f5d0019472786e01bf13/e43e220633a65f9b6d8b53712 cba9caa.html(2021-07-18)

任务 3　液压辅助元件原理分析与维护

【情境创设】

液压辅助元件包括液压油箱、液压油滤、蓄压器、传感器、散热器和导管等，它们是保证液压系统正常工作的环境条件。机务人员在执行机务准备工作时，往往更多对辅助元件进行维护。例如，若发现地面站或综检设备显控界面提示污染度超标，如何检查油液污染度，并对油滤进行检查和排故。

知识点 1　认识机上液压导管

机上液压导管以不锈钢硬管（1Cr18Ni9Ti）和铝合金管（LF2）为主。不锈钢导管强度大，耐高温，抗腐蚀性能好，广泛用于高压油路。铝合金导管质量小，经表面氧化处理后有一定抗腐蚀能力，但强度较低，多用于低压回路或气动回路。

软导管主要有氟塑料软管、橡胶软管、金属软管等。现代无人机中多使用氟塑料软管，它由氟塑料内管和钢丝编织层组成，耐高温、高压，液阻小，化学稳定性高，能承受脉冲载荷，最小弯曲半径可仅为外径的 5 倍。软导管用来连接在工作中有较大位移的活动附件（如起落收放作动筒），振动较大且需要吸收压力脉动的附件（如液压泵吸油压油管），硬导管无法弯曲和安装的部位等。

技能点 1　液压导管及接头安装方法

导管接头有扩口式、无扩口式和球面连接式。图 3.3.1（a）所示为扩口式管接头由带喇叭口导管、管袖、螺母和带锥面的接头组成。管袖通过外套螺母端部的扩口与接头的锥面紧密结合。航空管接头锥面角的标准是 $\theta = 74°$。图 3.3.1（b）所示为无扩口式管接头，它由接头、螺母、衬套和导管组成，它的密封性是依靠衬套在 A、B 两处同时封严而取得的，而不是导管直接与接头相密封。图 3.3.1（c）所示为球面连接式管接头，它由球面管嘴、接管嘴、螺帽、导管和调整圈组成。

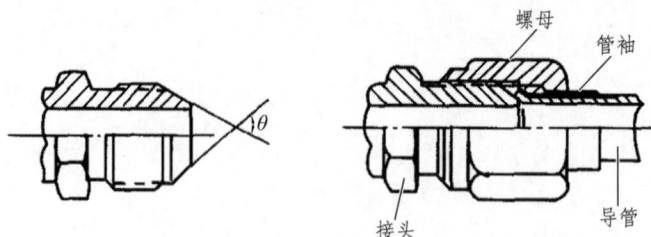

（a）扩口式管接头

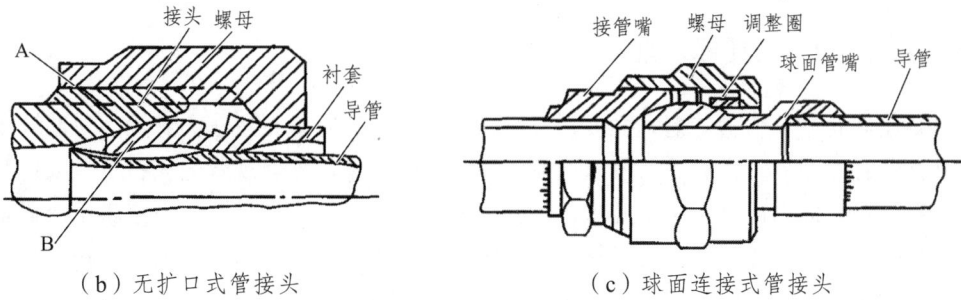

（b）无扩口式管接头　　　　　（c）球面连接式管接头

图 3.3.1　管接头

为使管路具有足够的强度，工作寿命长，安全可靠，安装时应遵循以下的基本原则：

（1）避免在两个刚性支承接头之间安装直导管。在必须安装这类直导管处，应在附件或刚性接头的安装方面采取措施，保证导管和接头不承受过大的安装应力。若有必要，可将导管制成半环形，以保证安装时易于对准和承受振动。

（2）在两个允许有相对运动的接头之间不采用环形或直的铝合金导管和直钢管。

（3）导管应避免穿过加压舱，避免靠近排气管道、热总管、电气线路、电子线路和绝缘材料。

（4）所有系统的压力管路和易着火区内的回油管路，一律使用不锈钢管；铝合金导管仅限用于易着火区以外的回油和吸油管路。

（5）管路安装应保证合适的支承间隔，直管路的支承两个卡箍间应保持合适的距离，表 3.3.1 给出液压导管支承间距推荐值。对于弯管的支承，卡箍应尽量靠近弯曲处以减小伸出的悬臂，但不应卡在管的弯曲段。

（6）导管和导管之间，导管和结构、运动部件之间，导管和其他系统之间应有合理的足够的间隙，以保证在最不利的制造公差、最严酷的环境条件、最严重的变形条件下不产生相互接触和磨损。

（7）在导管用卡箍固定在结构或其他刚性零件上的地方，卡箍两边附近处导管与结构之间至少要留有 6 mm 的间隙，而在卡箍处则至少要有 3 mm 的间隙。在相邻零件有相对运动处，在最不利的情况下至少应有 6 mm 的间隙。具体数据见表 3.3.1。

表 3.3.1　液压管路支承间距推荐值

导管公称外径/mm	支承中心间的最大距离（沿导管长度方向测量）/mm	
	铝合金	钢
6	340	400
8	380	450
10	420	510
12	480	580
14	520	600
16	560	650

知识点 2　蓄压器功能构造及原理分析

蓄压器也被称作蓄能器，主要用于维持系统压力，减缓系统压力脉动，协助液压泵补充瞬时流量等，常见的有气压式蓄压器和弹簧式蓄压器。现代无人机上多采用气压式蓄压器，即内部分为两个腔室，一腔为液压油、另一腔充氮气。当液压泵流量瞬时增加时，一部分油液进入蓄压器，由于蓄压器内气体容易被压缩，而且体积较大，相对压缩量较小，所以这部分油液进入蓄压器所引起的压力变化很小。当液压泵流量瞬时变小或大功率液压用户工作时，蓄压器可输出一部分油液，同理这时压力变化也很小。常用的气压式蓄压器有活塞式（见图 3.3.2）、隔膜式（见图 3.3.3）和胶囊式（见图 3.3.4）。

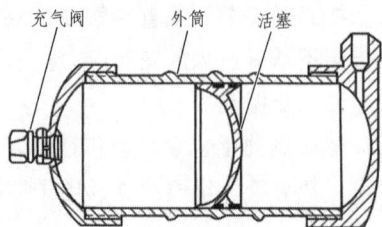

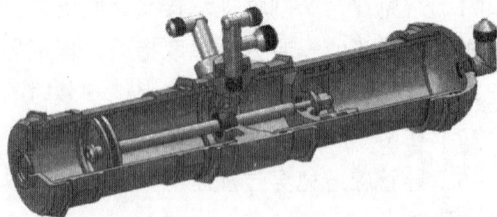

图 3.3.2　活塞式蓄压器

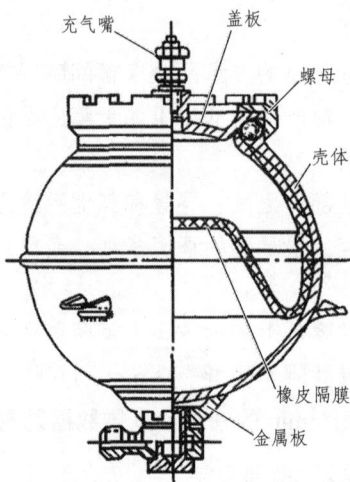

图 3.3.3　隔膜式蓄压器　　　　图 3.3.4　胶囊式蓄压器

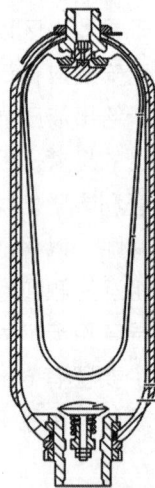

技能点 2　气压式蓄压器充气方法

蓄压器内部的氮气压力值需保持在一定范围，压力过高会导致蓄压器内储存的油量减少，压力过低则会导致部分油液因无法排出而不能参与工作。为保证蓄压器的正常工作，机务人员需定期按手册要求对其进行维护。某机型蓄压器充气的大致步骤如下：

（1）关闭液压泵，并将蓄压器液压腔泄压。

（2）擦净充气区域及充气嘴，拧下充气嘴的帽盖。

（3）将地面充气装置接上机上蓄压器充气嘴，启动充气装置，缓慢充气。当蓄压器氮气腔压力达到维护手册规定值后，自动或手动关闭充气装置，停止充气。

（4）静置 20 min 后，等待氮气腔恢复至环境温度后再次查看蓄压器充气压力值，若低于规定值则需再次补充。

（5）完成充气后，用帽盖堵住充气嘴。

知识点 3　液压油滤功能构造及原理分析

液压油在系统往复循环工作过程中，会产生许多污染物，如磨损产生的金属屑或微粒、密封件的橡胶碎末、化学作用形成的污渣和一些织物纤维等。液压油滤的作用是滤除液压油液中的污染物，防止油液在流动时，污染物卡滞、损伤其他元件等。

图 3.3.5 所示为某油滤内部构造。油滤由壳体、滤杯、滤芯、安全阀（旁通阀）组成。油滤内部有两种过滤材料组成的内外两层滤芯。外芯又称为纸滤，它由滤纸与加强铜丝一同折成波浪形以增大过滤面积，内部用弹簧作为骨架，以加强滤芯的刚度。内滤芯又称为钢丝滤，它用特形剖面的金属丝在开孔的铝管骨架上绕制而成。它是利用钢丝间的缝隙过滤的。

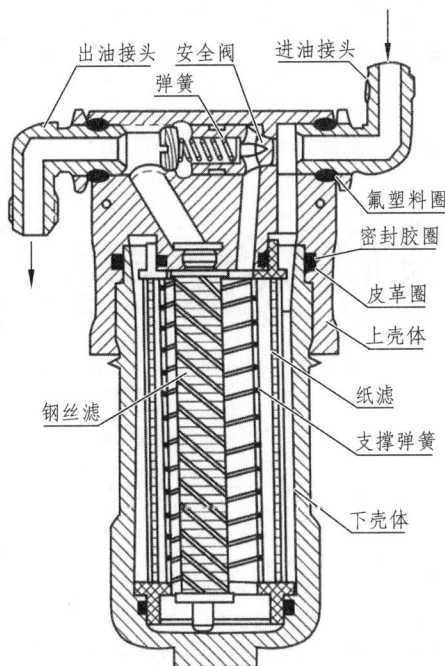

图 3.3.5　某油滤内部构造

正常工作时，油液从进油口进入，然后向下进入滤杯，通过滤芯过滤后，从出油口排出干净油液。若在系统工作过程中，滤芯堵塞，会造成进油口压力升高，此时油液克服安全阀弹簧压力后，安全阀打开，油液不经过滤芯，直接从出油口排出，以保证系统正常运行。安全阀打开压力可通过调压螺塞来调节。

油滤通常具备污染指示功能，如某机型油滤可同时输出机械和电信号指示滤芯污染程度，提示机务人员更换滤芯。如图 3.3.6 所示，当油滤滤芯污染严重时，油滤会发出电信号至地面站或综检设备显控界面，同时油滤壳体外部的"小帽"会弹出，称"跳帽"。通常液压系统中会在多处安装油滤，如油泵出口（高压油滤）、油箱进口（低压油滤）、油箱出口（低压油滤），以保证油液清洁度。

图 3.3.6　具有污染指示功能的某型油滤

技能点 3　油滤污染故障排除

当油滤"跳帽"或显控界面提示油滤污染度超标时，需更换油滤滤芯，清洗油滤，某型无人机油滤更换步骤如下（见图 3.3.7）：

（1）确保液压系统压力为零。

（2）清理拆卸区，准备清洁的拆卸工具。

（3）用汽油擦洗油滤上、下壳。

（4）用扳手拧出下壳体，取出滤芯。

（5）检查下壳体上密封圈和保护圈是否有破损，如有破损需更换，重新装配时注意保护圈应靠近下壳体，密封圈应靠近上壳体，切勿装反。

（6）用清洁的汽油清洗下壳体，用经过滤的干燥空气吹干，再用清洁的 YH-15 液压油冲洗一次。

（7）装入新滤芯，检查油滤壳体螺纹无变形或断扣后，装入壳体，打上保险。

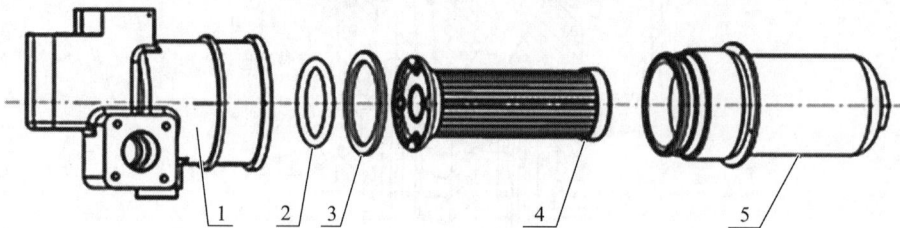

1—上壳体；2—密封圈；3—保护圈；4—滤芯；5—下壳体。

图 3.3.7　某油滤拆装示意图

知识点 4　液压油箱构造及原理分析

液压油箱的基本功能是在系统工作时，向液压泵提供工作油液，并容纳系统管路中的回油。液压系统的油液是循环使用的，但一般作动筒的两腔进油量并不相等，因此传动部分工作时，有时需要油箱补充油液，有时需要油箱容纳一部分排回来的油液。此外，系统中的油液还可能泄漏，这也需要油箱补充油液；在油液受热膨胀、蓄压器泄压等情况下，又需要油箱容纳从系统中排回来的油液。因此，油箱不仅要储存足够的油液，而且要留有一定的空间。

图 3.3.8 所示为某无人机液压油箱，它除了具有油箱基本功能外，还具有自增压功能，同时可以为系统提供排气口，能指示油箱油位。油箱增压是为了提高液压泵的

进口压力，以改善液压泵的供油性能和提高液压系统的高空性，其基本原理是引入系统压力，高压油作用在增压腔的小活塞上，通过力传递，在大活塞所在的储油腔内挤压储存油液，产生对应的增压压力。排气口是为了在液压油箱容积变化时，平衡内外压差，保证供油可靠。油位指示有机械指示和电信号指示，油位低时进行液压油加注，自增压油箱通常采用压力加油方式。

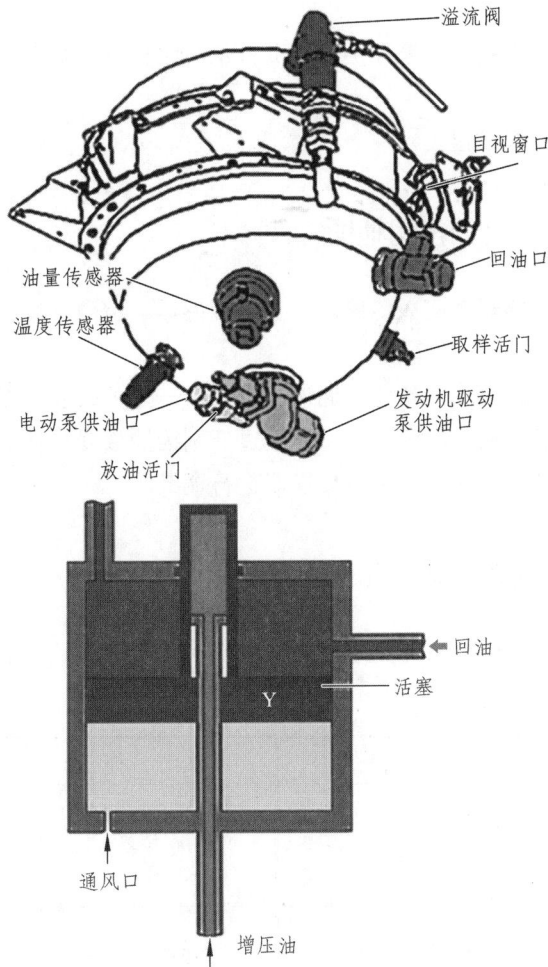

图 3.3.8 液压油箱

油箱增压方式还有引气增压和弹簧增压。

液压油箱上通常还安装有典型的外部附件：供油管嘴（连接液压泵吸油口）、回油管嘴（连接系统回油管路）、取样活门（油液污染度检查液压油取样时打开）、放油活门（油箱放油时打开）、温度传感器（检测油箱液压油温度，过高或过低时发出警告）、油位传感器（检测液压油箱油量，油位低时发出警告）等。

技能点 4 液压油箱油液取样

当需要进行油液污染度检查时，需从液压油箱取样活门进行取样，某型无人机取样大致步骤如下：

（1）确保液压油箱油位正常，并擦净取样区域的附件、接头及结构。

（2）拧下取样活门飞机端的保护帽盖，与取样活门地面端对接，关闭地面端阀门。

（3）启动机上液压系统，收、放起落架或操纵前轮转弯、刹车3~5次。

（4）打开地面端阀门先放掉初始油液约100 mL；再用经清洗合格的取样瓶对准取样活门地面端出口，通过控制流量进行取样，取样完毕后迅速移开取样瓶，并将盖子盖紧。

（5）关闭机上液压系统，擦净油液，断开取样活门飞机端与地面端接头，堵上飞机端保护帽盖。

（6）将取样瓶立即送检。

知识点5　认识其他常用辅助元件

液压系统常用传感器有压力传感器、温度传感器、流量传感器等，用于检测系统压力、温度和流量。

热交换器包括冷却器和加热器。油液的工作有一定的温度要求，温度过高使油液黏度降低，增加泄漏，加速油液变质；温度过低则因油液变稠而使液压泵启动时吸油困难，无法正常运转。因此，需用热交换器进行调节。

技能点5　识别液压辅助元件职能符号

典型液压辅助元件职能符号见表3.3.2。

表3.3.2　典型辅助元件职能符号

元件名称	职能符号	元件名称	职能符号
液压油箱		冷却器	
油滤		加热器	
带污染指示的油滤		压力传感器	
气压式蓄压器		温度传感器	
弹簧式蓄压器		流量传感器	

【任务测评】

1. 如何判断油滤是否需要清洗和更换滤芯?
2. 说明液压油滤内部设置旁通阀的作用。
3. 是否对气压式蓄压器进行一次预充气即可,为什么?
4. 液压油箱为何多采用增压油箱,增压方式有哪些?

仰军中英模

惊天一落

梁万俊是 2004 年感动中国十大人物之一,曾任某飞行大队副队长,是我国空军特级试飞员。参军入伍 30 多年来,他安全飞行 2 300 多小时,先后担任重点型号飞机火控系统定型试飞等数十项重大科研任务,也曾多次处置空中重大特情。更值得说的是,梁万俊是中国四代机歼-20 的首飞试飞员。

2004 年 7 月 1 日,晴空万里,是个试飞的好日子。下午 1 时 09 分,梁万俊登上了准备就绪的新型战机执行试飞任务。起飞时一切顺利,也按规定完成了相关的动作。突然,飞机推力急速下降,油量指示异常。2 分钟后,油量显示为零,发动机空中停车了!此时,飞机飞行高度 4700 多米,距机场 20 多千米。按照惯例,遇到此类重大特情,飞行员选择跳伞无可指责。但是,科研新机倾注了无数科研人员的心血,也关系到该型战机研制周期。

"哪怕只有万分之一的希望,也要全力把飞机保住!"没有任何犹豫,梁万俊很快做出决定——滑回去。在指挥员的引导下,梁万俊驾驶飞机向机场方向飞去,他操纵飞机对正跑道,以 361 千米每小时的速度扑向跑道。当时塔台里一片寂静,飞机以超出常规 100 千米/每小时的速度接近地面。刹车!放伞!在强烈的轰鸣声中,飞机拖着两道长长的轮痕在距跑道尽头 300 米处停住了。

这生死 8 分钟,梁万俊的惊天一落,创造了航空史上的奇迹,同时也让梁万俊成为了感动中国十大人物。更重要的是,这惊天一落避免了一次重大事故,也带回了宝贵的试飞数据,为科研提供了基础,缩短了科研进程,挽救了整个项目,更是为国家赢得了荣誉。

梁万俊说,尽管试飞这个职业风险高、难度大,但作为军人,能通过自己的努力付出,为试验飞机改进、定型贡献一份力量,就无比的骄傲与自豪。梁万俊体现了乐于吃苦,不惧艰难的乐观主义,勇于突破,无坚不摧的军人气质。

引自 http://www.xinhuanet.com/mil/2018-11/30/c_1210006086.htm (2021-06-23)

任务 4　液压执行元件原理分析与检查

【情境创设】

无人机上有许多液压作动机构，动作的实现均需依靠执行元件，往往也是最易发生故障的部件。因此在机务工作中，对执行元件的检查要求非常细致。若在起落架收放功能检查时，发出指令后，发现起落架并未作动，此时应当怎样进行故障排查？

知识点 1　液压执行元件的功能及分类

液压执行元件将油液的压力能转换成机械能，从而驱动机构运动。输出往复直线运动的元件称为液压直线作动筒（通常所说的作动筒一般指直线作动筒），输出连续旋转运动的称为液压旋转作动筒或液压马达，输出往复旋转运动的称为液压摆缸。

液压马达在结构上与液压泵基本相同，除少数专用外，在使用上二者是可逆的。因此对于液压马达的功能和原理不再赘述。液压马达和液压泵一样，根据旋转方向和流量是否可变分为单向定量马达、单向变量马达、双向定量马达、双向变量马达。

知识点 2　液压直线作动筒的分类

在各型无人机液压系统中，作动筒通常被用于起落架收放、舵面操纵、前轮转弯、液压刹车、减速板收放等场合。

作动筒按结构形式可以分为柱塞式、活塞式、伸缩套筒式、组合式等，其中活塞式应用较多。

作动筒按作用方式可分为单作用式和双作用式。单作用式作动筒只有一个油口，在压力油的作用下活塞杆或柱塞伸出，返回行程靠重力或弹簧力等实现，如图 3.4.1 所示。双作用式作动筒有两个油口，活塞的往复运动都是在压力油作用下实现的，如图 3.4.2 所示。

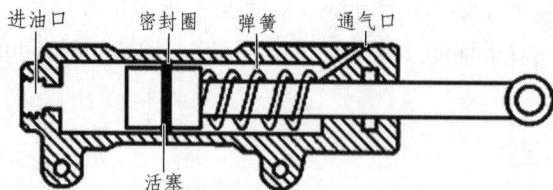

图 3.4.1　单作用式作动筒

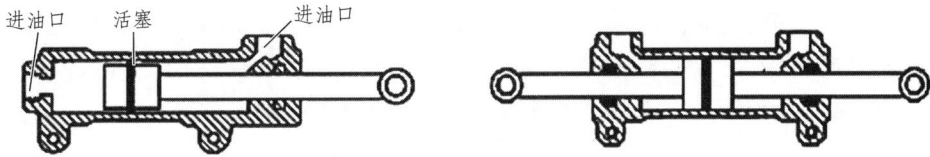

图 3.4.2 双作用式作动筒

知识点 3 作动筒的锁定装置原理分析

为防止作动筒误动作，无人机上安装的作动筒内部设有锁定装置，常见的锁定装置有机械锁、液压锁，机械锁定形式有钢珠锁、卡环锁、摩擦锁等。

如图 3.4.3 所示，钢珠锁作动筒结构简单，应用较为广泛。它由钢珠、锁槽、锥形活塞和弹簧等组成。钢珠安装在活塞上，锁槽则在外筒上。高压油从 A 口进入作动筒的左腔后，向右推活塞，钢珠就随着活塞一起向右移动。当钢珠与锥形活塞接触时，把液压作用力传给锥形活塞，克服弹簧张力，使锥形活塞也向右移动。当钢球移到锁槽处，锥形活塞在弹簧力作用下，利用其顶端的斜面把钢珠推入锁槽，并依靠锥形活塞的侧壁挡住钢珠，使之不能脱出锁槽。这样，带杆活塞就被钢珠锁定在外筒上。上锁后，带杆活塞所受到的外力或液压作用力是通过钢珠传到外筒上的，所以钢珠要受到挤压作用。

打开钢珠锁的过程与上述过程相反。高压油从 B 口进入，向右推锥形活塞，使它离开钢珠，带杆活塞在高压油液作用下，即可使钢珠滑出锁槽，并向左移动。

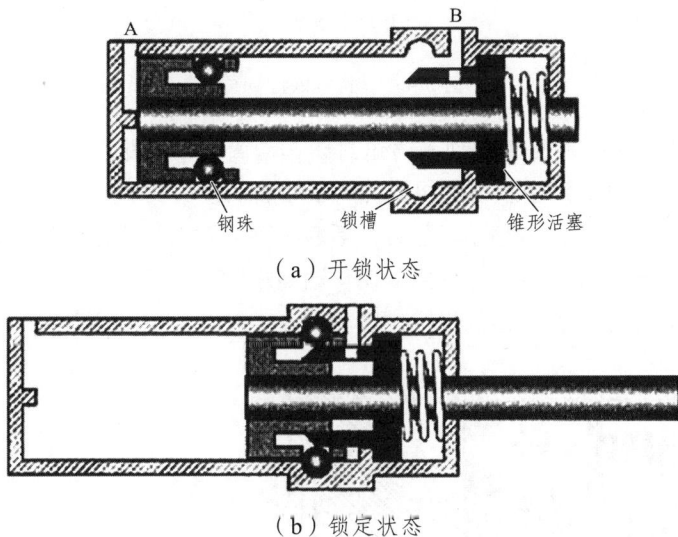

（a）开锁状态

（b）锁定状态

图 3.4.3 钢珠锁作动筒

如图 3.4.4 所示，卡环锁作动筒由外筒、活塞杆、锁定活塞、锁销、锁定衬套、弹簧等组成。作动筒活塞杆初始在缩入位置，内部机械锁将作动筒活塞杆锁定在此位置。当 B 口通压力油，A 口通回油时，压力油克服锁定活塞弹簧力，推动锁定活塞右移，锁销可以向内缩入，在 B、A 两腔压力差作用下，首先打开机械锁，活塞开始伸出，直到到达完全伸出位置。

当 A 口通压力油，B 口通回油时，在压力差作用下，活塞向左运动。当运动到极左位置，锁簧将锁定活塞推出，锁销向外伸出，将作动筒活塞杆锁定在缩入位置。此时，即使 A 口无液压油，锁簧也会将活塞锁定完全缩入位置。

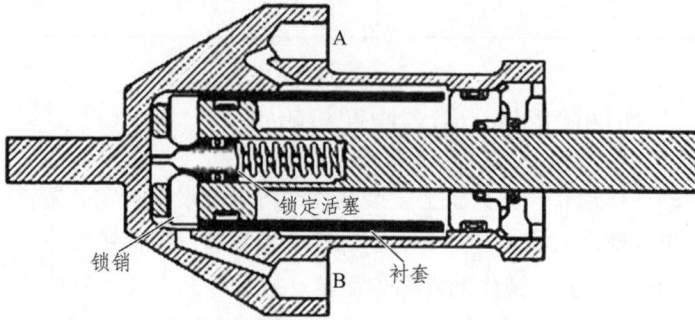

（a）锁定状态

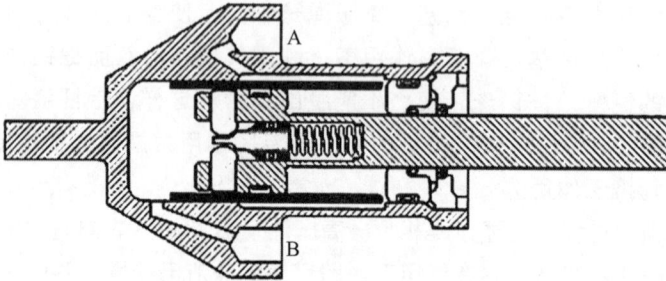

（b）开锁状态

图 3.4.4　卡环锁作动筒

如图 3.4.5 所示，液压锁作动筒通过封闭作动筒的回油路来锁定活塞杆。它由壳体、钢珠、弹簧、开锁活塞及顶杆组成。高压油液从接头 A 进入时，能顶开钢珠阀进入作动筒，使带杆活塞向右移动。当带杆活塞杆移动到右边极限位置时，油液停止流动，钢珠阀在弹簧力作用下随即关闭，使作动筒左腔不能回油，由于油液的压缩性很小，带杆活塞就被锁定在右边的极限位置。

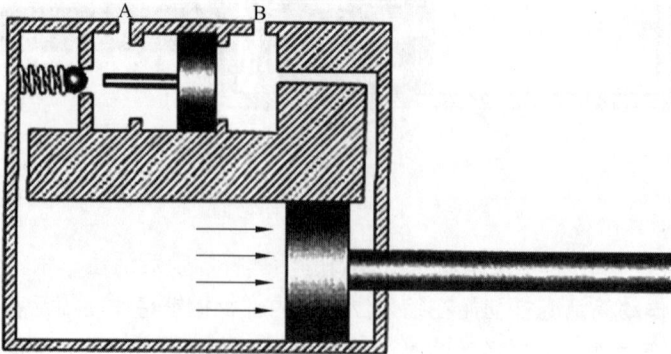

图 3.4.5　液压锁作动筒

高压油液从接头 B 进入液压锁的右腔时，向左推开锁活塞，通过顶杆将钢珠阀顶开，使作动筒左腔的油液能流回油箱。另外，进入作动筒的右腔液压，把带杆活塞推回左边。这种液压锁不能封闭作动筒右腔的回油路，因此不能把带杆活塞锁在左边的极限位置。

知识点 4 典型作动筒原理分析

作动筒伸出或缩回到极限位置时，若运动速度很快，则会产生严重撞击。如起落架收放时，收上放下速度过大会冲击机体结构，可能导致机上管路、线缆甚至机体结构破坏。因此为避免此现象，在大部件传动中，就需要具有缓冲装置的作动筒。缓冲作动筒可分为末端行程缓冲和全行程缓冲。在前面任务中学习过运动速度由流量决定，缓冲实质上就是减缓作动筒活塞杆伸缩速度，因此缓冲装置的基本原理就是限制作动筒进油或回油的流量，从而降低速度。

图 3.4.6 所示为起落架收放的末端行程缓冲作动筒。外筒一端的内壁上有 4 个小孔与接头相通，接头内有单向节流活门。放起落架时，活塞杆收入，当活塞边缘还没有盖住外筒上的小孔时，回油流量较大，阻力较小，起落架的放下速度较大。当活塞向左移至开始盖住第一个小孔时，回油阻力开始增大，起落架放下速度开始减小。随着活塞的继续向左移动，其余各小孔相继被盖住，起落架的放下速度便越来越小。4 个小孔全被盖住后，活塞左边的油液只能通过单向节流活门中间的小孔流出，起落架的放下速度大大减小。因此，活塞到达终点时，不会与外筒产生较严重的撞击。收起落架时，空气动力和起落架本身的重量都是阻碍起落架收上的，带杆活塞的运动速度较慢，不需要缓冲。这时，高压油液从左边的接头进入，顶开单向节流活门，油液流动阻力较小，因此，无论小孔是否被盖住，缓冲装置都不起缓冲作用。

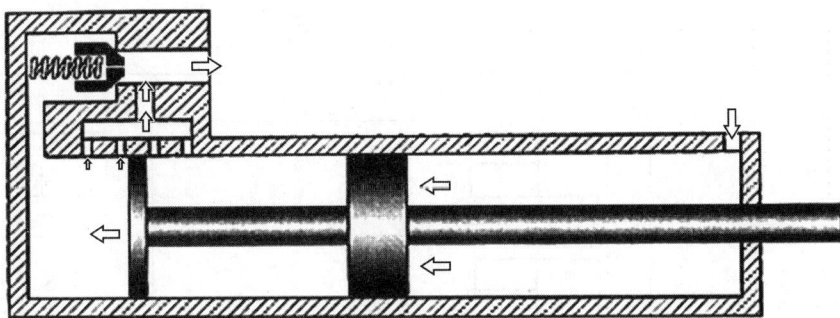

图 3.4.6 末端行程缓冲作动筒

全行程缓冲作动筒的工作原理与末端行程缓冲作动筒相似，但其缓冲装置只有一个单向节流活门，没有 4 个孔。在起落架放下行程中（活塞向左运动），作动筒左腔的油通过单向节流阀中间的孔流出，起落架缓慢放下。当收回起落架时，单向活门打开而没有缓冲。

齿轮齿条式作动筒如图 3.4.7 所示，常用于液压前轮转弯操纵装置。液压油进入后驱动带齿条的活塞运动，通过轮齿啮合传动，驱动齿轮往复转动，实现前轮左右转动。

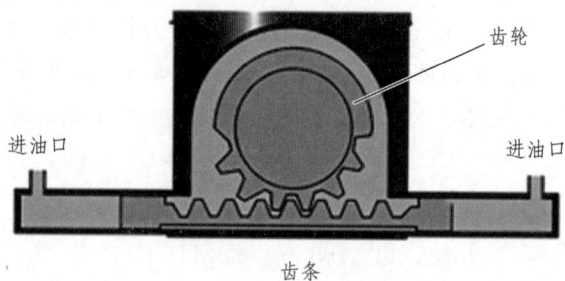

图 3.4.7　齿轮齿条式作动筒

技能点 1　起落架液压收放作动筒拆装注意事项

以某型无人机为例，其拆装液压收放作动筒时应注意：

（1）拆装作动筒时应保持飞机顶起，起落架处于放下位置。

（2）拆装前，卸掉系统压力，保证压力为零。

（3）拆掉与作动筒相连的管接头后，需用干净的管路塑料盖（红色）迅速堵住管嘴，用牛皮纸包扎好。

（4）安装作动筒，连接管接头时，务必确认接口是否正确，连接管路后按要求打保险。

（5）安装好作动筒后，应检查收放运动是否正常，并进行排气、检查气密性等操作。

技能点 2　识别液压执行元件职能符号

液压执行元件职能符号见表 3.4.1。

表 3.4.1　液压执行元件职能符号

元件名称	职能符号	元件名称	职能符号
单作用作动筒		单作用弹簧复位作动筒	
双作用作动筒		摆动马达	
单向定量马达		单向变量马达	
双向定量马达		双向变量马达	

【任务测评】

1. 根据作动筒的原理，请分析发送指令后，液压作动筒不动作的原因有哪些。
2. 设计出一款全行程缓冲作动筒，画出结构简图。

仰军中英模

夏北浩检查法

飞行机务维护工作是飞行事业的重要保障，世界各国的飞行机务维护工作有着不同的特点。在我国空军部队里，只要一提到飞行机务维护，人们就会想起一个熟悉的名词："夏北浩检查法"。这套检查法为我国空军机务维护工作做出了重要贡献。"'对战斗胜利负责、对战友安全负责、对国家财产负责'是夏北浩'三负责'精神。"在空军党委授予夏北浩"机械师尖兵"荣誉称号55周年之际，夏北浩的遗孀如是说。

夏北浩，1938年出生于广东新会。1957年，经过多次报名，夏北浩终于如愿以偿参军入伍，被分配到空军航空学校学习机务。在担任机械师期间，夏北浩针对当时飞行事故频发的情况，认真学习《飞机统一检查条例》。当时，部队有一架飞机经常发生故障，夏北浩主动申请当这架飞机的机械师，按照规程严格对飞机进行检查，最终使这架飞机成了样板机。

1963年，夏北浩所在师组织机组办学，从全师抽调机务尖子一起学习研究。夏北浩抓住机会向战友们请教学习，不断完善检查方法。1964年，汇集群众智慧的"夏北浩检查法"正式诞生，并先后在原沈阳军区空军和全空军推广。以"三个负责、三想、四到、四个一样、两化和三要"为主要内容的"夏北浩检查法"是当时先进思想、优良作风、过硬技术和科学方法的集中体现，是战斗在航空维修实践经验的高度概括和科学总结，极大地提升了航空机务维护质量。

1964年，夏北浩被空军党委授予"机械师尖兵"荣誉称号，将其树立为空军机务人员楷模。他先后当选为中国共产党第九次、第十次全国代表大会代表。

多年来，一代代航空机务人始终学习"夏北浩检查法"，传承夏北浩精神。2003年，在夏北浩精神发源地，北部战区空军航空兵某旅机务三中队官兵在"夏北浩检查法"的基础上总结出"新夏北浩检查法"，再次在全空军推开。

第十三届全国人大代表、"夏北浩模范机务中队"机械师高东垒说："现在装备越来越先进，但我们仍然需要传承好夏北浩精神，当好夏北浩传人，确保装备万无一失。"

引自 https://www.xuexi.cn/lgpage/detail/index.html?id=10633292134449149966（2021-05-24）

任务 5 液压控制元件原理分析与检查

【情境创设】

液压系统中油液的压力、流动方向和流量是可以根据需求控制和调节的。液压控制元件就是用来控制和调节液压系统功能和性能的元件，它具有许多种类，按功能可分为方向控制元件、压力控制元件和流量控制元件。

方向控制元件大致分为单向阀和换向阀两类。根据阀的驱动方式，单向阀分为普通单向阀、液控单向阀、机控单向阀；换向阀分为手动阀、液控阀、机控阀、电磁阀等，在无人机液压系统中，多采用液压电磁换向阀。在无人机液压系统装配完成后，都要对其进行机上地面试验，检查系统的功能和性能。例如，检查前轮转弯装置功能时，液压系统是如何控制前轮转向的？当地面站发出左转弯指令时，却发现前轮向右偏转或静止不动，如何找到故障点？

液压系统中控制和调节液压压力的元件，称为压力控制元件。常用的压力控制元件有溢流阀、减压阀和压力继电器。压力的调节多是通过弹簧和液压作用实现的，根据压力控制结构形式不同分为直动式和先导式，先导式多用于高压、大流量的系统。在进行无人机液压刹车检查时，发送 100% 刹车压力指令后，显控界面显示刹车压力值为 90%，此时应检查什么元件？另外，若液压系统负载故障，造成系统压力突然升高，又如何对液压系统进行保护？

液压系统中执行机构运动速度的大小由输入执行机构的流量来决定的。液压系统中控制和调节油液流量的元件，称为流量控制元件。最常用的流量控制元件为节流阀，其工作的特点是依靠改变阀的节流口过流面积的大小或液流通道的长短来调节液流液阻的大小，从而控制流量。无人机液压收放起落架检查时，需检查起落架收放时间，若发现起落架收放时间过长，此时应当如何调节？

知识点 1 分析各类单向阀的工作原理

单向阀是使油液只能沿一个方向流通，反向截止，即单向流通的阀。

图 3.5.1 所示为普通单向阀的工作原理，它由阀芯（通常为钢珠或锥体）、弹簧和壳体组成。当油液从左侧流入，液压压力克服弹簧压力后顶开阀芯，油液从右端流出。当油液从右侧流入，液压压力与弹簧力将阀芯压紧，油液无法流出。因此，单向阀外壳上通常会标识出油液流动方向，安装时需特别留意，若不慎反向安装，将导致系统无法工作。

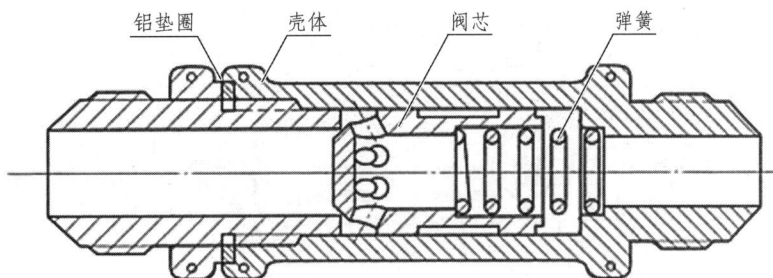

图 3.5.1　单向阀结构原理

图 3.5.2 所示为自封接头内部原理，它是单向阀的一种典型应用，可用作无人机地面维护接头。如需使用地面泵供压时，拧下堵盖，将带顶杆的两根地面泵软管，分别与两个接头接通。地面泵即可将液压油箱内的油液经低压接头吸出，由高压接头输入系统。

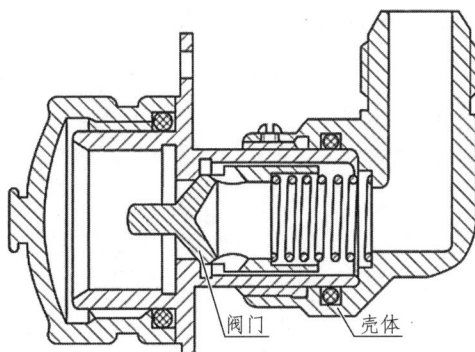

图 3.5.2　地面维护自封接头

图 3.5.3 所示为液控单向阀，它与普通单向阀不同之处是多了一条控制油路，当控制油路不起作用时和普通单向阀一样，单向流通，反向截止；当控制油路来油时，阀芯被顶开，此时进、出口油路正反向均能流通。

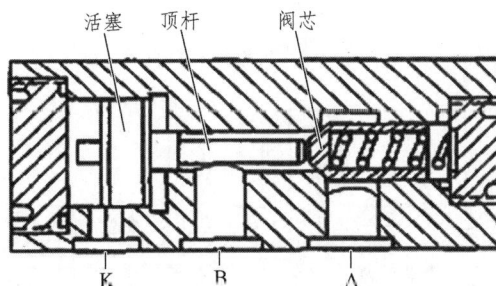

图 3.5.3　液控单向阀

图 3.5.4 所示为液压锁，常用于锁定作动筒活塞杆运动，这是液控单向阀的典型应用形式。液压锁相当于两个液控单向阀并联使用，通常用于防止作动筒在外力作用下运动。例如，需要油液从 A_2 至 A_1 流通时，须同时向另一路 B_1 供油，通过内部控制油路打开单向阀使 A_1、A_2 接通，作动筒才能动作。

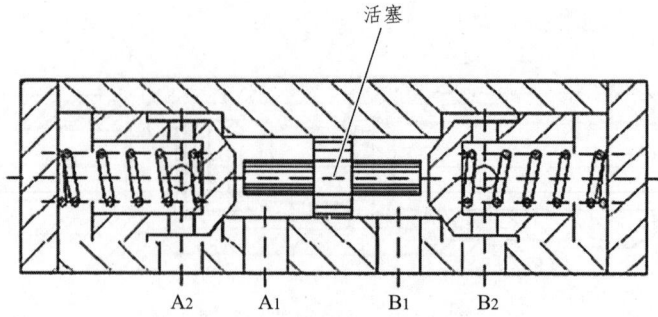

图 3.5.4　液压锁

图 3.5.5 所示是机控单向阀的原理，它与液控单向阀原理相似，区别在于机控单向阀的反向流通是依靠外部机械力推动顶杆打开。协调活门是机控单向阀的典型应用，常用于无人机起落架和舱门的收放顺序控制。接头 1 与收起落架的来油管路相通，接头 2 通向轮舱盖收放作动筒，接头 3 为泄压接头，与油箱接通。起落架收起后，主起落架收放作动筒上的顶片顶动协调活门的顶杆，顶开钢珠，堵住泄压接头，高压油液即可去轮舱盖收放作动筒将轮舱盖收起。但在起落架收起以前，如果高压油液从钢珠阀渗漏过来，即从泄压接头流回油箱，防止轮舱盖收起过早。

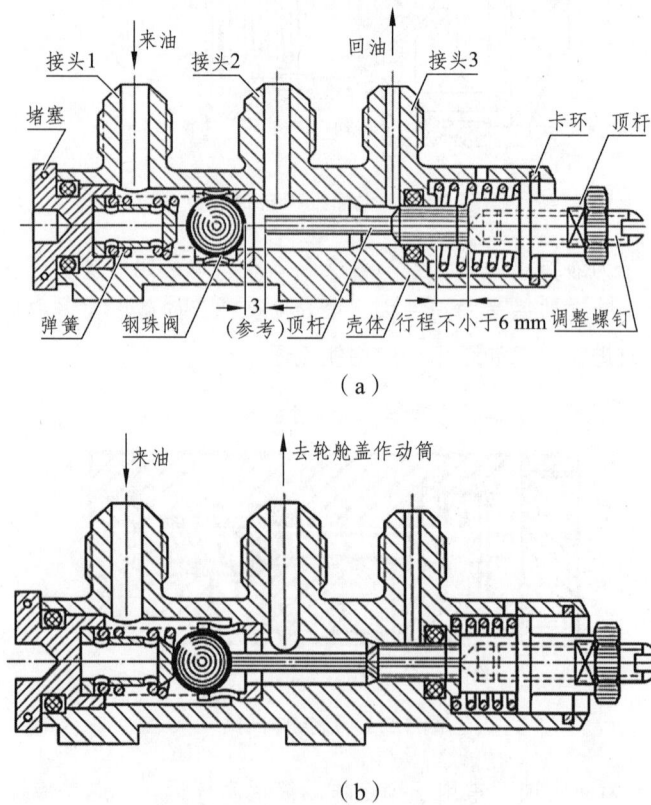

（a）

（b）

图 3.5.5　起落架收放协调活门

梭阀相当于两个单向阀组合的阀，它有两个进口和一个出口。两个进口只能有一个口与出口相通，其作用相当于"或"门，在无人机液压系统中常用于应急气压转换活门，实现起落架的应急放功能，如图 3.5.6 所示。正常情况下，起落架放下油路由接头 1 供压，与接头 3 接通，供压至作动筒，此时接头 2 被堵住截止；当液压系统故障无法供压时，备份冷气系统打开，冷气由接头 2 进入，推动阀芯移动，与接头 3 接通，同时堵住接头 1，实现起落架的应急放。

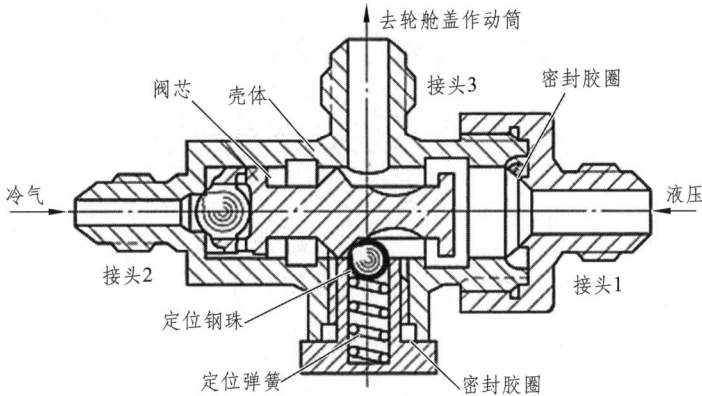

图 3.5.6　应急气压转换活门

技能点 1　起落架收放顺序检查和应急放后排油排气

在起落架支柱或舱门及附件重新安装后，一般需要检查起落架收放顺序。例如，某无人机起落架收放顺序是通过协调活门控制，那么检查时需注意调整协调活门的安装位置和顶杆伸出量，保证支柱或舱门运动到位后能推动顶杆。通常协调活门顶杆外端装有调整螺钉，用来调整顶杆的压缩量和剩余行程。

无人机在进行应急放起落架检查后，由于系统中通入冷气，冷气和液压油混合，必须要对系统进行排油排气。在没有从导管及作动筒内排出高压气体前，严禁使用液压收上起落架，以免损坏液压油箱及回油管路。

知识点 2　分析各类换向阀的工作原理

换向阀可用来变换油液流动的方向，它可以按预定顺序使执行机构的油路换向，从而使它们实现正或反向运动。按内部结构形式，换向阀分为滑阀式和转阀式。转阀操纵力大、密封性差，多用于早期飞机液压系统；滑阀操纵省力，可实现多油路、远距离控制，工作可靠，故应用较广泛。本书主要讲述滑阀式，按阀芯可变位数，多分为二位和三位；按主油路进、出口通路数可分为二通、三通、四通、五通等；按阀芯移动的驱动方式可分为手动、机动、电磁、电液等，无人机液压系统中使用的换向阀通常为电磁式或电液式。

常用的控制起落架收放的换向阀为三位四通液压电磁阀，如图 3.5.7 所示。滑阀有左、中、右三个工作位置，四个通油管路，阀芯由先导油液推动，但油路通断由电磁铁和钢珠控制。

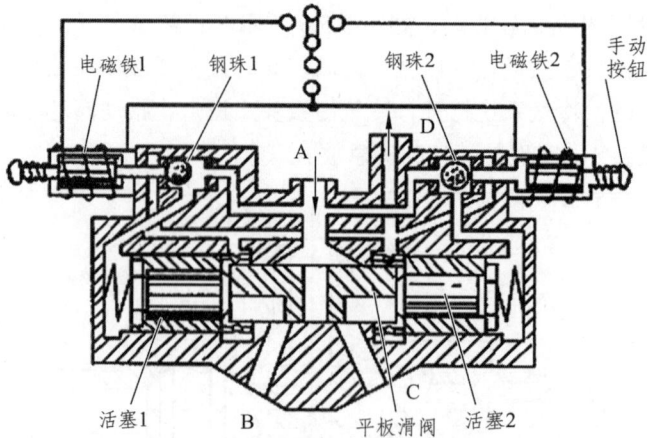

图 3.5.7　三位四通液压电磁阀

当左右电磁铁均不通电时，钢珠先导阀在液压作用下分别被压到左右阀座上，两个活塞的外侧工作腔都通来油路 A，配油阀芯在两侧弹簧作用下处于中立。工作管路 B、C 均与回油路 D 相通，液电阀处于中立位置。

当左边电磁铁通电时，钢珠先导阀 1 关闭，活塞 1 的左腔与回油路 D 相通。在液压作用下，配油滑阀被推移至左端，于是管路 B 与来油路 A 接通，而管路 C 仍通回油路 D，液电阀处于收的工作位置。如果此时电磁铁 1 断电，钢珠 1 在液压作用下回到左端，活塞 1 的左腔又与来油路 A 相通，在恢复弹簧作用下，滑阀回到中位，液电阀又处于中立位置。电磁阀 2 通电后，实现起落架放下，其原理类似。手动按钮用于地面检查手动控制起落架收放。

无人机液压系统中的常见换向阀还有二位三通阀、二位四通阀等。二位三通阀常用于起落架上下位锁开锁控制、液压刹车油路通断控制等；二位四通阀与三位四通阀原理类似，但缺少中位，只有左位和右位两种工作位置，某无人机中二位四通液电阀用于切换减速板收放的油路。

技能点 2　方向控制元件故障及管路、电气接插件检查

单向阀类元件的典型故障形式有反向密封性不好和阀芯、弹簧卡滞等，故障现象有液压系统压力波动大、液压锁锁定失效。如起落架收上和舱门关闭后，发现在断电状态下其逐渐又打开放下，此时应检查液压锁等部件是否有外漏和内漏。

换向阀类元件的典型故障形式有阀芯卡滞、电磁线圈烧坏、阀体内漏等，故障现象有执行元件换向动作缓慢、卡滞或失效。

换向阀重新安装后，需检查管路、电气接插件连接是否正确，换向阀各油路管接头尺寸、位置相近，若无防插错设计，极易将管路错接。因此，在阀体各管接头附近一般会做出字母或者汉字标识，P 代表进油高压管路，接油泵出口管路，T 代表回油低压管路，接回油箱，A、B 代表工作管路，接作动筒。若换向阀管路、电连接件错接，会造成系统无法工作，或工作错误，如起落架处于放下状态，发送收上指令静止不动，发送放下指令起落架却收上。

技能点 3 识别方向控制元件职能符号

常用方向控制元件职能符号见表 3.5.1，典型控制方式见表 3.5.2。

表 3.5.1 方向控制元件职能符号

元件名称	职能符号	元件名称	职能符号
普通单向阀		液控单向阀	
梭 阀		液压锁	
二位二通换向阀		二位三通换向阀	
二位四通换向阀		三位四通换向阀	

表 3.5.2 控制方式职能符号

元件名称	职能符号	元件名称	职能符号
手柄人力控制		按钮式人力控制	
顶杆式机械控制		弹簧式机械控制	
电液先导控制		电磁式	

知识点 3 分析溢流阀的工作原理

溢流阀是依靠释放系统高压油液来调节压力的，当油路压力超过其调定压力时，溢流阀便打开，将压力油溢去一部分，使压力保持在规定值。直动式溢流阀的结构如图 3.5.8 所示。当进口 P_1 液压油的压力小于工作需要压力时，阀芯被弹簧压在液压油的流入口，当液压油的压力超过其工作允许压力即大于弹簧压力时，阀芯被液压油顶起，液压油流入，从右侧出口 P_2 流出，流回油箱。液压油的压力越大，阀芯被液压油顶起得越高，液压油经溢流阀流回油箱的流量越大。如果液压油的压力小于或等于弹簧压力，则阀芯落下，封住液压油进口。阀芯上的阻尼孔 A 在阀芯运动时起阻尼作用，防止阀芯振动。

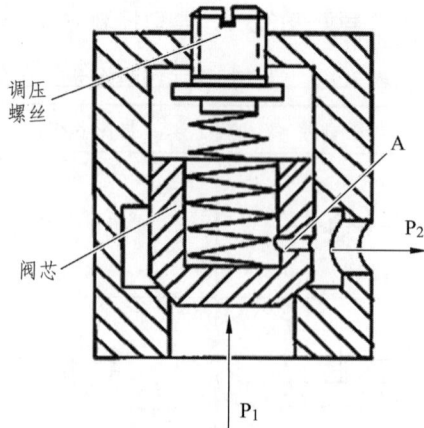

图 3.5.8　直动式溢流阀原理

　　先导式比直动式多了一个先导阀，如图 3.5.9 所示。先导阀由调节手轮、弹簧和先导阀芯等组成。在油路压力未达到规定值时，导阀、主阀在各自的弹簧作用下处于关闭状态，A 腔、B 腔、C 腔通过节流孔 E 沟通，压力相等。当油路压力超过规定值但当压力油从入口流入时，压力作用在主阀芯下端平面上。阀体内部设计有阻尼孔，压力油通过后进入先导阀的右腔，并最终作用于先导溢流阀的阀芯上。先导溢流阀的阀芯受弹簧推力而处于常闭状态，通过外部的调节手柄，可对弹簧的预调压力做出调整。

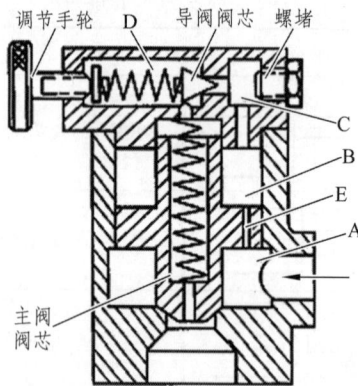

图 3.5.9　先导式溢流阀

　　当液压压力小于弹簧预调压力时，先导阀芯始终处于封闭状态，此时主阀芯亦无相应动作。当系统压力上升，导致先导阀内部液压压力大于弹簧预调压力，先导阀开启。在阻尼孔的降压作用下，主阀芯上、下产生压力差，因此主阀芯上抬，原本密封的进油路以及出油路相通，压力油直接从进油口到出油口，实现溢流，从而调节入口处的压力值。

　　溢流阀的主要作用如下：

　　安全保护作用：系统正常工作时，阀门关闭。只有负载超过规定的极限（系统压力超过调定压力）时开启溢流，进行过载保护，使系统压力不再增加（通常使溢流阀的调定压力比系统最高工作压力高 10%~20%)。

定压溢流作用：在定量泵节流调节系统中，定量泵提供的是恒定流量。当系统压力增大时，会使流量需求减小。此时溢流阀开启，使多余流量溢回油箱，保证溢流阀进口压力，即泵出口压力恒定（阀口常随压力波动开启）。

背压作用：溢流阀串联在回油路上，溢流阀产生背压，运动部件平稳性增加。

系统卸荷作用：在溢流阀的遥控口串接小流量的电磁阀，当电磁铁通电时，溢流阀的遥控口通油箱，此时液压泵卸荷。溢流阀此时作为卸荷阀使用。

知识点 4　分析减压阀的工作原理

减压阀用于降低系统的压力，使某一液压用户的供油压力低于系统的工作压力。减压阀根据调压形式不同分为定值减压阀和定差减压阀，同样也有直动式和先导式之分。

定值减压阀是在降低系统压力的同时保持其出口压力为一定值，定差减压阀则在降低压力的同时保持进、出口两端压力差为一定值。

图 3.5.10 所示为先导式定值减压阀，当一次压力油从油口 p_1 进入，经减压口减压后压力降为二次压力油（即出口压力油），并从油口流出。出口压力为 p_2 的压力油通过阀体（6）下部通道进入主阀（7）的底部，并通过主阀上的阻尼孔（9）流入主阀的上腔和先导阀前腔，又通过锥阀座（4）中的阻尼孔作用在调压锥阀（3）上。当出口压力 p_2 小于调定压力时，先导阀的调压锥阀（3）关闭，阻尼孔（9）中没有油液流动，主阀上、下两端的液压力相等，这时主阀芯在弹簧力的作用下处于最下

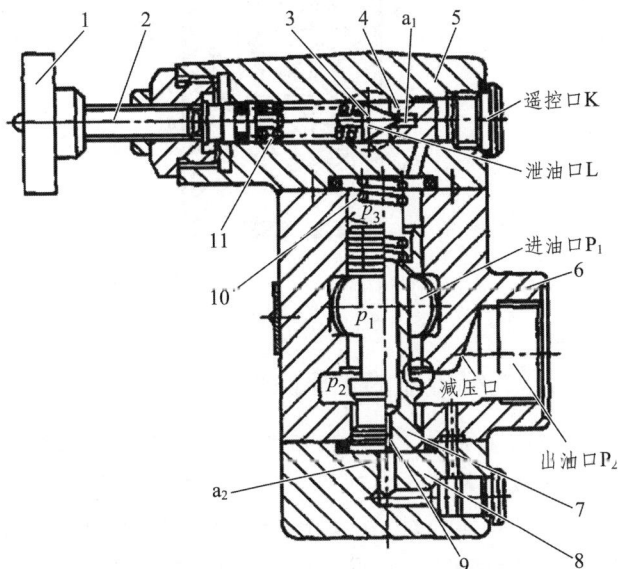

1—调压手轮；2—调节螺钉；3—调压锥阀；4—锥阀座；5—阀盖；
6—阀体；7—主阀；8—端盖；9—阻尼孔；
10—主阀弹簧；11—调压弹簧。

图 3.5.10　先导式定值减压阀

端位置，减压口全开，阀处于非工作状态，$p_2 \approx p_1$。当出口压力 p_2 超过调定压力时，调压锥阀（3）被打开，出油口部分油液经阻尼孔（9）、先导阀口、阀盖（5）上的泄油口 L 流回油箱。油液经阻尼孔（9）时产生压力降，使主阀下腔压力大于上腔压力（$p_2 > p_3$）。当这个压力差所产生的作用力大于主阀弹簧力时，主阀上移，使减压口关小，油液流经减压口时产生的压力降增加，直至出口压力稳定在调定值上，这时减压阀处于工作状态。反之亦然，如出口压力由于某种原因而减小时，主阀受力不平衡而移动，使阀口开大，压降减小，使出口压力回升到调定值，仍能使出口压力维持在调定值上。同理，如进口压力由于某种原因发生变化时，减压阀阀芯也会做出相应的反应，使出口压力最后稳定在调定值上。减压阀出口压力的大小可通过调节调压弹簧（11）来进行调定。

知识点 5　分析顺序阀的工作原理

压力顺序阀是直接利用进口油路本身的压力来控制液压系统中各元件动作的先后顺序的。图 3.5.11 所示为其结构原理，即当进口压力升高到预调值时它才使油路接通，使后一个工作机构动作。在进油路 A 的压力未达到顺序阀的预调压力前，阀口关闭。当进油路 A 的压力升高到预调值时，阀芯在 C 腔所受到的液压力克服弹簧力而使阀芯向上移动，打开阀口，使油路 A 与油路 B 连通起来。通过弹簧可调整顺序阀的预调压力。

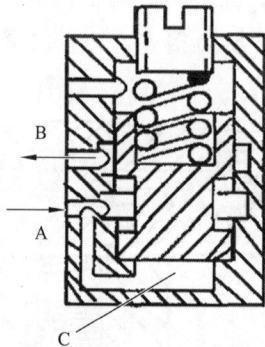

图 3.5.11　顺序阀原理

知识点 6　分析压力继电器的工作原理

压力继电器，也称液压电门，是一种将油液的压力信号转换成电信号的电液控制元件，其用途是根据液压系统压力的变化自动接通或断开机上有关电路。当油液压力达到压力继电器的调定压力时，即发出电信号，以控制电磁铁、电磁离合器、继电器等元件动作，使油路卸压、换向、执行元件实现顺序动作或关闭液压泵使系统停止工作，起安全保护作用等。如图 3.5.12 所示，当从压力继电器下端进油口通入的油液压力达到调定压力值时，推动柱塞（1）上移，此位移通过杠杆（2）放大后推动微动开关（4）动作。改变弹簧（3）的压缩量即可以调节压力继电器的动作压力。

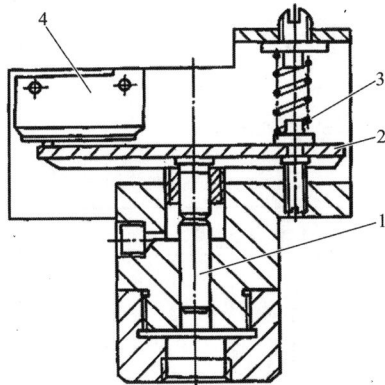

1—柱塞；2—杠杆；3—弹簧；4—微动开关。

图 3.5.12　压力继电器原理

技能点 4　某无人机刹车减压活门的拆装

1. 拆　卸

（1）按压排气排油活门，卸去油箱增压压力，保证液压系统压力为零。

（2）按要求卸去蓄压器液压腔压力。

（3）擦净减压活门各接头，用钢丝钳去掉保险，分别用扳手取下与减压活门连接的导管、管接头（见图 3.5.13）。

（4）用扳手松开螺栓，取下垫圈，取下减压活门，并用干净的管路塑料盖迅速堵住导管。

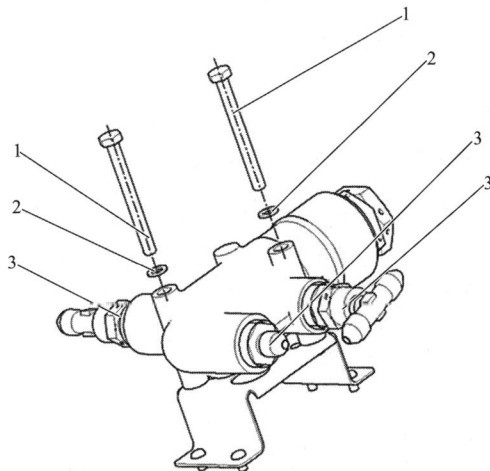

1—螺栓；2—垫圈；3—减压活门管接头。

图 3.5.13　减压活门拆装示意

2. 安　装

（1）将经检验合格的减压活门装上飞机，装上垫圈，并用扳手拧紧紧固螺栓。

（2）按标记接入导管、管接头，检查各接口的正确性，并用扳手固紧，按要求打保险。

（3）在液压系统工作时检查气密性，并进行排气，不允许渗漏。

技能点 5　识别压力控制元件职能符号

常用方向控制元件职能符号见表 3.5.3。

表 3.5.3　压力控制元件职能符号

元件名称	职能符号	元件名称	职能符号
溢流阀		先导式溢流阀	
减压阀		先导式减压阀	
顺序阀		先导式顺序阀	
压力继电器			

知识点 7　分析普通节流阀的工作原理

节流阀根据结构形式可分为油孔式和油槽式两种。图 3.5.14 所示为油孔式节流阀，它主要是依靠液流的局部损失而起节流作用的。当液体的黏度随温度变化时，其节流作用的变化不大。它的缺点是通油孔很小，容易被杂物堵塞。为了克服这一缺点，有时采用多片的油孔式节流器。这种节流阀与单片的油孔式节流阀相比，在节流作用相同的条件下，每一个节流片上的通油孔可以开得大些，因而可以减小节流孔被堵塞的可能性。

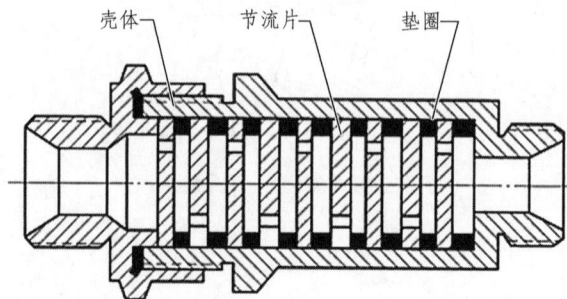

图 3.5.14　多片油孔式节流阀

油槽式节流器的结构如图 3.5.15 所示。它的优点是起节流作用的油槽较长，在节流作用相同的条件下，油槽的横截面积较大，因而不容易被堵塞。此外，它的节流作用通常还可以进行调节。但油槽式节流器主要是依靠沿程损失起节流作用，当液体黏度随温度变化时，其节流作用的变化较大。

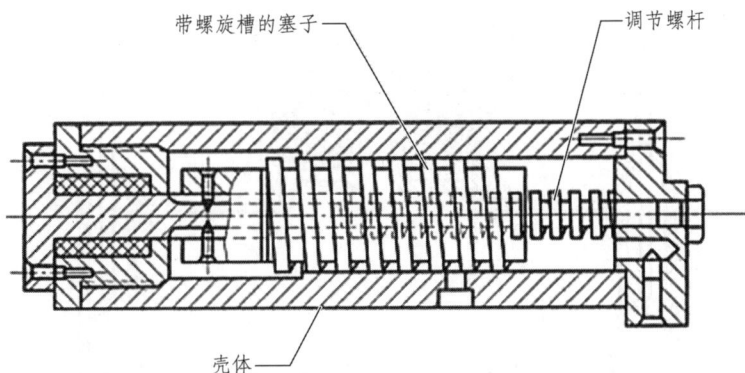

图 3.5.15　油槽式节流阀

知识点 8　分析组合式节流阀的工作原理

单向节流阀是将节流阀和单向阀并联形成的组合阀，它的作用是使油液沿某一方向流动时受到节流作用，而沿相反方向流动时，不受节流作用。如图 3.5.16，当油液从 B 口进入时，经内部节流孔从 A 口流出，起节流作用；当油液从 A 口进入时，克服弹簧压力，单向阀打开，从 B 口流出，不起节流作用。

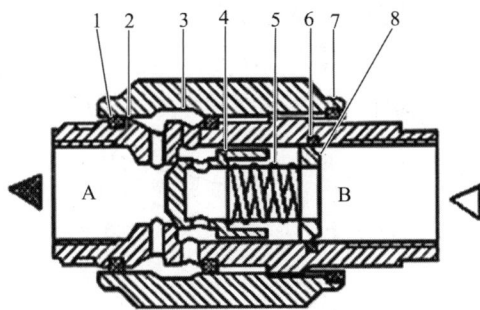

1—密封圈；2—阀体；3—调节套；4—单向阀；
5—弹簧；6，7—卡环；8—弹簧座。

图 3.5.16　单向节流阀

图 3.5.17 所示为分流阀，相当于两个节流阀并联形成的组合阀，它可用来实现两个油路的等流量控制，如无人机液压收放起落架时要求动作同步。它的上端管路分流后经两个相同的节流孔，再经调节阀和阀套形成可调节流孔分别去左、右作动筒。当两作动筒负载不平衡，或分流阀至作动筒的压力损失不一致，造成两分路流量不相等时，在节流孔 I 和 II 后，即在调节阀两端形成压差，调节阀调节可调节流孔液阻，以补偿负载和管路阻力的不平衡，直至两分路流量相等，调节阀两端压力相等为止。

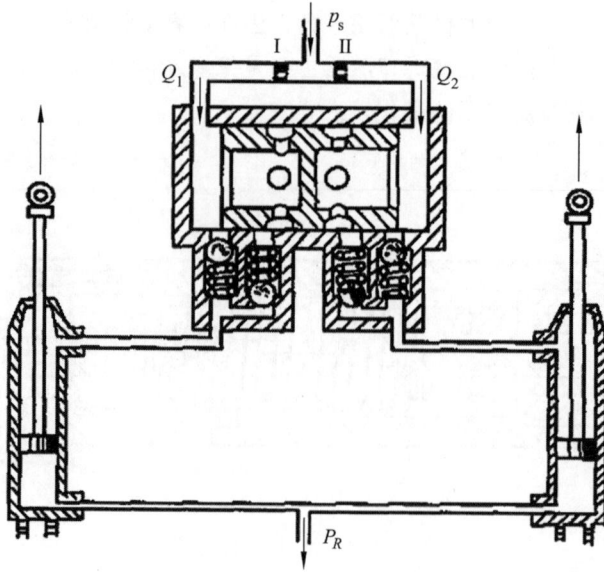

图 3.5.17 分流阀原理

技能点 6 某无人机起落架收放限流活门的拆装

1．拆 卸

（1）按压排气排油活门，卸去油箱增压压力，保证液压系统压力为零。

（2）擦净限流活门两端接头，用扳手松开与限流活门连接的导管，用扳手松开固定螺栓，取下挡圈，松开卡箍（见图 3.5.18）。

（3）取下限流活门后，用干净的管路塑料盖迅速堵住导管。

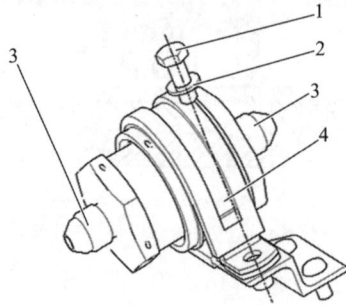

1—螺栓；2—垫圈；3—限流活门管接头；4—卡箍。

图 3.5.18 限流活门拆装示意

2．安 装

（1）将经检验合格的限流活门装上飞机，装上垫圈，用扳手拧紧螺栓以及固定卡箍。

（2）按标记接入导管，检查接口的正确性，并用扳手固紧，按要求用钢丝钳打好保险。

（3）连接地面液压综合保障设备，在液压系统正常工作时收放起落架检查前、主起落架收放作动筒工作是否正常，收放时间是否满足要求，并进行排气，检查气密性，不允许渗漏。

技能点 7 　 识别流量控制元件职能符号

常用流量控制元件职能符号见表 3.5.4。

表 3.5.4　流量控制元件职能符号

元件名称	职能符号	元件名称	职能符号
节流阀		可调节流阀	
单向节流阀		分流阀	

【任务测评】

1. 当地面站发出左转弯指令时，却发现前轮向右偏转或静止不动，经检查系统压力正常，分析可能的故障原因。

2. 描述协调活门和梭阀的功能和原理，其故障或者安装位置不恰当会造成什么故障？

3. 试分析二位三通液压电磁阀的工作原理。

4. 现有 3 个外观形状相似的溢流阀、减压阀和顺序阀，铭牌已脱落，如何根据其特点正确辨别？

5. 先导式阀和直动式阀各适用于什么场合？

6. 压力继电器、减压阀、溢流阀、顺序阀应分别安装在无人机液压系统的哪些位置，起什么作用？

7. 在液压系统的某些附件（如压力表）之前安装有节流阀，分析其原因。

8. 在起落架收放作动筒的回油管路处安装单向节流阀，分析其原因。

9. 起落架收放时间过长的原因可能是什么？

仰军中英模

"让标准成为习惯，用学习成就梦想"

历经一天的忙碌，官兵们已有些疲惫，有的一上退场的大巴，就睡着了。此时，机棚一隅，一束手电光还在晃动着，一如往日，人员退场后，中队长张耀华举着手电复查战机铅封。"这个打得有点松！重换一个。"碰上不如意的，他的语气里瞬间多了几分严肃，一旁的质控员连忙整改。这位中队长向来"铁面"，无形中自带气场，让人有点"怕"。

作为机务中队长，他需要牵头负责机务保障的大量工作。小到部件监控、数据填写，大到飞机定检，每个环节、每项工作，他都一丝不苟、严格把关。遇上棘手问题，更是亲自上手、带头研究。任务期间，他牵头编写了某新型战机《阅兵任务机务保障手册》，先后制定并完善50余条应急处置措施，确保了飞行安全和受阅顺利。从进驻准备到正式受阅，他们的飞机起动成功率100%，任务成功率100%，保障质量位居空中梯队前列。凡是他认定的标准、交代的工作，绝不允许打折扣、搞变通、图省事。哪怕夏日酷暑难耐、冬日严寒刺骨、高原夜黑风高⋯⋯当日事当日毕，质量标准绝不松。

多年以来，张耀华有个习惯——打一仗总结一次。他的工作包里一直装着2个本，一个本记录发动机故障研究，另一个作为飞机故障研究记录本。走到哪带到哪，遇到故障必记下。拉开他的办公桌抽屉，这样的本子，已经攒了满满一抽屉，大约有几十本。最早的记录，可以追溯到2010年他刚毕业才当机械师时。记录最频繁的一段，还是一次高原驻训期间。一年深秋的任务中，高原机场低温、缺氧，给机务工作带来更多挑战。一些在原驻地不常见的问题，在这里接连发生。为此，张耀华连续加班，深入钻研发动机各系统原理、性能和参数匹配问题，写下了厚厚的研究笔记。

任务节奏紧张，每一次排故，都得和时间赛跑、分秒必争。一次，战机因故障紧急换发。新发动机装机后，试车检查发现尾喷口收放转速异常，几次更换部件、调整参数，始终无法根治，就连工厂专家也很无奈："重新换装发动机吧！"可这样会影响次日的战备训练。张耀华不放弃，带着机组试了又试、调了又调、一遍又一遍开车。直到第9次调整，才达成最优匹配，参数全部达标，故障不再复现。而此时，已临近天亮。太阳升起，战机如期起飞、奔向"战场"。

入伍15年，张耀华随部队走南闯北，始终在外场守望战机升空、返航，一次次用行动践行着所在团队的精神——"让标准成为习惯，用学习成就梦想"。

引自 https://www.xuexi.cn/lgpage/detail/index.html?id=18319238272469528329& item_id= 18319238272469528329（2021-07-24）

任务 6 无人机液压气动系统原理分析及故障处置

【情境创设】

无人机通常会采用气压传动系统作为液压系统的余度备份，当液压系统故障或失效时，气动系统作为应急系统保障无人机飞行安全。那么装试或机务人员是如何对液压气动系统进行检查和排故的呢？

知识点 1 认识气动系统的功能与特点

气压传动系统，通常又叫冷气系统，它是利用压缩气体膨胀做功来实现传动的。在无人机上冷气系统的功能包括应急机轮刹车、应急放起落架、应急放拦阻钩、应急收放弹舱门，以及其他与飞行安全和任务密切相关的作动备份。

冷气系统与液压系统相比其特点如下：

（1）气体密度小、黏性小、可压缩性大，因此系统重量轻、动作快、不易密封，传动动作终止时，机件会产生很大冲击。

（2）冷气中含有水分，低温下易结冰，使附件、管路堵塞。

（3）冷气没有润滑能力，在维护、使用过程中，必须对冷气系统某些附件的运动部分定期加注润滑油。

（4）冷气系统没有回路。

无人机冷气系统工作介质通常为干燥空气或氮气，其组成与液压传动系统相似，由气源装置、执行元件、控制元件和辅助元件等组成。气源装置用来制造和储存冷气。现代无人机通常是在飞行前由地面气源充填至机上冷气瓶中储存，对于某些冷气消耗量大的大型无人机，装有冷气泵，由发动机驱动或机上电源供电，向系统补充冷气。为保证气体干燥干净，气源装置中可设置气滤、油水分离器等辅助组件，但由于无人机用气量少、冷气使用频率低、减重等原因，气源装置通常比较简单。如图 3.6.1 所示，为某无人机气源部分组成原理。在起飞前，使用地面充气设备，通过充气接头，向氮气瓶充气。应急使用时，可通过控制元件，将氮气瓶中的高压气体输送到各作动部分。

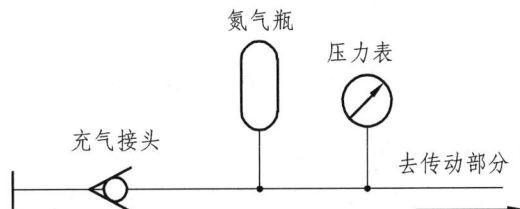

图 3.6.1 某型无人机气源部分

技能点 1 某无人机气动系统气密性检查

1．气动系统 1 h 内漏气量（压降）检查

气动系统氮气瓶应充气至使用压力（20 ℃），通过综合检测设备，查看压力传感器输出压力值，在 1 h 时内的压降不超过 0.1 MPa，判定为气密性合格。

2．气动系统管路气密性检查

若漏气量超标，则用无碱肥皂液涂抹管路接头连接处，检查气动系统成品附件、导管、接头等连接处是否漏气。

技能点 2 识别气动元件职能符号

气动元件功能及原理均与液压元件相似，但其职能符号有所区别，常用空心三角符号"△"表示气压传动，方便工作技术人员能从系统原理图中正确区分出气压传动部分和液压传动部分，表 3.6.1 中为典型气动元件符号。

表 3.6.1 典型气动元件符号

元件名称	职能符号	元件名称	职能符号
气压源		冷气瓶	
气　滤		干燥器	
减压阀		溢流阀	
冷气泵		双向变量气动马达	
二位五通换向阀		单作用气压作动筒	

知识点 2 分析典型无人机液压气动系统原理

图 3.6.2 所示为某无人机液压气动系统原理，该无人机液压系统主要实现液压供压、前轮转弯操纵、起落架收放、正常刹车功能，气动系统主要实现应急供压、应急刹车、应急放起落架功能。

该液压气动系统分为液压能源子系统、起落架收放子系统、刹车子系统、前轮操纵子系统和应急冷气子系统。

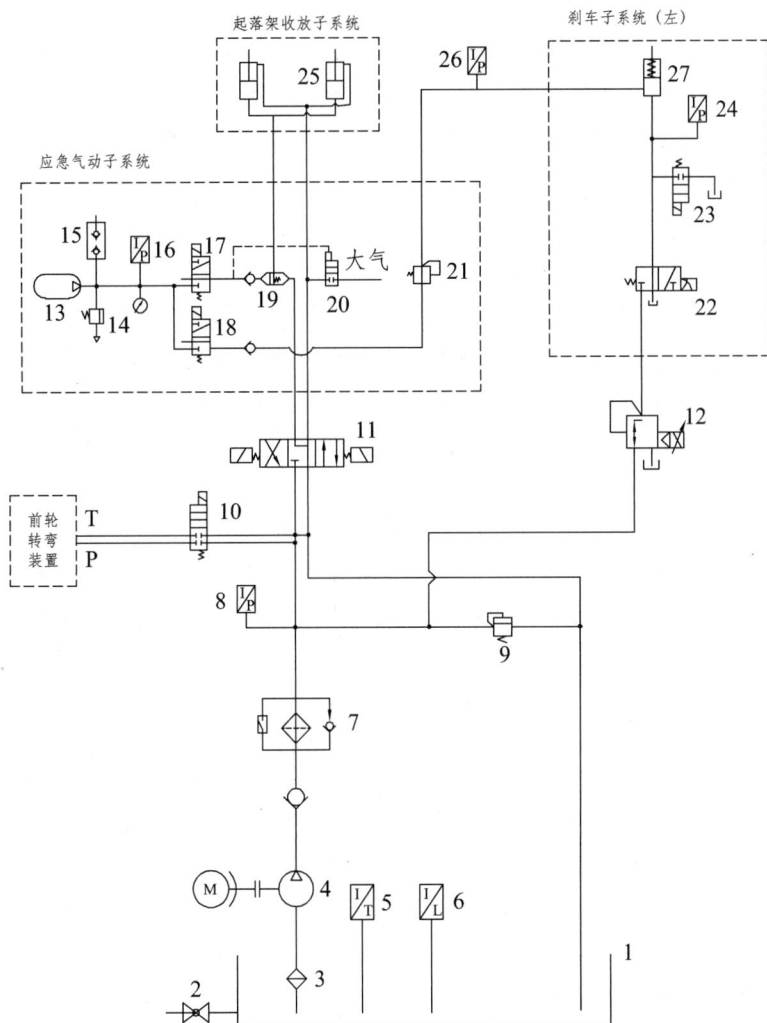

1—油箱；2—取样阀；3—低压油滤；4—电动泵组；5—温度传感器；6—液位传感器；7—高压油滤；
8，16，24，26 压力传感器，9 溢流阀，10 前轮操纵电磁阀，11 起落架收放电磁阀，
12—比例减压阀；13—气瓶；14—释压阀；15—充气活门；17—应急放电磁阀；
18—应急刹车电磁阀；19—应急转换活门；20—应急排油活门；
21—气压减压阀；22—刹车电磁阀；23—高速开关阀；
25—起落架收放作动筒；27—刹车作动筒。

图 3.6.2 某无人机液压气动系统原理图

1．液压能源子系统原理

液压能源子系统采用恒压变量系统，由一台电动泵组为系统供压。电动泵组由液压油箱经过吸油管供油，当各操纵系统工作时，电动泵组自动调节供油量，保证各操纵部分正常工作。从电动泵组输出的液压油经过高压组合油滤后，分别流到以下部件：

（1）经过起落架收放电磁阀，流向起落架收放作动筒，实现起落架正常收放。

（2）经过前轮操纵电磁阀，流向前轮转弯装置。

（3）经过比例减压阀、刹车电磁阀，流向刹车系统。

当系统压力过高时，由系统溢流阀稳定压力，保护系统安全；当油滤污染堵塞时，集成在高压组合油滤中的安全阀打开，对系统进行卸压，同时输出机械和电信号，提示对滤芯进行更换；设置有油温、油位和压力传感器，指示系统温度、油量和压力；在油箱上设置有取样阀，以便在进行油液污染度检查时取样。

2．起落架收放子系统原理

起落架收放子系统由起落架收放电磁阀以及相应的收放作动筒等执行元件组成。正常收起落架时，飞行管理计算机发出收上指令，电气系统控制起落架收放电磁阀上电置于"收上"位置，起落架收上管路与系统压力管路接通，高压液压油进入起落架收放作动筒，打开放下端机械锁，收上起落架并上锁。起落架收上到位后，延时取消收起落架指令，起落架收放电磁阀下电回到中立位。放起落架时，飞行管理计算机发出放下指令，电气系统控制起落架收放电磁阀上电置于"放下"位置，起落架放下管路与系统压力管路接通，高压液压油进入起落架收放作动筒，打开收上端机械锁，放下起落架并上锁。起落架放下到位后，放起落架指令保持，直至电动泵组关闭。

3．刹车子系统原理

刹车子系统采用液压刹车，由比例减压阀、刹车电磁阀、高速开关阀、压力传感器、刹车作动筒和刹车控制器组成，可以实现防滑刹车、差动刹车等功能。刹车系统左、右刹车分别由两件刹车电磁阀控制，可分别单独工作，从而可以实现差动刹车。刹车电磁阀打开时进行刹车制动，刹车压力由比例减压阀控制连续可调，并实时将压力值反馈给刹车控制器，刹车电磁阀关闭时松刹车。当轮速传感器或惯性传感器检测到机轮抱死拖胎时，刹车控制器将通过控制高速开关阀快速通断切换，将刹车作动筒释压，减小刹车力矩，从而实现防滑刹车功能。

4．前轮操纵子系统原理

前轮操纵子系统由前轮操纵电磁阀和前轮转弯装置组成，可实现前轮转弯操纵和减摆功能。当无人机不需要前轮操纵时，前轮操纵电磁阀断开，此时处于前轮减摆状态；当无人机在滑行中需要前轮转弯纠偏时，前轮操纵电磁阀接通，此时处于前轮操纵状态，压力油供往前轮转弯装置，飞行管理计算机通过控制前轮转弯装置实现前轮角度左、右偏转。

5．应急冷气子系统原理

应急冷气子系统由氮气瓶为系统储存能源并供压，工作介质为压缩氮气，此外还有充气活门、安全活门、应急放电磁阀、应急刹车电磁阀、应急转换活门、应急排油活门、气压减压阀、压力传感器。气瓶里储存的压缩氮气通过充气活门在地面充填，压力传感器监测气瓶压力，若气瓶压力过高或需要放气时，通过释压阀释放。

当正常放起落架失效时，控制应急放电磁阀上电，高压氮气通过应急转换活门（正常时液压接通）接通进入起落架收放作动筒放下腔，同时高压氮气驱动应急排油活门打开，将收上腔中液压油排出机外，保证起落架应急放下。

当液压刹车故障时，控制应急刹车电磁阀上电，高压氮气经气压减压阀减压后，进入刹车作动筒，进行应急刹车，应急刹车压力值由压力传感器检测。

技能点 3 某无人机液压气动系统检查及故障处置

1．飞行前检查

（1）目视检查全机外部，应无液压油渗漏。

（2）目视检查各起落架舱，液压导管连接处应无渗漏油。

（3）检查液压油箱油位，油液不足时加注液压油。

（4）检查蓄压器充气压力，气压不足时给蓄压器充气。

（5）检查气动系统氮气瓶充气压力，气压不足时给氮气瓶充气。

（6）检查液压系统油滤污染指示器状态，若指示器弹出，更换相应油滤滤芯，并检查液压系统污染度，若液压系统污染度超标，清洗液压系统。

（7）在机上液压系统建压状态下通过地面设备检查液压系统各记录、显示应正常、无故障。

（8）分别发正常刹指令，停机刹车指令观察刹车压力。

2．飞行后检查

（1）目视检查全机内、外部，应无液压油渗漏。

（2）目视检查各起落架舱，液压导管连接处应无渗漏油。

（3）检查液压油箱油位，油液不足时加注液压油。

（4）检查蓄压器充气压力，气压不足时给蓄压器充气。

（5）检查气动系统氮气瓶充气压力，气压不足时给氮气瓶充气。

（6）检查液压系统油滤污染指示器状态。

（7）通过飞参检查液压气动刹车系统各参数是否正常。

3．"液压压力低"故障及处置

（1）故障现象。

告警灯闪烁提示；舱内扬声器发出合成话音"警告，液压低故障"。

地面站显控界面以橙色字体显示"警告"以提醒飞行员；地面站显控界面左侧栏和实时控制软件右侧栏告警列表中以橙色字体显示"液压低"；液压气动系统显示画面上，数据显示红色。

（2）故障判读。

液压压力传感器显示压力低于正常值，正常收放起落架、刹车和前轮转弯供压受影响或失效。

（3）故障原因。

① 电动泵组不能正常工作。

② 不能向机电控制管理系统上报液压能源子系统正确的系统状态参数。

③ 液压能源子系统和起落架收放子系统液压油大量外部泄漏。

（4）处置方法。

视情结束任务，正常放起落架着陆。若起落架放不下，按"起落架未放下"故障处理。

返回地面后，目视检查液压系统有无漏油情况，检查电动泵组运行是否正常，检查压力传感器及信号传输。

4."起落架未放下"故障及处置

（1）故障现象。

告警灯闪烁提示；舱内扬声器发出合成话音"警告，起落架未放下故障"。

地面站显控界面以橙色字体显示"警告"以提醒飞行员；地面站显控界面中显示"起落架未放下"；液压气动系统显示画面上，数据显示红色。

（2）故障判读。

正常放起落架指令发出后 60 s，3 个起落架放到位信号未全部到位。

（3）处置方法。

① 检查系统吸油温度，若温度过低，视情等待 2 min。

② 请地面人员确认起落架状态。

③ 若未放下，降低飞机速度至 220 km/h 以下；地面遥控发"收起落架"指令，然后发"放起落架"指令（可同时视情使用机动动作尝试甩出起落架），重复 2～3 次。

④ 若无效，地面遥控发"应急放起落架"指令，应急放起落架；成功后，地面遥控发"放起落架"指令着陆，着陆后正常刹车，利用差动刹车控制方向和转弯。

⑤ 返回地面后进行检查。

5."起落架未收上"故障及处置

（1）故障现象。

告警灯提示；舱内扬声器发出合成话音"注意"；地面站显控界面显示"注意"，以提醒飞行员；地面站显控界面左侧栏和实时控制软件右侧栏告警列表中显示"起落架未收上"；液压气动系统显示画面上，数据显示红色。

（2）故障判读。

正常收起落架指令发出后 60 s，3 个起落架收到位信号未全部到位。

（3）故障原因。

① 液压能源系统失效。

② 起落架系统故障；到位信号开关有误。

（4）处置方法。

① 降低飞机速度，地面遥控发"收起落架"指令。

② 若减速后起落架仍无法收上，则地面遥控发"放起落架"指令，检查 3 个起落架是否放下到位，耗油至着陆油量时进行着陆。

③ 正常放起落架着陆若不能放下，参见"起落架未放下"告警。

6."应急气动系统压力低"故障

（1）故障现象。

液压气动系统显示画面上，数据显示红色"应急气动系统压力低"故障。

（2）故障判读。

气压压力传感器显示压力小于正常值。

（3）故障原因。

环境温度低、氮气瓶未充满或应急气动系统泄漏。

（4）处置方法。

若为环境温度影响，则密切关注压力变化；若不是温度影响，飞行前则加气，若在飞行中则密切关注压力变化情况，返回地面后检查气压传感器、排查漏气点。

7."供油、回油油滤污染"故障

（1）故障现象。

油滤的污染指示器跳出，在飞参上显示"油滤污染"故障。

（2）故障判读。

滤芯收集的污染物增多，压差变大。

（3）处置方法。

更换滤芯。

【任务测评】

1. 中大型无人机中为何要使用冷气系统？冷气系统具有什么功能？

2. 在地面检查起落架收放功能时，如何判断起落架动作是否到位？若发生未到位故障，会出现什么故障现象？请分析检查步骤和处置措施。

仰军中英模

托举战鹰无憾无悔

2020 年 9 月，在一次训练中，飞行员王建东驾驶战机刚刚起飞不久，战机突然遭遇两只大鸟的撞击，导致发动机空中停车。危急关头，王建东凭借精湛的技术操控战机三次转向、避开居民区，飞到空旷地域后迅速跳伞，最大限度地减少了人民群众的生命和财产损失，而当天负责保障这架战鹰的，正是二级军士长郝富良。尽管时间已经过去了 8 个多月，但和记者聊起当时的情形，郝富良仍然忍不住泪流满面："那天是 9 月 4 日，我永远不会忘记。虽然说男儿有泪不轻弹，可是那天我流泪了。转头看到空空的停机位，没有飞机回来，想到再也看不到这架飞机了，心里感觉空空的，仿佛什么东西丢了。我在机棚里不停地流眼泪，感觉就像身边的一个亲人突然离开了自己。"对于郝富良来说，战机就像他的兄弟。2020年，他有8个月的时间都在外面，执行了六七次任务，中间回单位待两三天，就又带着飞机出发了。当失事飞机找到之后，郝富良捡了一小块飞机残骸珍藏起来。他说，这块碎片对他而言，既代表着永恒的纪念，也是一种警醒，让他在工作中更加尽心尽责。

上高原、下远海、跨沙漠、战戈壁，尽管不曾像飞行员一样驾驶战鹰翱翔蓝天，但作为战鹰的守护者，郝富良也时刻保持着冲锋的姿态，随时为战鹰保驾护航。他对工作标准要求高，有些固定点用手轻轻晃一下，如果有点松都要重新打理，甚至不好看的地方，也要重新打理。在平时的工作中，如果碰到有些螺丝太长或者边上有锋利的凸起，手就经常会被扎到。扎一下，血马上就流出来了，所以郝富良的手常年有小伤口。

军旅春秋20载，郝富良见证了一批批战鹰更新换代。当记者问他："终日与战鹰为伴，却不能像飞行员那样在九天之上体验速度与激情，遗憾吗？"郝富良笑着说，从不觉得遗憾。相反，每当抬头看着自己维护过的战鹰翱翔蓝天，他都会感到无比激动和自豪。守护战鹰随时能战，战之必胜是他的职责，也是他最大的心愿。

郝富良自豪地说："我虽然不能驾驶战鹰前往一线，但我会通过自己的双手，把战鹰检查好、维护好。这么多先进的战机交到我们手里，就要求我们必须有很强的动手能力，提高自己的专业能力水平，让自己守护的战鹰随时能上、随时能战，确保飞行员驾驶良好的战机升空作战"。

我们在完成工作时，定当竭尽全力、严把质量关，"机上无小事"，不能给自己留下无法弥补的遗憾！

引自 https://www.xuexi.cn/lgpage/detail/index.html?id=136784061153630062& item_id= 136784061153630062（2021-07-26）

无人机燃油系统的识辨、分析与检查

模块 4 学习资源

　　现代飞机的燃油消耗量很大，每次飞行需要携带大量燃油，因此，机上燃油供给系统有着为数众多的燃油油箱组成的储油部分。为了把燃油箱中的燃油送往发动机，需要有一个供油部分。此外，还有向油箱加油的加油部分，向油箱增压通气的部分，把油箱中的燃油放出来的部分和空气应急放油部分，用油顺序控制部分和信号指示部分。燃油系统主要功能是在要求的飞行包线范围内，按发动机的各种要求和限制，不间断地、可靠地向发动机提供燃油。在日常维护工作中，保证燃油系统的可靠性及安全性显得尤为重要。

知识目标

1. 掌握燃油系统的一般组成及功能。
2. 掌握燃油箱的类型、布局形式及其通气原理。
3. 掌握燃油加放油操作的安全规范。
4. 掌握典型燃油系统成附件的功能、工作原理和特点。
5. 掌握典型无人机燃油系统的原理分析方法。

技能目标

1. 能描述典型燃油成附件拆装、检查、维护的正确措施及操作注意事项。
2. 能正确进行加放油操作。
3. 能读懂典型无人机燃油系统原理图并正确分析其工作原理。
4. 能根据现象判断故障并定位故障点。
5. 能对无人机燃油系统进行一般性检查。

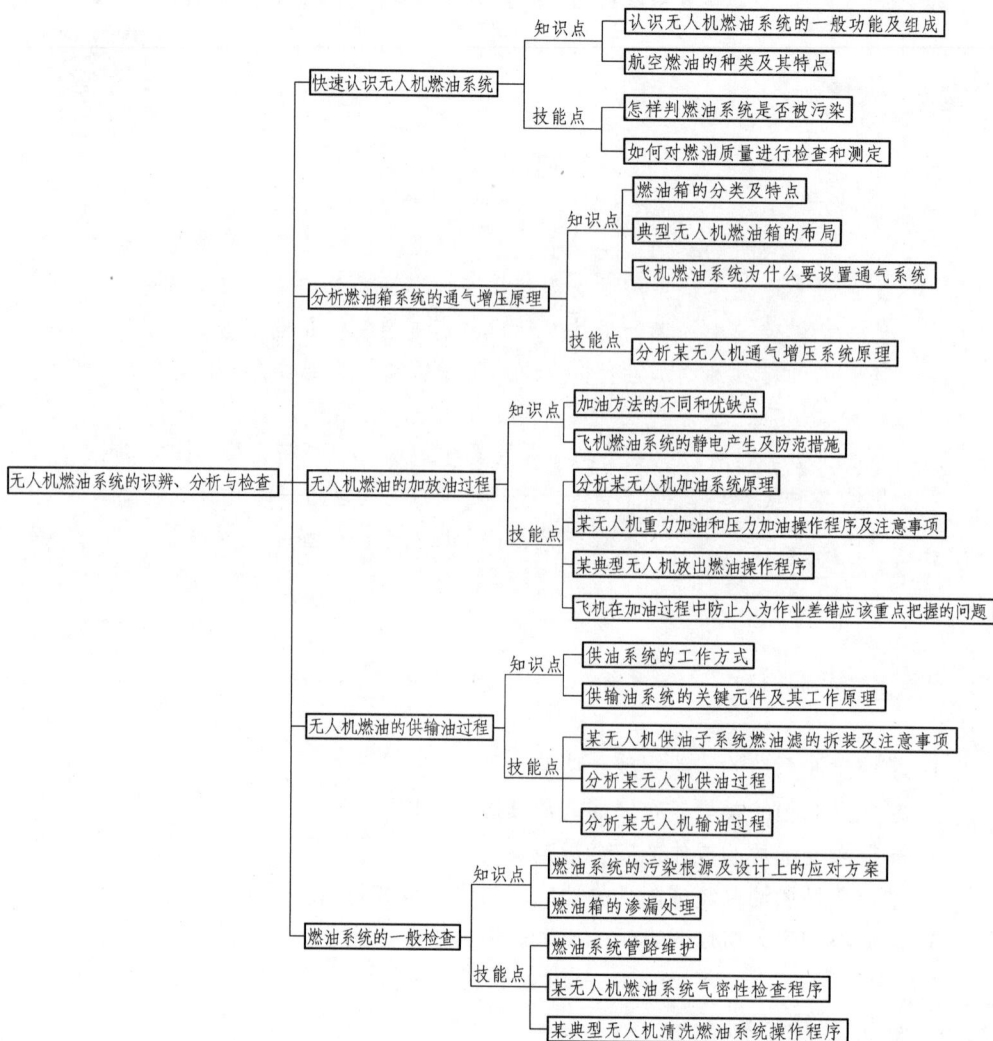

知识技能树

无人机燃油系统的识辨、分析与检查

- 快速认识无人机燃油系统
  - 知识点
    - 认识无人机燃油系统的一般功能及组成
    - 航空燃油的种类及其特点
  - 技能点
    - 怎样判燃油系统是否被污染
    - 如何对燃油质量进行检查和测定
- 分析燃油箱系统的通气增压原理
  - 知识点
    - 燃油箱的分类及特点
    - 典型无人机燃油箱的布局
    - 飞机燃油系统为什么要设置通气系统
  - 技能点
    - 分析某无人机通气增压系统原理
- 无人机燃油的加放油过程
  - 知识点
    - 加油方法的不同和优缺点
    - 飞机燃油系统的静电产生及防范措施
  - 技能点
    - 分析某无人机加油系统原理
    - 某无人机重力加油和压力加油操作程序及注意事项
    - 某典型无人机放出燃油操作程序
    - 飞机在加油过程中防止人为作业差错应该重点把握的问题
- 无人机燃油的供输油过程
  - 知识点
    - 供油系统的工作方式
    - 供输油系统的关键元件及其工作原理
  - 技能点
    - 某无人机供油子系统燃油滤的拆装及注意事项
    - 分析某无人机供油过程
    - 分析某无人机输油过程
- 燃油系统的一般检查
  - 知识点
    - 燃油系统的污染根源及设计上的应对方案
    - 燃油箱的渗漏处理
  - 技能点
    - 燃油系统管路维护
    - 某无人机燃油系统气密性检查程序
    - 某典型无人机清洗燃油系统操作程序

任务 1　快速认识无人机燃油系统

【情境创设】

尽管人们通常没有将飞机燃油系统视为最具特色的飞机功能，但其仍是所有飞机必不可少的组成部分。它们的工作和功能特性，无论是在军用飞机还是在商用（民用）飞机的设计、合格审定和运行方面，都起到了关键性的作用。事实上，燃油统设计对飞机运行能力的影响所涉及的技术范围，远比非专业人士最初所认识到的要大得多，特别是考虑到大型运输机和高速军用飞机的复杂性时，更是如此。

你将对某无人机燃油系统进行检查和维护，首先必须清楚该机型燃油系统的功能及组成，那么你应当如何在维护手册中快速了解系统的功能、组成和特点呢？

知识点 1　认识无人机燃油系统的一般功能及组成

燃油系统在组成和工作原理方面，与飞机上其他流体系统有不少共同点。飞行中燃油消耗量大，因此，燃油供给系统又有其自身的特点。例如，油箱数目多，输油管路和通气管路的连接比较复杂；油箱往往难以全部装在飞机重心附近，在燃油消耗的过程中，飞机重心可能发生显著移动，对飞机的平衡会产生较大的影响；系统的总容量大，加注燃油所需的时间较长；高空飞行时需保证供油可靠等。此外，在清除燃油中的杂物和水分，保证系统密封性和生存力等方面，也显得格外重要。根据上述特点，现代飞机包括无人机燃油供给系统除了装有油箱、油泵、油滤等基本附件外，还配置了合理的输油、通气管路，装设了自动控制用油顺序的装置、保证飞机平衡和连续供油的附件等。

在认识燃油系统的组成首先要清楚燃油系统的功能：

1. 储存飞行任务所需的燃油。

2. 通过通气增压控制保证油箱压力在允许的范围内，满足系统和附件的高空性要求。

3. 具有重力加油、地面压力加油和地面放油功能。

4. 将输油箱的燃油输往供油箱，尽可能保证供油箱处于满油状态并可靠地将燃油输送到发动机。

5. 通过控制输油顺序，使燃油分配一直处于可接受范围内。调节重心位置，通过控制燃油箱的供油顺序和各燃油箱之间的燃油传输，可保持飞机横向平衡，减轻机翼结构受力，调整飞机纵向重心，减小飞行阻力。

6. 为相关系统提供准确的油量分布和油量指示。

图 4.1.1 所示为某无人机燃油系统的组成，以下将分别介绍各分系统。

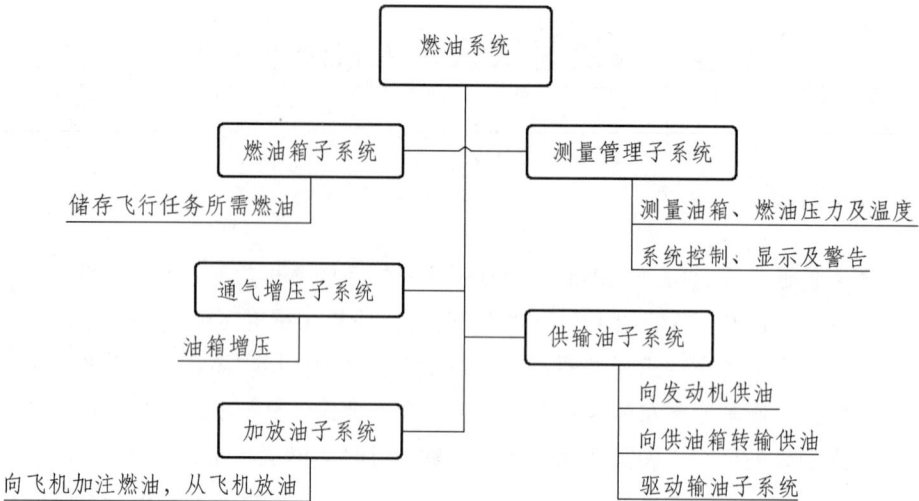

图 4.1.1　某无人机燃油系统组成

1．燃油箱子系统

燃油箱子系统的主要功能是储存飞机执行飞行任务所需的燃油。

2．通气增压子系统

通气增压部分的功能主要是利用发动机引气对机内油箱进行增压。保证燃油系统加油、输油功能的实现并满足系统性能要求，满足系统和附件的高空性要求。加油时使油箱通大气，保证顺利加油，并且在压力加油控制系统故障后，排出继续加入油箱的多余燃油。当通气增压活门故障或是发动机引气故障切断增压气源时，油箱经负压活门与大气相通，防止油箱中出现不允许的负压。

3．加放油子系统

加放油功能主要是在地面以加油设备给飞机油箱加注燃油并满足加油性能，按飞机要求实现地面放油以满足飞行、着陆和维护的要求。

4．测量管理子系统

测量管理子系统实现油量测量、油位测量、温度测量和压力测量功能，对输油系统和供油系统进行监测和控制。系统采集油量测量系统信号和燃油系统其他附件状态信号，根据预设逻辑对各子系统部件进行控制，对工作过程进行状态监控，实现各子系统功能，并将所有采样信号和控制指令传送至飞参记录器记录。控制系统根据来自地面站的指令对供输油泵进行直接控制。

5．供输油子系统

供输油子系统的功能是在飞行包线范围内，按发动机的各种要求和限制，不间断地、可靠地向发动机供油，在任何情况下均不需要飞行员连续关注和操作。

保证燃油消耗过程中飞机重心变化范围符合要求。同时，为保证输油引射泵工作，输油部分还需保证向引射泵提供主动燃油。

向输油子系统提供高压燃油作为工作能源。

知识点 2　航空燃油的种类及其特点

飞机主要使用两种类型的燃油，涡轮发动机使用的航空煤油和活塞发动机使用的航空汽油。

燃气涡轮发动机使用的燃油称为航空煤油。我国现在使用的有 JETA 与 JETB，国外有 JP-4、JP-5、JP-8 等。JP-4 与 JETB 相当，JP-5 与 JETA 相当。因为航空煤油没有染色，故它没有明显的标志。它们的颜色取决于储存时间和原油来源，其颜色从无色到琥珀色（浅黄色）之间。航空煤油的特点是黏度大，使水或其他污染物更容易悬于燃油中，不会沉入油箱沉淀槽里，因此其对污染更敏感。油液中含水会导致当温度下降时油中水结冰造成油滤堵塞，影响发动机的供油。水中含有的微生物以油中碳水化合物为食，会产生油渣，并腐蚀油箱。为了防止油液中的水结冰，在油箱中设有温度传感器来监控油液的温度。燃油温度表可根据传感器感受的油液温度指示油箱中油温。燃油的加温可采用热交换器，热交换器形式有发动机压气机引气（即气-油式热交换器），也可采用燃油-滑油热交换器或燃油-液压油热交换器。

航空煤油具有以下特点：

（1）具有足够低的冰点。冰点，就是燃油开始产生冰晶的临界温度点，飞机巡航高度外界的大气温度较低，如果燃油的冰点不够低，极易造成燃油内部产生冰晶，导致燃油流速减慢，影响发动机的正常供油。航空煤油的冰点必须低于 − 40 ℃。

（2）具有合适的闪点。闪点是燃油和外界空气形成的混合气体与火焰接触时立刻燃烧的最低温度。闪点过低，燃油的稳定性变差，飞机容易发生火情。闪点过高，燃油点燃困难，容易造成发动机熄火。

（3）具有合适的汽化性能。航空燃油和其他液体一样，环境压力降低会导致燃油汽化，飞行高度越高，环境压力越低，越容易导致燃油汽化。较高的燃油汽化性有利于在寒冷环境或者空中启动发动机，但是汽化性过高会造成燃油在汽化过程中的损失增加。因此，飞机燃油需要具有合适的汽化性能。

（4）具有良好的润滑性。燃油除了燃烧，还用于润滑燃油系统里的活动部件（如油泵），为了保证燃油系统的正常工作，燃油的润滑性能就显得特别重要；

（5）具有较差的吸水性能。航空燃油必须不容易保持水分，以减少燃油的污染。如果水分在油箱中聚集，会滋生微生物，导致油箱结构腐蚀。

活塞发动机使用的燃油是航空汽油。航空汽油几乎完全由碳氢化合物组成，其中含有某些杂质（如硫）和溶解水。含水是不可避免的，因为大气中汽油容易受到潮气的影响。少量的硫是加工过程中残留下来的。航空汽油具有足够低的冰点（ − 60 ℃以下）和较高的发热量，良好的汽化性能和足够的抗爆性。航空汽油有两种常见牌号：一种为 95 号，含有四乙基铅，主要用于有增压器的大型活塞式航空发动机；另一种为 75 号，水白色无铅汽油，主要用于无增压器的小型活塞式航空发动机。

当活塞发动机工作时，燃油燃烧开始，已燃区内燃气热量增多，压力和温度升高。由于燃气压力的升高，产生一系列压缩波，并以声速前进，超过火焰前锋移动的速度而压缩未燃区的混合气，由于燃气温度升高，热量向未燃区混合气传递。这样，未燃混合气由于压缩和传热的作用，压力和温度升高很多，过氧化物浓度大为增加。当过氧化物生成速度不很大，浓度还在一定值之内时，汽缸内的燃烧仍能正常进行，火焰前锋正常移动，汽缸内压力、温度均匀。但当未燃区混合气中的过氧化物生成速度很大，浓度积累到一定值时，在火焰前锋未到达之前，未燃区中受挤压特别厉害的那部分混合气发生剧烈的化学反应而自行着火。这时，火焰传播速度极大，局部燃气的压力和温度急剧上升到很大值，形成爆炸性燃烧，也就是爆震（见图 4.1.2）。燃烧速度的骤然猛增使汽缸头温度升高，可能导致汽缸头和活塞的结构损坏。

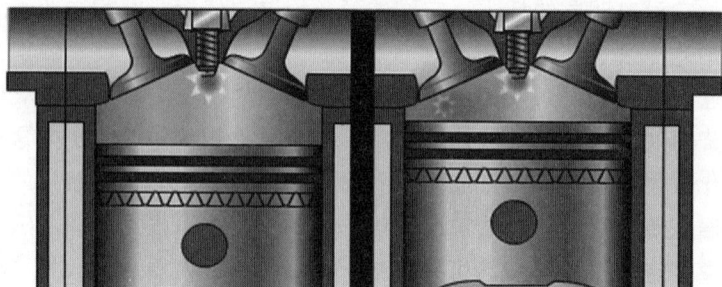

图 4.1.2　爆震

燃油本身所具有的抵抗、阻止爆震发生的性能称为燃油的抗爆性。为提高航空汽油的抗爆性，需要加入抗爆剂。常采用的抗爆剂是铅水，含有四乙铅和溴化物（或氯化物）。加入铅水的汽油燃烧时，四乙铅与氧化合为氧化铅，能阻止混合气中过氧化物的大量生成，故能提高燃料的抗爆性。但生成的氧化铅呈固体状态，会沉积在气门或电嘴上，使气门关闭不严或电嘴不打火。铅水中的溴化物能与固态的氧化铅化合生成气态的溴化铅（或氯化铅）随废气一同排出机外。

知识点 3　采用航空燃油应该注意的特性

航空燃油的要求是高的热值、高的挥发性、高的纯度、低的冰点、低的腐蚀性和低的燃点。但是有的要求又会带来附加问题，只能综合考虑，适度而止。

1．挥发性

挥发性是液体物质在给定条件下蒸发的趋势，航空燃油是由有着不同饱和蒸气压的碳氢化合物组成的。当燃油蒸发时，具有高饱和蒸气压的易挥发馏分首先变为气态，同时剩余燃油的饱和蒸气压随之降低。气相容积与液相容积之比越大，易挥发馏分就少得越多，饱和蒸气压就越低。燃油的蒸发是轻馏分粒子从表面蒸发，又有新的粒子从燃油中升到表面上来，就这样连续不断地上升、蒸发。对液体的振动、搅拌和传输，都加剧了液体的对流，从而也加快了轻馏分粒子上升的速度，加大了蒸发量。易挥发的燃油在高空飞行中，由于大气压降低，自然流失就多。燃油的挥发性对系统影响主要有两个方面:一是造成蒸发损失；二是产生气穴现象（气塞）。当飞机以超音速飞行时（2~3 Ma），飞机表面出现强烈的气动加热，油箱内的燃油温度可达 80~120 ℃，若不采取措施，挥发损失很严重。

2．可燃性

喷气燃油闪点很低，在封严杯中（1 atm 以下）JP-4 为 -23~-1 ℃，而一般煤油为 43~60 ℃，可见燃油是很容易着火的。燃油的可燃性除与闪点有关，还和气相与液相的容积比有关，也就是和油箱中油-空气的混合气的混合比有关，只有在一定的混合比下才可能因火花或火焰引起发火。混合比是由混合气中的燃油量来确定，也就是由油面上压力和燃油温度来确定。

3．纯　度

纯度是指燃油中的杂质含量。燃油中含有芳烃、烯烃、硫、酸及胶质等。芳烃多了会在燃烧室出现积碳，也会使橡胶的膨胀率超过规定。硫酸对金属有腐蚀作用。酒精对大多数密封材料不利。低分子量的烷基苯使弹性体膨胀率高过高分子量的烷基苯的作用，所以用 JP-8 更替 JP-4 之后引起了油箱更多的渗漏。然而，为了改善燃油的特性，又特意加进一些添加剂。当前加进的添加剂有腐蚀抑制剂、静电消散剂、抗氧化剂、防水添加剂、防火防爆剂和金属钝化剂等。当然不是在每种燃油都加这么多的添加剂的，而是根据当时环境条件和使用要求来定的。

（1）防氧化剂防止在燃油系统的元件上形成由于燃油氧化而产生的胶质沉淀，同时也防止在喷出燃油中形成过氧化物。

（2）抗静电剂消除由于燃油在高速传输过程中产生的静电的有害影响。

（3）抗腐蚀剂保护燃油系统中的含铁金属，防止腐蚀。

（4）燃油防冰剂降低由于高空低温导致从燃油中析出的水分的冰点，防止形成冰晶但不会影响燃油本身的冰点。

4．燃油中的空气

燃油会溶解一些空气，在所溶解的气体中氧的含量比大气中氧的含量高。大气中氧含量约占 20.9%，而在燃油溶解的气体中氧含量可达 32%~40%。当大气压力下降，所溶解的气体会析出，无疑增加了混合气中氧的浓度，这对防止燃油自燃是不利的。因此，在加油前用干燥的惰性气体使燃油饱和，可使燃油脱水，从而减少了系统中结冰和产生微生物的可能性。燃油中溶解的气体随大气压力降低而析出，再加上燃油本身的挥发，会在管道中形成大的气泡，严重时会形成气柱，影响了燃油输送，严重时会导致发动机熄火，这就是气塞现象。

5．燃油中的水分

所有燃油都会溶解水分，空气中湿度加大，溶解度也会增加。在高空中被溶解的水会析出，喷气燃油的黏性相对大些，析出的水会以悬浮方式存在，不会很快下沉，形成游离水或乳浊状。空气中的水蒸气在温度下降时也会以水滴或霜的形式凝结于油箱壁面上，一旦受热会有很多水掉进燃油中，有一小部分被溶解，大部分沉积于油箱底部。油箱中的燃油越少和不飞行时间越长，燃油系统中的水分也越多，沉积的水在搅动后也会形成乳浊状悬浮。当温度低于水的冰点，悬浮的水会结成冰晶，它会堵塞油滤并使附件磨损。进入导管中的水受冻结冰，使导管截面变小，影响了燃油的流量。

6．燃油加热

在加油时水可能带入燃油，或由于油的凝结以及油温低于零度，水可能结冰。这些水晶在低压油滤上积聚，将油滤阻碍油滤燃油进入发动机。对超音速飞机而言，冬季起飞和爬高时，燃油的温度可能低于 0 ℃。对亚音速飞机，燃油还会在飞行中受到剧烈的冷却。一般经长时间巡航后（7~8 个飞行小时），橡胶油箱内的燃油可能冷却到 – 30 ℃，金属油箱内的燃油可能冷却到 – 45 ℃。为防止这种情况，而采用油滤旁通活门堵塞指示器，或在燃油中加入像乙醇那样的防冰剂。但大多数飞机在燃油进入油滤前会加温。燃油加热器是一个热交换器，它可能采用滑油或发动机引气作为加热介质。有些飞机上将连续工作的滑油冷却器用作燃油加热辅助。以温空气为介质的热交换器也可用于加热燃油。滑油燃油热交换器是自动工作的，滑油被恒温控制，但空气/燃油热交换器既可人工也可自动进行工作。手动控制燃油加热系统由一个油滤压差开关和一个电动活门组成，压差开关能触发驾驶舱的一个警告灯，而电动活门由接在该警告灯上的一个开关来控制。此外还有第二个警告灯，它表明加热活门已经打开。当燃油流经油滤时如果由于结冰受阻，油滤的压差增大，直至触发结冰警告。油滤出口温度在燃油控制面板上仪表指示，对这种加热器，其工作时间和频率是受限制的，自动控制燃油加热系统包含一个恒温控制的空气进口活门，它不断地打开或关闭以保持燃油出口温度在预定的范围内。

技能点 1　如何识别燃油系统是否被污染

1．水污染

在航空燃油生产过程中，成品燃油使用干燥剂除去燃油内的水分。但是燃油具有吸湿性能，就像温度较高的空气能吸收更多水汽一样，温度较高的燃油也能吸收更多水汽。

（1）溶解水。

被燃油吸收的水分呈微小的水粒子，由于水分以极小的粒子形态存在，水粒子被燃油支撑，使水分粒子悬浮于燃油中，因此溶解水也称悬浮水。不借助专门设备，这种水很难被清除，溶解水能在汽化器中形成结冰。

（2）自由水。

当燃油温度降低时，溶于燃油中的水分析出，或混入燃油中的大团水分，由于水分较多，沉淀于油箱底部，这也称为分离水。燃油中混入自由水的机理，就像盛有冷饮的玻璃杯外壁凝结水分的原理一样。由于航空汽油易挥发，在汽油挥发过程中会从油箱结构上吸收热量，造成油箱内上部空间空气中的水汽凝结，沿油箱壁流淌到燃油中，并在油箱底部沉淀。为防止燃油在消耗过程中形成部分真空，因此油箱需要通气。对于非增压型油箱的轻型飞机，在飞机飞行过程中，油箱通气能保证油箱内压力始终和环境压力相同，这能防止压差造成油箱损坏。但这也导致油箱内始终有富含水汽的空气，因此出于防止水污染的考虑应尽量满油停放。

2．霉菌污染

一种可通过空气传播的树脂霉菌可以污染油箱。这种霉菌存在于油水接触处，能从碳氢化合物中获取养料。这种霉菌中空结构可以包裹一部分水分，因此可以在油箱放水后存活相当长时间，等待下一次水分聚集。这种霉菌可以堵塞油滤，并且由于其包裹有水分还会引起结冰。霉菌由于包裹水分也能引起铝合金结构油箱腐蚀，图 4.1.3 所示为由霉菌引起的结构油箱腐蚀。霉菌被认为是使用航空煤油和结构油箱的一种特有问题。事实上，霉菌也影响使用航空汽油的飞机。为了减少霉菌影响，燃油中可以混入特定的杀菌剂。如果大范围发生霉菌，只有打开油箱进行专门清理。

图 4.1.3　由霉菌引起的结构油箱腐蚀

3．水和沉淀物检查

如上述所述，燃油中水分具有较大危险性，机务人员可以通过飞行前对水和沉淀物检查，或从燃油周转较快的供应商获取燃油来应对。因为如果燃油周转较快，燃油就不会在油库内存放较长时间，被水和霉菌污染的可能性就更小。进行水和沉淀物检查时，使用透明容器从油箱的最低处和油滤处获取油样，并在光线明亮处进行检查，如图 4.1.4 所示，并遵循下列叙述：

（1）清澈指检查油液无沉淀、颗粒和其他固体物质，如图 4.1.4（a）所示。

（2）明亮指检查油液无溶解水和自由水。若油液透光性变差，这可能是由光线经过油和水发生了折射和反射造成的。如果从油杯底部至顶部透光性逐渐变好，这可能是由于油液中溶解有过多空气，如图 4.1.4（c）所示。如果从油杯顶部至底部透光性逐渐变好，这可能是由于油液中溶解有过多水分，如图 4.1.4（d）所示。

（3）自由水沉淀于油样底部，油和水的分界面呈弯月形面，如图 4.1.4（e）所示。

（4）一旦在油样中发现水分或沉淀物，被污染的油箱和油滤必须进行放油直到放出油样无任何污染为止。

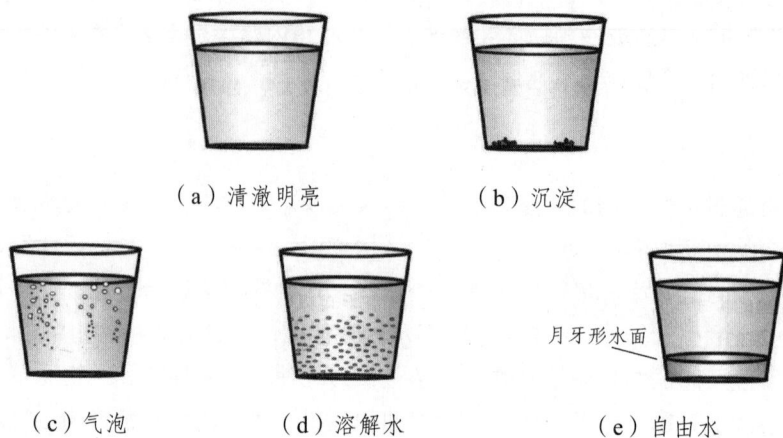

（a）清澈明亮　　　　　　　（b）沉淀

（c）气泡　　　　　　（d）溶解水　　　　　　（e）自由水

图 4.1.4　水和沉淀物检查

技能点 2　如何对燃油质量进行检查和测定

1．目视检查

（1）打开放油活门，用洁净的玻璃瓶取样 0.3～0.5 L 燃油，关闭放油活门。

（2）目视检查燃油中应无水分、结晶和杂质沉淀物。

（3）如果发现放出的燃油中有水分、结晶或杂质沉淀物，则应再放出 5 L 燃油进行目视检查，燃油中无水分、结晶或杂质沉淀物即为合格。否则，应进行清洗燃油系统的操作。

2．化验检查

（1）打开放油活门，用洁净的玻璃瓶取样 0.3～0.5 L 燃油，关闭放油活门。

（2）用便携式油液污染度检测仪化验检查燃油质量，应不大于维护手册规定污染等级。

（3）如果不合格，则应进行清洗燃油系统的操作。

【任务测评】

1. 航空燃油的闪点和燃点有什么区别？

2. 航空煤油有几种牌号？它们的使用特点是什么？

3. 如何测定燃油质量？

敬大国工匠

"笨功夫"

枭龙、歼-10、歼-20 等型号上千架战机上都留下过他精湛的技艺。30 年来零失误，刘时勇靠的是"笨功夫"和钻研劲儿。穿上工装、拿起气钻，定位、制孔、铆接……成飞公司钳工刘时勇手持气钻，技艺娴熟，一系列动作流畅自然，浑然天成。

铆装最考验手艺的是制孔，几乎每个部件都要通过制孔才能铆接。刘时勇在操作间里，聚精会神，"某些精密部件的孔径精度必须控制在 0.02 毫米以内，相当于头发丝的 1/5"。刘时勇说，战斗机体积小，内部结构复杂，操作空间十分有限，工人们大多时间只能趴、躺、跪，有时候甚至还要被倒吊着作业。

制孔之后，便是铆接。战机飞行时速度极快，飞行环境不确定因素很多。因此，铆装后机体稳固性十分重要，铆装过程要像高空走钢丝般小心翼翼。面对如此严苛的条件和高精度要求，刘时勇从未出现过产品质量问题和安全事故。"拿飞机蒙皮来说，如果我们在装配过程中不小心用工具碰撞到了蒙皮，那就要返工。"刘时勇说，"如果失误一次，就可能导致整个零件报废。"

如今，已经是首席技能专家和高级技师的刘时勇，仍坚守在一线岗位。他开始了一项更为重要的工作——传承。"我们这个行当需要工匠精神，要心细、胆大、有想象力。"刘时勇对徒弟说。心细，必须心无旁骛、踏踏实实干细致活儿；胆大，是在具备操作水平的条件下，将一切都考虑清楚后放手去干，要有过硬的心理素质；想象力更不可或缺，要有提前将操作步骤在脑海里过一遍的能力，模拟实操各个环节，降低出错风险。

飞机上的铆钉成千上万，燃油箱系统成附件的装配同样离不开铆钉，越是数量巨大的工作越是容易出纰漏，"匠"之一字无他，"笨功夫"配"钻研劲儿"。

引自 http://society.people.com.cn/gb/n1/2020/0106/c1008-31535150.html（2021-07-15）

任务 2　分析燃油箱系统的通气增压原理

【情境创设】

某次任务需要你对燃油系统通气增压系统进行检查，你将如何找到通气增压系统相关的成附件？燃油系统为何需要通气和增压呢？

知识点 1　燃油箱的分类及特点

飞机油箱的作用是存储飞行所需的燃油。飞机油箱有三种类型，即软油箱、硬油箱和结构油箱。

1．软油箱

软油箱一般应用在老式飞机和某些单翼飞机的中央油箱上，在大型民航运输机上已很少采用了。软油箱由抗油的橡胶织物等制成，因此比硬油箱重量更轻，形状可以更复杂，并可以置于硬油箱难于安放的位置。图 4.2.1 所示为软油箱。软油箱比硬油箱和结构油箱在飞机坠毁时安全性更高。

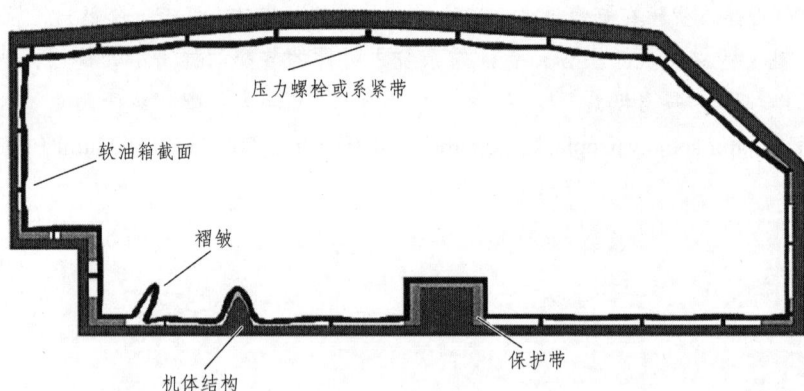

图 4.2.1　软油箱

软油箱是用耐油橡皮、胶层和专用布等胶合而成，军用飞机的软油箱如图 4.2.2 所示，除了上述材料之外还有天然橡胶层和海绵橡胶层。当油箱损坏时，生橡胶或生海绵橡胶不会产生碎裂不齐的边缘，而且在接触燃油后会膨胀，使弹孔缩紧，燃油不致大量漏出，起到防弹的作用。由于保护层的厚度 5～15 mm，质量为 5～12 kg/m^2，为了减轻油的质量，只在容易被击伤的部位包上保护层。软油箱可直接固定在飞机的结构上，在某些情况下，也可固定在专门的油箱舱内。软油箱是用专用的扣环，或专用的销钉，或专用的按钮锁扣，或用绳索牢固地固定在飞机的结构上。软油箱容器的四壁就是翼梁腹板和加强肋腹板，或是固定在垂直型材上的铝板，容器的上下壁就是机翼上下蒙皮。由于蒙皮上有桁条，软油箱直接靠上会有磨损，或会被尖物损伤，故在桁条上胶接一层泡沫塑料垫，塑料垫外再胶接一层蒙布，使油箱舱整个内壁都胶上蒙布。在上壁上还有用螺丝固定的口盖，以便对燃油系统进行连接，下壁有窗口以便装拆油箱。油箱舱还装有通气管、漏水管，使油箱舱始终与大气相通。由于软油箱内通正值的大气压力，就保证了油箱始终与油箱舱壁相贴而不易损坏。

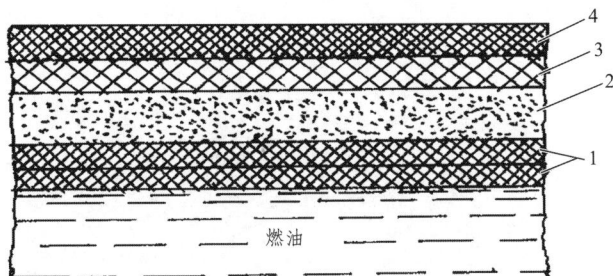

1—耐油橡胶；2—生橡胶；3—硫化橡胶；
4—涂胶皮（帘子布）。

图 4.2.2　防弹软油箱的各层装填示意图

使用软油箱的优点：当容量大和重量比较小的情况下，可以将油箱安装在结构内部；绝热性能好，且不易振动。软油箱已经不是现代飞机的主流燃油存储系统，因为它有如下缺点：油箱不密封时会将油漏在机体内部，有发生火灾的危险；油箱的渗漏点很难寻找；橡胶的高低温性能不好，易老化，有形成褶皱和失去密封的危险，从而使其工作寿命受到了限制；软油箱底部可能存在褶皱等不平整，造成水分沉积、油箱污染；软油箱安装位置必须平整，防止油箱被刺穿；软油箱需要结构支撑，防止燃油消耗过程中出现油箱垮塌；软油箱一旦使用，就不能使油箱完全变干，防止油箱出现干裂泄漏。

2．硬油箱

某些老式飞机中也安装有硬油箱，图 4.2.3 中硬油箱被安装在机体外部。硬油箱基本构成如图 4.2.4 所示，它一般由壳体和带孔隔板组成。壳体一般用防腐蚀能力较强的铝锰合金板件冲压焊接而成。由于油箱下部受力较大，因此有的壳体下部分加厚。隔板多用硬铝板制成，用来增大油箱的刚度和强度，并减弱油液晃动。油箱顶部有加油口及其口盖。油箱壳体上还有通气嘴、输油嘴、放油螺塞等。加油口有滤网，不加油时口盖必须关好拧紧；否则，容易使燃油挥发，并使增压气逃逸而降低系统的高空性。

图 4.2.3　外部安装的硬油箱

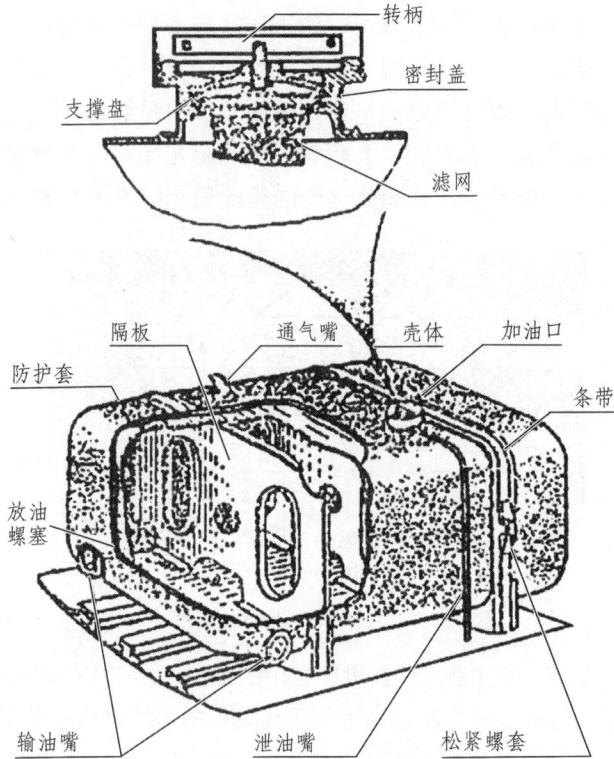

图 4.2.4　硬油箱的构造

　　硬油箱利用金属条带固定在飞机的承力骨架上，条带上有用来调节油箱固定紧度的松紧螺套。如果硬油箱没有橡皮保护套，则条带和油箱之间还垫有毛毡、石棉或橡胶垫来抗磨、减震。油箱的固定不应过紧，以免条带断裂；也不应过松，以免飞行中油箱晃动，松脱或与周围附件、构件撞击和摩擦。如果硬油箱在焊缝处产生了裂纹，应焊补修理。焊补前必须彻底洗净油箱，否则焊接时残存的燃油蒸气可能引起油箱爆裂。修理后还应仔细清除沾在油箱壁上的焊接剂和金属残留物，防止腐蚀油箱和进入系统管路。

3．结构油箱

　　现代飞机的油箱大多采用结构油箱，即油箱本身是飞机结构的一部分，利用机翼（见图 4.2.5）、机身（见图 4.2.6）的结构元件直接构成的油箱。结构油箱又被称为整体油箱，特点是可充分利用机体内的容积，增大储油量，并减少飞机的重量。缺点是不能让结构上涂抹的密封剂层变干，否则可能导致密封剂层开裂使油箱泄漏，因此在接缝、结构紧固件和接近口盖等处应妥善密封。图 4.2.7 所示为某机翼结构油箱密封处理。

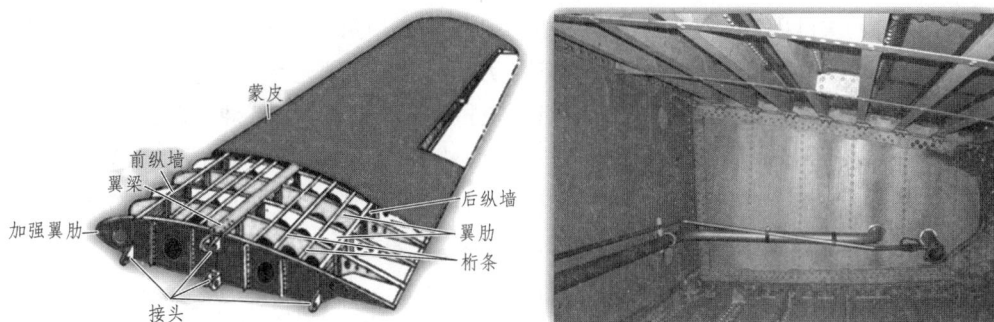

图 4.2.5　机翼结构油箱

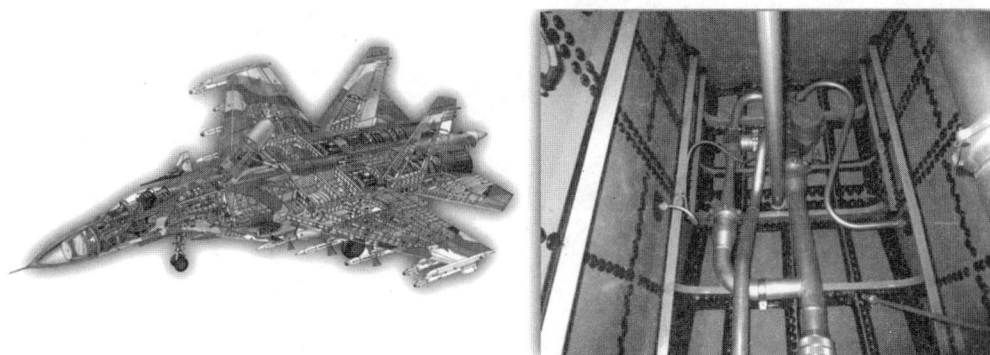

图 4.2.6　机身结构油箱

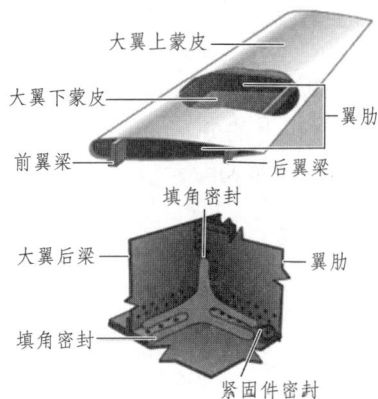

图 4.2.7　机翼结构油箱密封处理

知识点 2　典型无人机燃油箱的布局

　　燃油箱布局是飞机总体设计的任务，燃油箱布局对飞机的性能、重心和惯量，对飞机燃油系统的设计，尤其是对燃油系统的重量和可靠性有很大的影响，是燃油系统设计的基础。特别是大部分典型固定翼无人机的载油量接近或超过军用二代歼击机的载油量，其燃油箱的布局更显重要。无人机的油箱布局应使完全加好油的飞机重心，靠近未加油时的飞机重心。下面介绍下面两种典型无人机的燃油箱布局。

　　高空长航时无人机是一种新型的无人飞行器，在战场侦察和高空大气探测方面有其特殊的用途。巡航时的能源消耗所引起的一系列矛盾和问题，越来越成为此类无人机设计时需考虑的关键因素。越来越强调飞机的留空时间，因此在飞机总体设计上，就要求提高飞机的载油系数（飞机载油与飞机空机重量之比），必须充分利用飞机翼身融合体的有效空间，最大可能提高其载油量。因此，飞机燃油系统必然形成油箱数量多，分布范围大等特点。无人机的机载燃油需分布在机身、机翼、机身尾部，发动机舱内等。

某高空长航时无人机的燃油系统主要由以下几部分组成：飞机上的全部燃油均储存在 11 个油箱内，各油箱在飞机上的分布如图 4.2.8 所示。这些油箱分成 3 组，各组内的油箱均彼此相连，并有 1 个总的连通油箱组。

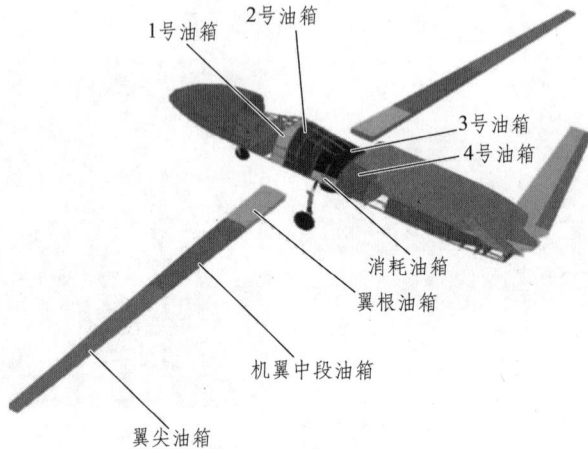

图 4.2.8　某高空长航时无人机燃油系统组成

某中空长航时察打机的燃油系统主要由以下几部分组成：飞机上的全部燃油均储存在 5 个油箱内，各油箱在飞机上的分布如图 4.2.9 所示，由 3 个机身油箱、2 个机翼油箱组成。1 号、2 号、3 号油箱和左右机翼油箱都设有放油口，且全部为金属整体油箱。

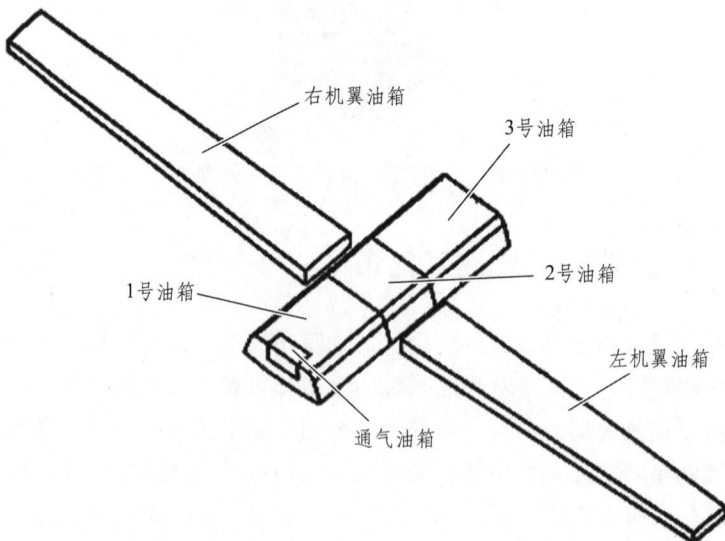

图 4.2.9　某中空长航时无人机燃油系统组成

知识点 3　飞机燃油系统为什么要设置通气系统

各型飞机使用"开放式通气系统"，使每个燃油箱内燃油油面上方的无油空间与外界大气相连通。在整个飞机飞行包线范围内设置燃油箱通气系统成为关键。在包线内，该系统允许燃油箱随着飞机的爬升和下降而进行"呼吸"，使得燃油能够顺畅进入燃油泵进口。不设置通气系统，将会在无油空间和外界大气之间形成大的压差，使得供油困难，还会导致非常大的力作用在油箱结构上，可能致使油箱变形。当飞机在地面与巡航高度之间进行过渡飞行时，在防护油箱结构避免结构失效方面，通气系统起到了关键的作用。在加油过程中，加入的燃油取代燃油箱内的空气，为了安全，必须避免燃油溢出机外，因此设置一个通气油箱（有时称为防溢油箱）来暂存可能进入通气管路内的任何燃油。

通气系统可保证飞机在各种飞行姿态下燃油箱的通气，其主要作用如下：

（1）平衡油箱内外压差，保证加油/抽油/供油的正常进行。

（2）避免产生过大压差损坏油箱结构。

（3）避免出现空隙现象，提供一定的正压力作用在燃油面上，减少燃油的蒸发和提高增压泵的供油能力。

每个燃油箱内的通气口的定位，必须考虑在地面上和飞行中可能出现的飞机姿态和加速度的变化。地面停机状态机翼在重力作用下下垂，根肋处高于翼尖处；而在大部分空中飞行状态，在升力和过载作用下翼尖抬起高于根肋。对应机翼的两种状态，机翼油箱设有两个通气口，位于内侧隔舱高处的通气口保证地面加油时机翼油箱通气，位于外侧隔舱高处的通气口保证飞行过程中机翼油箱通气。通气系统由通气管路和通气油箱组成，典型的机翼油箱通气系统原理结构如图 4.2.10 所示。

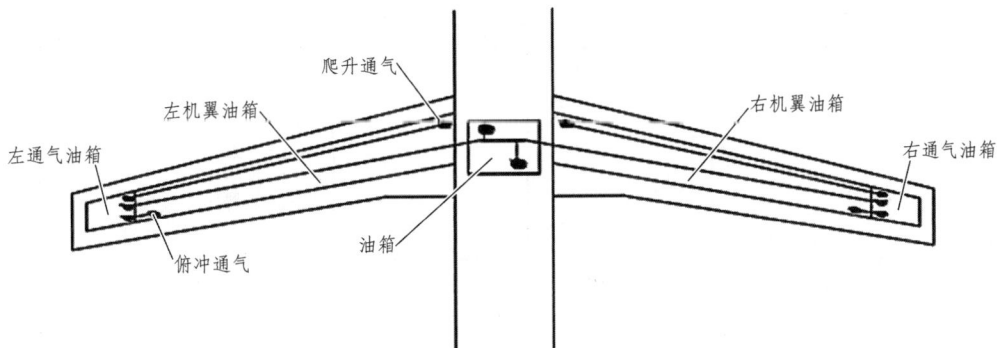

图 4.2.10　机翼油箱通气系统原理

图中每个燃油箱都通气，因此油箱长时间存在向外界大气进行呼吸的通路。为了防止或减少通气管路充满燃油，通常安装浮子作动的通气阀，当燃油到位时，将通气管路封闭。图 4.2.11 所示为浮子作动通气阀的工作原理。

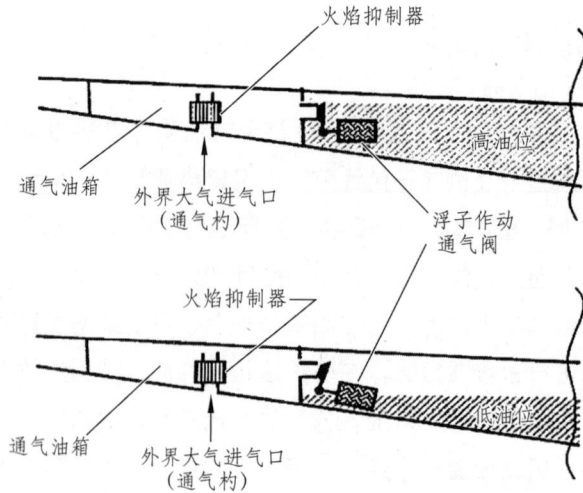

图 4.2.11　浮子作动通气阀工作原理图

技能点 1　分析某无人机通气增压系统原理

图 4.2.12 所示为某无人机通气增压系统原理。该通气增压系统由通气油箱、通气增压活门、安全活门、机身油箱负压活门、输油引射泵、单向活门、压力信号器及地面增压接头等组成。其功能主要是利用发动机引气对机内油箱进行增压，使燃油系统加油、供油、输油功能的实现并满足系统性能要求，满足系统和附件的高空性要求。加油时使油箱与大气相通，保证加油顺畅，并且在压力加油控制系统故障后，排出继续加入油箱的多余燃油。

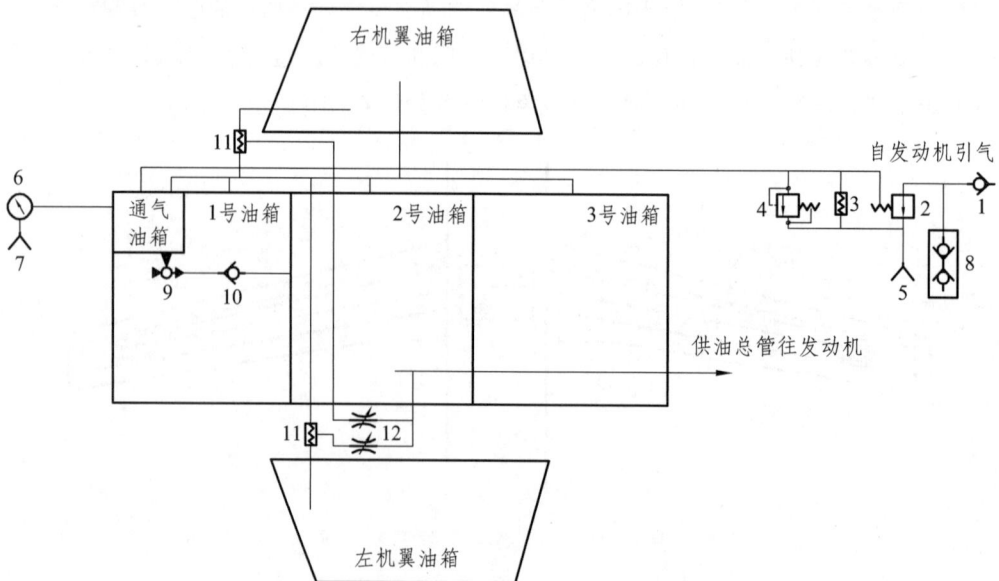

1，10—单向活门；2—通气增压活门；3—机身油箱负压活门；4—安全活门；5—通气口；
6—通气压力传感器；7—感压口；8—地面增压接头；9—输油引射泵；
11—机翼油箱通气活门；12—限流孔。

图 4.2.12　通气增压系统原理简

引自发动机的增压气体经单向活门（1）进入通气增压活门（2）（由减压活门、安全活门和通气活门组成，用于控制油箱增压和通气），经通气增压活门中的减压活门调压后，沿通气增压管路进入各机内油箱实现油箱增压。通气油箱位于1号油箱上部，各油箱经通气管和通气油箱与大气相通。当飞机爬升、油箱压力超过设定值时，油箱气体经通气增压活门中的安全活门排出机外。地面压力加油时，通气增压活门中的通气活门上电打开，油箱经此活门排气。在通气箱底部设置输油引射泵（9）（其工作原理见本模块任务4）和单向活门（10），抽去因姿态变化或飞机机动进入通气箱底部的燃油。通气总管上设有压力传感器（6），监控油箱压力，超过规定压力时发出提示信号。

通气总管上并联装有安全活门（4）（其入口与通气箱连通，出口经排气管通大气，感压管嘴与机身油箱负压活门入口处的大气相通，用于防止机身油箱超压）和机身油箱负压活门［进口经导管与通气口（5）相连，出口通机内油箱，当机内油箱压力低于大气压力超过规定值时，活门打开，自大气向油箱进气］。安全活门既是在通气增压活门排气泄压不足时的辅助泄压装置，又是其故障后的备份。机身油箱负压活门（3）的作用是在油箱无增压来气时，保证油箱通大气，防止油箱中出现不允许的负压。后机身下表面蒙皮上设有一个通大气的通气口，油箱超压排气和负压进气都经此通气口。后机身下表面蒙皮上还设有感压口（7），用于通气增压附件感受大气压力。增压引气管路上还设有地面增压接头（8），用于在发动机不开车时模拟增压来气进行油箱增压和气密性检查。

【任务测评】

1. 无人机通气系统由哪些重要机件组成？它们的功用和工作原理是什么？
2. 为什么有的飞机要在通气系统中设置火焰抑制器？其工作原理是什么？
3. 无人机的燃油箱一般是哪种类型的？这种油箱的优点是什么？
4. 为什么油箱系统必须通气？
5. 通气增压系统中通过哪些元件来平衡油箱内外压差？
6. 通气增压系统中设置地面增压接头的作用？

敬大国工匠

倾注了多少的心血和汗水，此刻就会有多骄傲

在中航西飞职工眼里，西飞大道是一条"英雄的大道"，道路两侧的路灯上悬挂着公司每年评选出的先进人物，这里就有胡洋的身影。自2014年进厂工作以来，不管是节假日还是工作日，每一个清晨和夜晚，胡洋都会骑行在这条西飞大道上，从未缺席，道路两侧茂盛的梧桐树见证了他火热的青春。

胡洋所在的机身装配厂数字化智能装配单元，负责飞机数字化装配任务。从进厂之初的青涩少年，到如今已成为运20飞机机身数字化装配的领军人物，胡洋只用了8年时间。这样的成长可谓是"神速"，而见证"神速"的还有他那一头由黑变白

的头发。31岁的胡洋虽然早生白发，但是一对剑眉透着英气，脸上依旧挂着少年般的阳光笑容。

某型机大部件对接难度大、风险高，在环形轨设备制孔过程中，对接部位要进行精准加工，出现了大量技术性难题。怎样做既能让设备精准定位又能保证产品质量，胡洋陷入了沉思。一连数日，他不断思索、反复琢磨，在提出实施方案后，又与团队成员不断打磨、优化方案，并经过反复测量验证，最终很好地解决了设备定位问题，使设备定位更准确，消除了整个轨道的变形，从而使制孔精度更高、加工质量更稳定。

为使环形轨制孔质量、效率进一步提升，设备进一步趋近完美，胡洋带领团队还完成了加工文件优化、软件功能优化、加装急停按钮、执行器运动路径优化、刀具改良、提升探孔效率等设备优化工作，完成编制操作规程、维护手册、安全操作规程、故障库等流程固化工作。除此之外，他还在数字化装配涉及的测量、调姿、运输、制孔、定位等各类设备完成改进几十余项，使加工质量、安全、效率方面都有所提升。

胡洋和团队成员装配的运20，用一次次完美的表现越来越多地出现在国家的重大任务中。每一次听到"胖妞"的消息，油然而生的自豪感是无法用任何语言来形容的。"倾注了多少的心血和汗水，此刻我就会有多骄傲。作为一个航空人，我觉得非常幸运能够生在这个伟大的时代，同时参与这么重要的型号研制，这将会是我终生追求的事业。"

燃油箱的密封就是一项非常重要且烦琐复杂的工序，在作业时必须要做到仔细、严谨，反复进行密封检查，一点微小的渗漏都可能造成难以估计的后果，胡洋对待工作的匠心，是值得我们学习的。

引自 http://www.cannews.com.cn/2021/07/20/99329433.html（2021-07-16）

任务 3　无人机燃油的加放过程

【情境创设】

无人机燃油的加放过程是日常维护保障工作中最经常的工作,若在一次加油过程中,出现无法加油的故障,应当怎样检查呢? 因此我们要掌握加放油系统的工作原理,同时加放油操作也是比较危险的工作,极其容易产生事故和人为作业差错,必须采取措施防止燃油系统事故的发生。

加放油功能主要是在地面以加油设备给飞机油箱加注燃油并满足加油性能,按飞机要求实现放油以满足飞行、着陆和维护的要求。现分析典型飞机的加放油不同方法极其容易产生静电的原因,并在学习过程中能熟知外场飞行保障、维护工作中的流程,且能有效地防止由于静电起火引起的安全事故,确保人员和装备的安全。

知识点 1　加油方法的不同和优缺点

现代飞机的加油方法有三种:重力加油、压力加油和空中加油。加油部分的组成视加油方式的不同而异。小型飞机加油方式采用重力加油;大部分飞机是压力加油,重力加油口作为备份方式;有些军用飞机还装有空中加油的设备,以延长续航时间。

无人机总体尺寸相比于有人机较小,油箱相互靠得较近,容积不很大,连通情况良好,可通过一个加油口向所有油箱加油。某些无人机尽管都设置有重力加油口,但只作为辅助加油方式,因为靠重力加油费时较多,不利于提高飞机利用率,所以通常都装有压力加油设备。

1. 重力加油

重力加油口盖位于土油箱顶部,加油人员需登上机翼,打开重力加油口盖,将燃油直接加入油箱中,如图 4.3.1 所示。

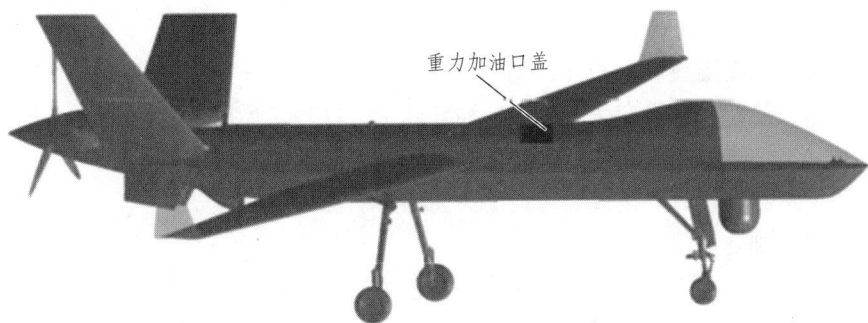

图 4.3.1　某无人机重力加油口盖

重力加油有如下缺点：

（1）加油速度慢，加油时间长。重力加油从开始准备和结束收场的时间很长，如加油车开动、搬梯子和加油管、打开和关闭加油口盖、加油枪的接地和定位、加油车油泵的启动和流量调节、供油量的监测等，这些工作都是在速度很慢的状态下进行的。

（2）燃油容易洒出，当加油口盖打开时，人员在翼上行走需格外小心。

（3）工具容易从加油口掉入油箱，雨水、冰雪、灰尘也可能通过重力加油口进入油箱造成污染。

（4）在冬天机翼表面结冰的情况下，加油人员在上面操作极易发生危险。更值得注意的是，加油时难免会冒出燃油和油蒸气，一遇到火星就有发生火灾的危险。

（5）重力加油操作容易导致机翼表面损伤，因为重力加油口总是配置在机体上表面，加油人员在上面走动和搬动加油管等，不可避免地会引起表面油漆层的损坏。

2．压力加油

压力加油是将加油车上的加油软管，连接在无人机加油活门飞机端接头上，通过人工或自动控制等方法，在加油车油泵压力的驱动下通过预先铺设的管道往各油箱加油。它包括地面加油车在内，形成了一个完整的压力加油系统，这种加油也称为单点式加油。它具有加油速度快、抗污染性好、安全可靠；单点加油，省时、省力；在完全封闭的系统中加油，能防止油液污染，提高飞机的安全性等优点。某无人机压力加油口如图 4.3.2 所示。

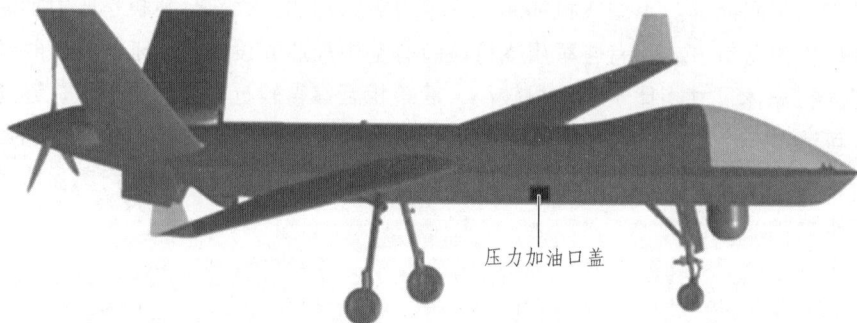

图 4.3.2　某无人机压力加油口盖

典型飞机的压力加油有三种模式：人工加油、自动加油和超控加油。

（1）人工加油。

将加油车油管连接到飞机压力加油口后，通过电门打开相应油箱的加油活门，通过灯光指示或油箱内油量变化可确认加油活门正常打开，外部输油管的燃油通过加油管路和加油活门进入相应油箱。在人工加油过程中，加油人员需要密切关注油箱的油量，当油量达到需求时，通过操作电门关闭相应的加油活门。

（2）自动加油。

为了减少人员的工作量，可以使用自动模式加油，在自动加油前，通过加油面板上的油量预选器输入每个油箱所需油量。设置完成后，预选值发送给计算机，计算机控制需要加油油箱的活门打开，并监视传感器反馈的油量信号，当油箱达到所需的加油量时，自动控制相应的加油活门关闭。在某些机型上，计算机还具备油量分配计算功能，在加油前只需输入飞机加油总量，计算机自动完成各油箱的油量分配计算。

（3）超控加油。

加油活门通常为电控液动式，即电门或计算机向活门电磁线圈通电，接通内部油路后，依靠油车供油压力克服弹簧力，作动活塞，将活门打开。如果加油活门电磁线圈失效导致活门无法打开，可以在加油时人工按压超控按钮，加油活门依然可以打开，此时加油人员需实时监视油箱油量，达到需求油量后松开超控按钮，完成加油。

3．空中加油

空中加油是指在飞行过程中将燃料由空中加油机补充给另一航空器的过程与技术。空中加油可以让飞行器在起飞时牺牲部分的油料，减轻起飞重量，使得短距起飞得以更容易达成。目前，空中加油已成为现代空战中主要的军事力量增长点。空中作战的典型场景是攻击飞机满载燃油和武器载荷起飞，通常需要使用加力来保证足够的起飞裕度，随后快速爬升到作战高度。到达这一点，已经消耗了相当大一部分机载燃油，与加油机会合并加满燃油箱的能力，可使攻击飞机完成大航程的任务目标，否则将是不可能的。除了对任务使用包线提供很大的延伸外，空中加油可延伸战斗机和地面支援飞机的位置，可使用相对短程飞机来完成极为远程的任务。尽管空中加油功能的作战效能毫无疑问是执行现代空战的重要支持力量，从受油机和加油机的角度来看，这一功能措施为燃油系统设计增加了许多独特的和复杂的要求，例如：

（1）需要空中对接系统，其具有油密接头，并且在无法预见的应急情况下，具有合适的安全脱开能力。

（2）加油机授油系统与受油机之间的兼容性。这一兼容性必须解决加油机和受油机组合后的流量和压力额定值、空中加油设备的结构问题和物理接口。

（3）在空中加油运行期间安全地应对潜在的失效模式。这需要对加油机和受油机所受到的潜在影响进行详细评估。在某些情况下，特别是为现有飞机增加空中加油时，额外的燃油系统功能裕度措施也许是必需的。

技能点 1　分析某无人机加油系统原理

现代无人机大多都同时具备重力加油和压力加油功能。图 4.3.3 所示为某无人机加放油系统原理。加放油系统由重力加油器、地面压力加油接头、加油控制附件、放油附件及监控附件等组成。

在 2 号油箱有一个重力加油阀（9），经这个重力加油阀可对机内各油箱进行重力加油。重力加油时各个交联阀（8）打开，燃油进入各个油箱。

通过压力加油飞机接头（1）对全机各油箱进行压力加油。加油总管上装有一个单向活门（2），防止加油结束后加油管内的燃油倒流，限流阀（10）用于调节加油流量。机身油箱的加油控制由油面控制器（4）和加油活门（3）联合工作完成。油面控制器由油浮子（即机械浮子活门）和磁浮子开关组成。加油开始时，油箱无油，油面控制器的油浮子处于落下状态，加油活门在入口燃油压力下打开，燃油进入油箱。当油面上升到油面控制器油浮子工作油面时，油浮子浮起堵塞加油活门控制腔泄压通道，使加油活门关闭，切断加油；如果油浮子出现故障控制失效，油面继续升高到油面控制器磁浮子开关工作油面时，磁浮子开关中的磁浮子浮起，发出满油信号至管理计算机，管理计算机发出指令使加油活门的电磁活门通电关闭，切断加油。

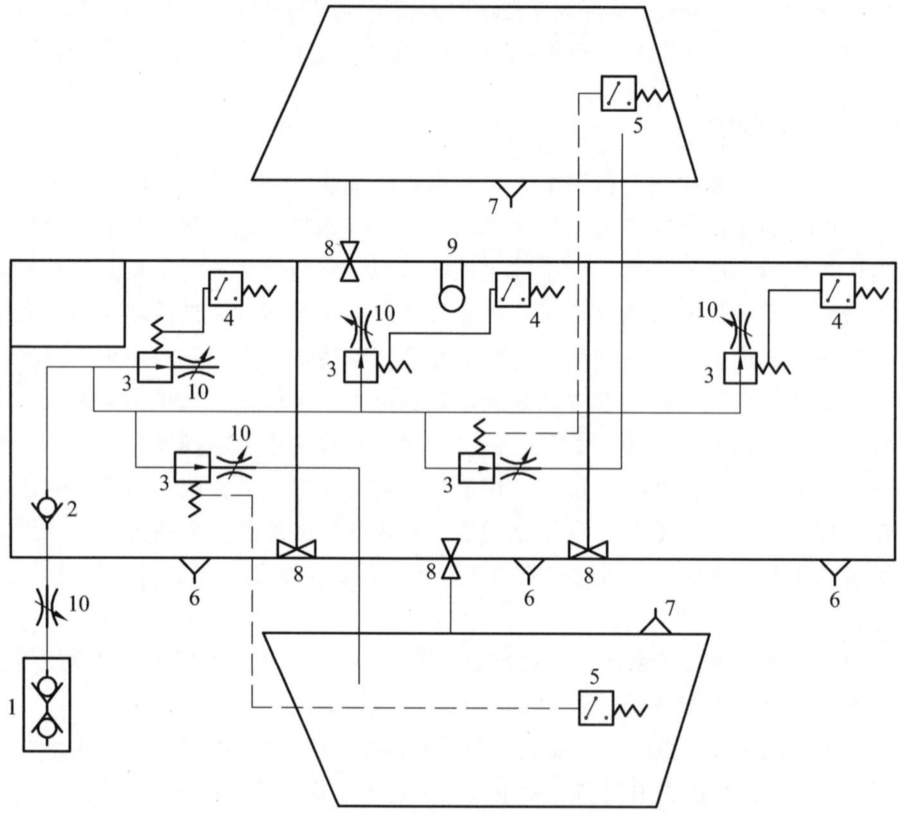

1—压力加油飞机接头；2—单向活门；3—加油活门；4—油面控制器 5—满油信号器；
6—机身油箱放油活门；7—机翼油箱放油活门；8—交联阀；
9—重力加油阀；10—限流阀。

图 4.3.3　某无人机加放油系统原理示意图

因受空间限制，机翼油箱无法布置油面控制器。机翼油箱的加油控制由满油信号器（5）和加油活门联合工作完成。当机翼油箱油量达到燃油测量系统设定的满油油量时，燃油测量系统发出满油信号至管理计算机，管理计算机发出指令使加油活门的电磁活门通电关闭，切断加油。除满油控制外，各油箱加油还可以由地面维护设备进行油量控制，各油箱的加油油量在地面维护设备上预先设好，油箱达到预设油量时管理计算机发出指令使加油活门通电，切断该油箱的加油。油量控制可满足分挡加油的需要。

放油主要通过放油活门实现，其主要用于飞机地面维护时排出机内余油、沉淀物及冷凝水等，有机身油箱放油活门和机翼油箱放油活门两种。当无人机维护需要排除余油及冷凝水时，取下帽盖，拔出快卸弹簧销，转动放油活门手柄由位置"关"到位置"开"，手柄带动凸轮转动，推开活门组件，压缩弹簧，此时活门打开，余油及冷凝水排出。余油及冷凝水排完后，转动手柄由位置"开"到位置"关"，手柄带动凸轮转动，活门组件在弹簧的作用下关闭，插上快卸弹簧销，盖上帽盖。

技能点2 某无人机重力加油和压力加油操作程序及注意事项

下面介绍某无人机在维护保障工作中的加油过程，需准备压力加油车、直流地面电源、用于观察飞机油量的综合检测设备等。

1．重力加油

（1）将加油车和飞机接地。

（2）飞机通电，打开综合检测设备，进入"地面加放油"操作界面，选择"重力加油"模式，机上交联阀打开，飞机断电。

（3）打开重力加油盖，通过重力加油阀加油至各个油箱满油位，关闭加油口盖。

（4）飞机通电，通过综合检测设备关闭机上交联阀，退出"地面加放油"操作界面，关闭综合检测设备，断开综合检测设备与飞机的连接，飞机断电。

2．压力加油

（1）将压力加油车和飞机接地，确保放静电措施到位。

（2）将加油车的加油活门地面接头与压力加油飞机接头对接并锁紧，连接好电搭接线完成跨接。

（3）飞机通电，打开综合检测设备，进入"地面加放油"操作界面，选择"压力加油"模式，选择所需加油量（根据加油计划确定）。

（4）起动压力加油车加油泵，飞机进入加油状态。

（5）压力加油时要进行电气预检。加油过程中，在"压力加油"操作界面，选中"电气预检"复选框，分别关闭各个油箱的加油活门，观察相应油箱的油量变化，如果油箱不进油，则说明加油活门的电气控制功能均正常，预检通过；如果预检不通过，则需排除故障后才能继续加油。

（6）预检通过后，取消对"电气预检"复选框的选择，系统恢复加油状态。

（7）加油结束，退出"地面加放油"操作界面，关闭综合检测设备并断开其与飞机的连接。

（8）断开压力加油车与飞机的连接，将飞机恢复正常。

（9）加油完成后做好收尾工作，清理多余物，清点设备工具。

重力加油和压力加油操作的注意事项：

（1）若要在重力加油过程中显示油量，则应先停止加油，关闭相应加油口盖，然后打开综合检测设备，观察显示油量。若要继续加油，则应先关闭综合检测设备。

（2）压力加油过程中，若出现排气口喷油或燃油超压状态信号，表明加油控制系统失效，需立即切断加油，将故障排除后才允许继续压力加油。

（3）为满足发动机要求，加入飞机的燃油牌号要正确，各种牌号燃油不能混加。

（4）当环境温度或燃油温度低于 $-20\ ℃$ 时，必须使用防冰添加剂。在用户允许的情况下可以加入乙二醇甲醚或二乙二醇甲醚，加入量为 0.10% ~ 0.15%（体积分数）。

（5）进行选择加油时，各油箱设置油量应平衡，左右机翼油箱设置油量应一致，机翼油箱加油时，飞机应尽量保持左右水平，避免因左右不水平造成油量差。

技能点 3　某典型无人机放出燃油操作程序

有时由于任务和排除故障或周期性工作的需要，可能会进行放出燃油的操作。该操作用于通过使用燃油排放收集装置等设备放出飞机上的燃油。

在工作展开之前要准备好放出燃油的燃油排放收集装置和用于抽油的压力抽油车，具体工作流程如下：

（1）将飞机及压力抽油车接地，确保防静电起火措施到位。

（2）将燃油排放收集装置一端与机身油箱放油活门及机翼油箱放油活门相连，一端与压力抽油车相连。

（3）打开重力加油口盖，使油箱通大气。

（4）打开机身和机翼油箱放油活门，开始重力放油。

（5）用压力抽油车将燃油排放收集装置内的油抽走。

（6）放油完毕后，关闭放油活门。

（7）做好收尾工作，清理多余物，恢复重力加油口盖安装，清点设备工具。

知识点 2　飞机燃油系统的静电产生及防范措施

航空燃油为什么容易产生静电？在静止状态，燃油本体中正离子携带的电荷等于由负离子携带的电荷。因此，在燃油中没有过剩的电荷存在，故不显电性。燃油相对固体表面运动时，由于吸附电解等原因，在喷雾、冲刷等过程中都会产生静电。摩擦产生的静电达到一定量时，才可能造成静电事故。在大多数飞机油箱内，电容式油量表的探头，增压泵等突出部件易诱发加油初始阶段的放电火花。

影响静电产生的因素有很多种，下面进行具体分析：

（1）燃油中含有过量的杂质与水分。燃油中带有杂质是自然存在的，不可避免的，但国际标准规定燃油中所含杂质不得超过 1 mg/L，杂质的大小不超过 5 μm。燃油中所含杂质主要是一些氧化物、沥青质、环氧酸及磺酸等金属盐类。燃油中的杂质过量，会导致油滤和油路精密元件被堵塞，严重时可造成空中停车。另外，杂质直接离解正、负离子（或吸附自由离子形成带电质点），加剧飞机带电情况。实验证明，当燃油中含有 1% ~ 5% 水分时，极易产生静电事故。

（2）加油流速和加油管径。燃油在管道中流动，流速和管径对燃油静电影响很大，燃油在管道中所产生的流动电流或电荷密度的饱和值与燃油流速的 1.75 ~ 2 次方成正比。

（3）过滤器对起电的影响。发动机燃油系统对航空燃油质量的要求很高。加油时，燃油通常经过多道过滤以便除掉水分及其他物质。过滤器导致燃油流动阻力增大，摩擦加剧，更重要的是过滤导致燃油中的抗静电添加剂性能降低，加剧了静电的产生。

静电危及飞行安全和日常维护保障工作中的人员和装备安全，所以要采取措施，达到飞机加油静电的抑制与消除。

1．提高燃油导电率

提高燃油导电率可使静电电荷被迅速传导释放，防止局部静电电位上升得过快和过高。提高导电率的方法是在燃油中添加抗静电添加剂。炼油厂在燃油出厂时会在油液中统一添加抗静电剂，减少燃油在运输环节的危险性。经过运输和过滤，燃油中的抗静电剂会减少，油料公司应在加油前重新加入抗静电剂。

2．严格控制燃油中的水分和杂质

过量的水分和杂质会增加燃油的静电起电量。航空燃油具有吸水性，因此应在以下几个环节控制燃油中的水分和杂质：

（1）油料供应保障部门必须按规定定期清洗油罐、加油车。

（2）定期清洗或更换过滤介质。

（3）定期从油罐和加油车沉淀槽、过滤器排除水分杂质。

（4）在每次灌入新的燃油并且澄清之后，应当用石蕊试纸检查燃油含水量，石蕊试纸应保证至少浸在油样内 15 s。

（5）在大雨季节，地下储油罐应当更经常地用石蕊试纸检查。

（6）须按机务工作有关规定，定期清洗飞机油箱。

（7）在航前、飞机加油前与加油后，都要把飞机油箱中的水分和沉淀物放掉。

3．接地和跨接

在消除飞机静电的方法中，最有效的是接地法，如图 4.3.4 所示。静电接地是指在飞机加油时，将加油车通过金属导线分别与飞机导静电接地桩和地面接地跨接起来，使加油车、飞机和大地形成等电位体，加快燃油中静电电荷的传递。接地可以使飞机和加油车电位相等，避免因静电电位差造成外部放电引起灾害。

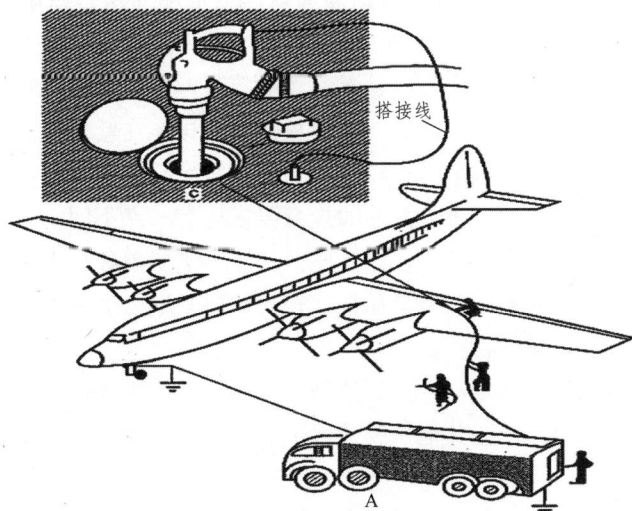

图 4.3.4　飞机加油接地示意图

4．控制加油流速

使用较低的加油初始流速，可以防止燃油摩擦生电过多。一般规定压力加油时，无水燃油最大线速度不超过 7 m/s。在飞机加油时，通常应同时打开两个以上油箱电门，让大流速的燃油流入油箱就成为分流状态，减缓流速，就可以减少静电灾害的危害性。同时，还应注意避免加油时出现湍流和溅射。输油泵出现气塞或空隙现象时，燃油中有大量气泡，增强了湍流，使油液与管壁和空气的摩擦加剧，摩擦生电严重。从油箱上部加油口溅射加油，也增大了燃油与空气的摩擦，产生的电荷直接储存在燃油中。所以，采用油箱底部加油方法，可减少加油时的溅射，也减少了静电的生成。

技能点 4　飞机在加油过程中防止人为作业差错应该重点把握的问题

飞机加油是一个非常频繁的过程，特别是对于飞行任务重的飞机，不论是在飞行前充填加挂准备，还是在飞行后的准备中或是试车之后的状态恢复中，加油都是最常见的工作之一。

在加油之前，加油人员必须做如下检查：

（1）发动机和电气设备关闭，飞机雷达和高频通信设备关闭，不能检查电气设备，防止起火。

（2）机上无人。

（3）燃油标号正确。

（4）飞机接地。

（5）加油车接地，消除静电。

（6）加油车可以在紧急情况下直接向前开走。

（7）飞机和加油车绑定以保证电压平衡，这主要通过将加油车上特定点连接到飞机上实现。

在油箱口盖打开前，需要将重力加油的燃油喷嘴和油箱口盖附近连接点进行连接。在重新盖上口盖前要保持连接状态。即便没有进行加油，只要口盖打开即认为加油开始。在加油过程中，加油人员操纵燃油喷嘴应该保持燃油不能喷溅到油箱外部。

对于采用加油机进行重力加油，飞机停放位置应该能在紧急情况下方便拖离。飞机需要同加油机进行连接并接地。在打开和上紧口盖之间应该保持燃油喷嘴同飞机相连。利用油车进行压力加油同重力加油的规章要求只有一点不同，因为压力加油中连接器同飞机为金属和金属直接连接，因此压力加油不需要单独的电气绑定。在采用重力加油时很容易产生燃油溢出，溢出面积比较大时要采取以下措施：

（1）立即通知机场消防部门。

（2）消防人员未到达现场前，在场的维修负责人应组织人员在溢油的边缘喷洒泡沫或干粉灭火剂，并用沙土或其他矿物吸收剂从溢油边缘慢慢倒向溢油中心，直到完全覆盖为止。

（3）不要清除吸收剂，等待消防人员的到来。

（4）也可以在溢油区域喷洒化油剂覆盖燃油，喷洒量应为溢出燃油的30%，喷洒后等 1~2 min 后，用大量自来水冲洗。

（5）如果溢油区域还有油珠出现，则再喷洒化油剂一次。

（6）如果任何人员被燃油喷中，或衣服被燃油浸湿，应撤离到安全地带，脱下衣服用水冲洗身体。

（7）如果个别人员的身体被引燃，立即用毯子、大衣或其他被服包裹其全身或立即提醒其打滚或迫使其倒地打滚，将火苗扑灭。

（8）发生溢油的飞机应进行彻底检查，是否发生损坏或易燃液体、蒸气进入机翼或机身的隐破区域，如发现问题，要采取纠正措施。

图 4.3.5 所示为某油车上的控制系统，它基本上代表了航空加油车的通用控制方式，有开放式管路的加油口，主要用于重力加油，也有压力管路加油口，用来压力加油。特别要强调的是在加油表的读数单位上存在着巨大的差别：有的油表末位单位是升，有的末位数单位是 0.1 升，在读数时千万不要犯了经验主义错误。特别是跨场保障时，由于保障环境的不同容易产生人为作业差错，从而加错油量，导致飞行安全事故。

另外，要重点说明的是在确定加油计划时，要认真核对加油量，根据当时机场环境确定当时航空煤油的密度，从而确定重量和体积的换算关系，进而能精准地确认需要加入多少升的燃油。这个看似简单的工作不容易发生差错，但是在日常的飞行保障和机务准备中时常发生人为作业差错，导致飞行事故征候的发生。特别是在高强度连续机务保障中，更容易发生计算错加油量。所以要在看错油量、算错油量上重点防范，仔细核对，确保一手工作质量！

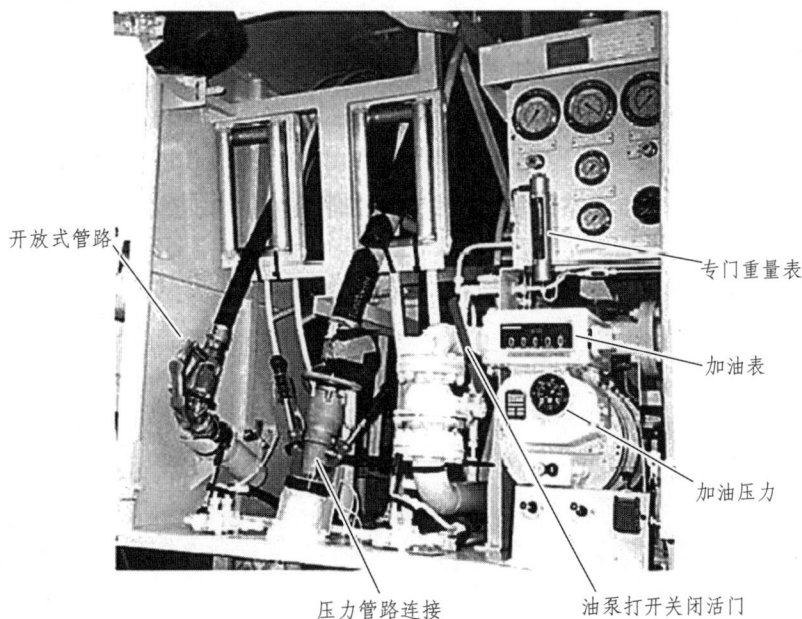

图 4.3.5　加油车的控制系统

【任务测评】

1. 飞机加油方式有哪些？试述各种方式的优缺点。
2. 简述压力加油时油量的控制过程。
3. 简述某典型无人机的压力加油程序，并讲述注意事项。
4. 燃油系统为什么容易产生静电？应该采取什么措施进行预防？
5. 在加油过程中、加油前应该进行哪些检查？容易产生哪些人为作业差错？

敬大国工匠

奋斗追梦人

一台高速数控铣床有几万个零件，运转起来有几千种声音混杂一起，噪声的分贝远超常人能承受的 2 倍，而就在这样的轰鸣嘈杂中，他需要分辨异响，循声定源，查对设备顽疾。

这就是申少泽，航空工业成飞数控设备站的一名青年高级技师。十年间，经他改造、维修、排故的机械设备不计其数，每天在厂房里的忙碌，已然成为了他和航空数控设备最默契的约会。

出身于军人家庭的申少泽，年轻时的梦想是成为一名飞行员，鹰击长空，展翅翱翔。即便最后落选飞行员，他还是毅然选择报考了航空院校，"以后不管是干航空还是去部队，只要能摸上飞机就行。"

2008 年，申少泽大学毕业来到航空工业成飞，满心期待的他却感受到了失落，"虽然我没有亲手摸到飞机，但我管理的设备是走出飞机的，是可以打造战鹰战斗力的，这和'摸'飞机没什么不同！"想通了这一点，申少泽走出了短暂的失落期，开始全身心投入到设备维修的工作中，开启了他的逐梦之旅。

申少泽团队成功将"绕刀具中心旋转变换"技术运用到了第一台五轴机床的改造中，让机床的精度从 0.1 毫米提高到了 0.05 毫米的行业先进水平，让加工出来的零件精度更高、飞机质量更优。

精益求精，追求完美，是身边同事对申少泽的评价。正是因为这种极致的匠心，申少泽凭借一身过硬的本领，荣获了全国技术能手、全国青年岗位能手、中央企业技术能手、航空工业技术能手、四川"五一劳动奖章"、天府工匠等一系列荣誉称号。

每一件大国重器背后，都有一批朴实平凡、默默无闻却又身怀绝技的追梦人，他们和申少泽一样，用激情、热血和奋斗践行着航空人的光荣使命。

燃油的加放油系统就是在助力我们的飞机追寻蓝天梦，我们以后从事的工作也跟申少泽类似，不是在航空工业的岗位上就是在部队保障装备的作战单元里保家卫国，责任重大、使命光荣！

引自 http://www.cannews.com.cn/2019/0507/195309.shtml （2021-07-26）

任务 4　无人机燃油的供输油过程

【情境创设】

燃油系统供输油系统其实包括了两个部分——供油子系统和输油子系统。供油子系统的功能是在飞行包线范围内，按发动机各种要求和限制，不间断地、可靠地向发动机供油，在任何情况下均不需要飞行员连续关注和操作。输油子系统的功能是向供油箱传输燃油，保证燃油消耗过程中飞机重心变化范围符合要求。同时，为保证输油引射泵工作，输油部分还需保证向引射泵提供主动燃油。

在利用多燃油箱储存燃油的飞机上，需要燃油转输系统，以确保按照预定的顺序，从各燃油箱消耗燃油。该顺序（或耗油顺序）要考虑许多使用要求，包括耗油时飞机重心的变化、机翼减载、供油油箱最大和最小燃油量。可由驾驶员直接控制燃油转输系统或通过燃油管理系统实现自动控制。

本任务通过供输系统的功用和原理的学习，掌握整个供输油过程中需要重点把握的关键元件使用机理，能分析供输油过程的故障现象和产生的原因。

知识点 1　供油系统的工作方式

供输油控制部分是燃油供给系统最基本的部分，它用来按一定的供油顺序将燃油送往发动机进行燃烧工作。飞机燃油系统的供油方式一般分为重力供油、动力（油泵）供油和压缩气体（压力）供油等方式。

现代飞机广泛采用电动油泵，将燃油从油箱中抽出，然后供到发动机，这种供油方式工作可靠，便于实施自动控制。为保证足够的供油量和供油的可靠性，一般采用双泵制，即每个油箱有两台燃油增压泵。燃油泵的进口一般都位于油箱内的最低处，使不可用燃油减到最少。油泵输油的优点是工作可靠，如果采用电动油泵，还便于实施自动控制，所以它得到了广泛应用。

重力供油适用于油箱比发动机位置高的小型飞机，如油箱装在机翼内的上单翼飞机。如图 4.4.1 所示，油箱顶部的加油通气口将大气引入油箱，确保供油通畅。供油活门安装在供油管路上，燃油过滤器安装在供油系统的最低处，用于过滤油液中的杂质并收集燃油中的部分水分。当打开燃油系统供油活门时，燃油便会在自身重力作用下流经油滤向发动机供油。多油箱飞机采用重力供油系统时，应在各油箱之间加装燃油平衡管，以保证各油箱的油量平衡。重力供油方法简单，但其供油可靠性较低，尤其是飞机飞行速度变化和机动飞行时。

军用飞机一般采用压缩气体输油，特别是有副油箱的飞机。这种方式是将具有适当压力的压缩气体通入密闭的油箱，把燃油从油箱中压出。常用的压缩气体是来自发动机的增压空气。此外，也有使用发动机废气或灌充在气瓶里的二氧化碳或氮气的。

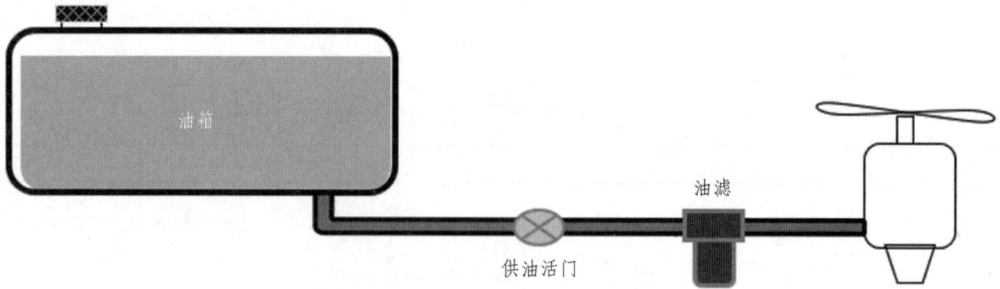

图 4.4.1 飞机重力供油原理

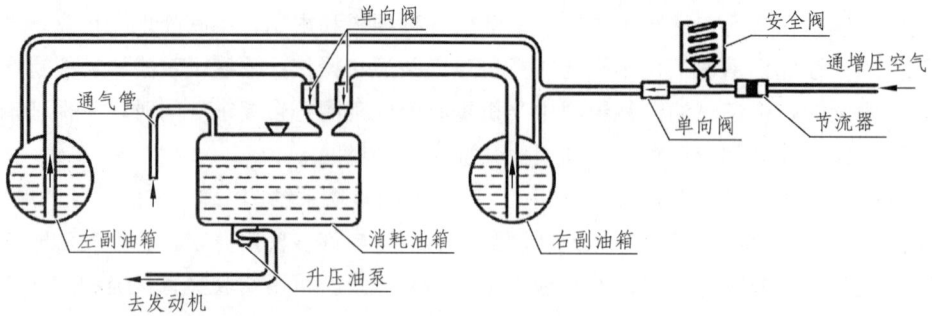

图 4.4.2 增压空气输油工作原理

压缩气体输油也很可靠，如果采用二氧化碳或氮气输油，还能起防火作用。但是，采用二氧化碳或氮气输油，需要较大的气瓶和相应的设备，这些设备的构造比较复杂，重量也较大；采用增压空气输油，当空气消耗量很大时，会使发动机的功率降低过多。所以这种输油动力的应用范围也有一定的局限性。图 4.4.2 所示为利用发动机的增压空气将副油箱内的燃油压送到消耗油箱去的工作原理。增压管路中装有安全阀，气压超过一定数值时，可打开阀门放气，以保证副油箱内气压不超过规定值。节流器用来限制增压空气的消耗量。增压管路中的单向阀则用来在气压突然下降时（如快速收油门使发动机转速急剧降低），以防止副油箱内的燃油或燃油蒸气倒流到发动机压缩器中去。对于利用压缩气体输油的燃油供给系统，在维护中最重要的是经常保持油箱和增压管路良好的密封性。如果油箱或管路漏气，就可能引起各并联油箱的输油量不均匀，甚至根本不输油。

知识点2　供输油系统的关键元件及其工作原理

1. 燃油增压泵工作原理

飞机上的燃油泵（即供油泵或增压泵）不但要重量轻、尺寸小，而且要工作可靠、寿命长，同时还要保证低压大流量，以满足燃油系统的要求。因此，燃油增压泵选用适合低压大流量工作要求的电动离心泵（见图 4.4.3）。电动机位于油箱内部或部分燃油流经电动机外部以冷却电动机。为了防止大块杂质进入泵内，在泵的入口有粗滤网。电动离心泵有很多特点：低压、大流量、体积小、重量轻；当油泵发生故障时允许燃油自由流过。

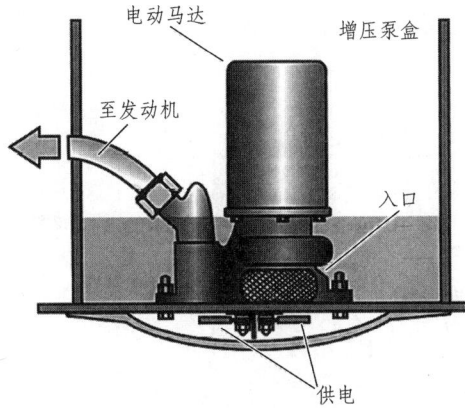

图 4.4.3 增压泵

离心泵体主要由叶轮、导流筒和带输出管的蜗壳组成，如图 4.4.4 所示。叶轮是泵的最主要部分。离心泵就是通过叶轮将外部的机械能传递给液体，变成了液体的压力能和动能。导流筒使液体以一定速度和方向导入叶轮。

油泵启动后，电动机带动叶轮高速旋转，从导流筒流入的燃油受叶片的推动也随着旋转。叶轮中心处产生的真空度将油液吸入油泵，燃油在旋转中受到了离心力的作用，被甩进了蜗壳，最后经输出管排出。离心泵就是靠所产生的离心力使燃油增压并流动。

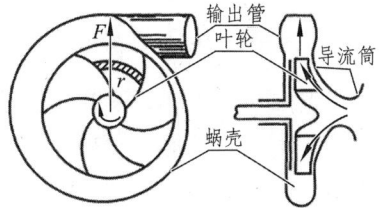

图 4.4.4 离心泵工作原理

油泵使燃油压力增加的同时，也不可避免地会引起燃油能量的损耗。例如，叶轮与导流筒之间有间隙存在，出口压力又大于进口压力，在进出口压力差的作用下，就会有少量燃油从叶轮边缘经此间隙返回入口，造成泄漏损失。

飞机在高空飞行时，油箱内压力降低，油泵叶轮中心处的压力会更低，不但会导致油液中溶解的气体析出，也会使燃油蒸发加剧，大量蒸气析出。油泵进油口存在气泡，会降低油泵的供油能力。因此燃油增压泵的主叶轮前会设置一个扇轮，与主叶轮同轴转动，用于分离油泵入口处燃油中的气泡，改善油泵工作状态。

油泵的主叶轮与泵的驱动部分（电动马达）之间是密封的，以防燃油或燃油蒸气渗入马达引起火灾。为确保密封效果，一般采用双层封严圈，并在两层封严圈中间设置通向机外的滴油管。如果燃油漏过第一层封严圈，将由滴油管排到机外。一旦发现滴油管漏出的燃油超过标准，可判断封严圈已经损坏，必须及时更换。

燃油增压泵安装在燃油箱底部，周围的隔板（翼肋和隔框）为油泵提供了一个稳定的吸油空间。隔板底部开有向油泵一侧开启的单向活门，确保油液只能向油泵流，防止飞机姿态变化时油泵抽空。

如图 4.4.5 所示，油泵的电动机拆换，可从油箱外单独进行，不用进入油箱也不用放油，这样的设计极大地提高了系统的可维护性能。在维护工作中应尽量化繁为简，减少工作步骤和流程不但提高了可靠性，降低了发生差错的概率，而且燃油系统是非常容易发生起火事故的分系统，故合理的设计减少了没有必要的拆装，还提高了飞机的完好率和出动率。

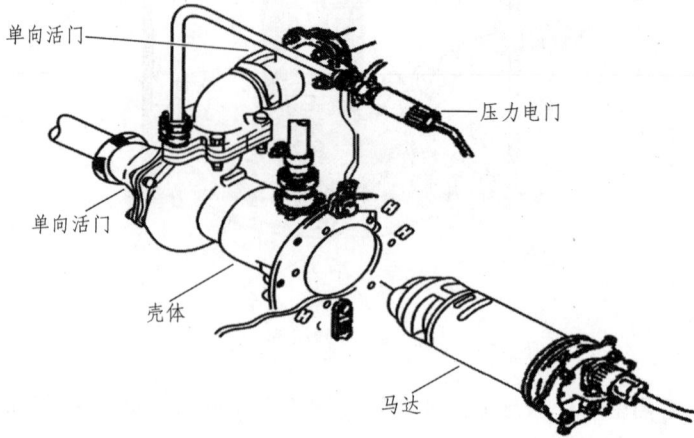

图 4.4.5　油泵的安装

2．引射泵工作原理

燃油系统还广泛采用引射泵，如图 4.4.6 所示。引射泵外廓尺寸小，重量轻，寿命长，无活动部件，在油箱中不需引入导线，吸油管可以放在油箱中任何地方，方便布置。引射泵利用增压油泵的高压燃油作为引射动力，其内部工作原理：压力油管将增压泵增压的燃油引入引射泵的喷嘴，经收缩喷嘴以较高的速度射出，燃油的速度增加，其压力相应降低，在喷射流的周围形成了低压区，吸油管口的燃油在压差的推动下，流入引射腔，跟随射流流向出口混合管。

主油箱增压泵将燃油增压后，一部分压力油液通过管路送到引射泵内，通过引射泵内的引射喷嘴喷出，同时将主油箱底部的含水燃油抽吸上来，送到增压泵的吸油口。这样，油箱底部的含水燃油便不断被供油系统送入发动机烧掉，避免在油箱内出现死油区，且可以对油箱最低处进行排水，防止油箱腐蚀。

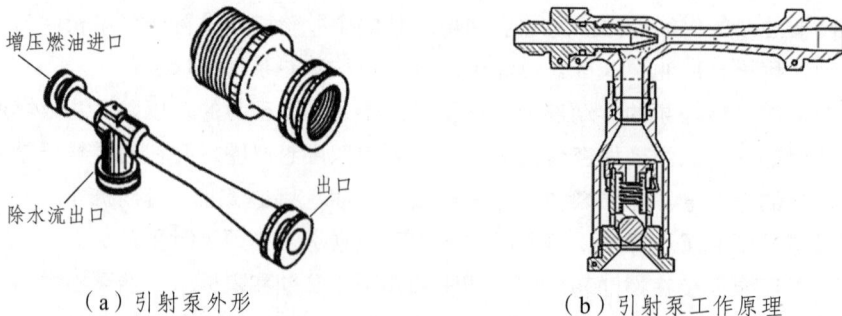

（a）引射泵外形　　　　　　　　　（b）引射泵工作原理

图 4.4.6　引射泵

另外，在军用飞机中由于油箱分布复杂，引射泵是燃油供输油系统中非常重要的元件。专用转输泵或许是当前军用飞机上最广泛使用的燃油转输方法。电动机驱动泵或主动流驱动引射泵两者都常用于有动力燃油转输，电动机驱动的转输泵倾向于用在需要较大转输流量和压力之处，或者如果主动流不便使用之处。与主动流引射泵相比，电动机驱动泵倾向于需要更好的高空和高温性能。

引射泵装在油箱的最低处，吸取剩余燃油和积聚的水分，排向油泵的入口附近的吸油区，充分利用燃油箱的储油量，安装部位如图 4.4.7 所示。

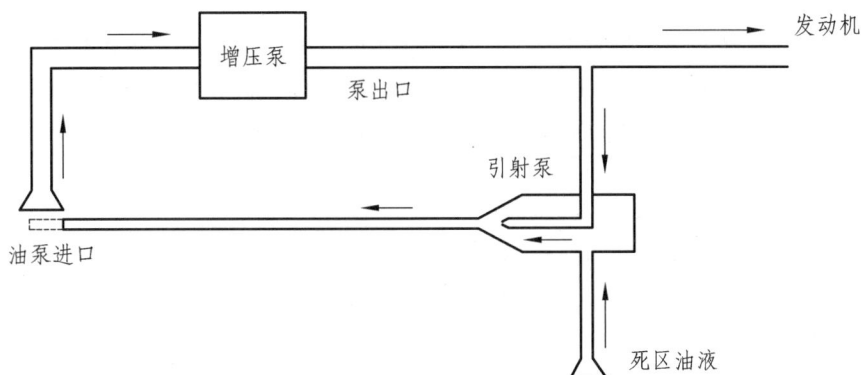

图 4.4.7　引射泵安装示意图

3．燃油滤工作原理

发动机上许多附件内部的燃油通道管径小，如果燃油含有杂质或冰屑，就可能堵塞通道，影响发动机工作，因此，燃油供给系统中都装有油滤。油滤芯常用细铜丝网制成，它具有很密的网眼。装有升压油泵的燃油供给系统，输往发动机的燃油压力较大，其油滤的滤芯可以更密，因而还常用丝质和毡质油滤。丝质和毡质油滤不仅能过滤杂质，而且由于网眼细密，水的表面张力较大，不易通过，所以还能过滤水分，如图 4.4.8 所示。

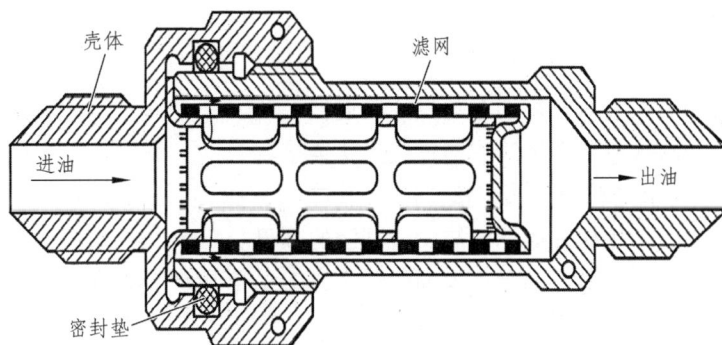

图 4.4.8　燃油滤示意图

油滤是一种燃油杂质过滤器，有粗油滤与细油滤之分。粗油滤仅能防止那些较大的微粒进入燃料系统，在燃油进入喷嘴之前多用细油滤。油滤的主要元件是滤芯，滤芯由金属骨架支撑的滤网构成。滤网有金属滤网与纸质滤网，网眼的大小决定了滤芯的过滤度，即通过的最大微粒大小。燃油的通路多是从滤芯外面进入滤芯内部，然后流出。这样油的压力使滤芯紧紧贴在滤芯的骨架上，使滤芯不易受损。

燃油滤堵塞会导致发动机供油量下降，严重时会导致发动机空中停车。为了提高供油可靠度，燃油滤设置了旁通活门，当油滤进口、出口压差达到旁通活门开启压力时，旁通活门便打开，油液绕过滤芯，直接供向发动机。

技能点 1　某无人机供油子系统燃油滤的拆装及注意事项

由于燃油系统在保障维护工作中，有很多工作需要经常完成，最具有代表性的就是燃油滤的拆装。虽然工作不复杂，但是操作不好很容易引起燃油的泄漏和起火事故，在实际的外场机务工作中容易发生差错，下面进行详细的讲解。

1．拆装的目的

进行该操作的目的是更换或周期性清洗燃油滤。

2．所需工具

准备用于拆装连接件的钢丝钳和开口扳手（10 mm、22 mm）各 1 件。

3．所需耗材

留用的耗材为起密封润滑作用的 5 号耐油密封润滑脂和保险丝（紧固件防松）。

4．准备工作

（1）放出机身油箱中的燃油。
（2）打开腹部大口盖。

5．拆装程序

（1）燃油滤拆卸。
① 用钢丝钳拆下保险丝。
② 用 22 mm 扳手断开燃油滤与供油管连接。
③ 用 22 mm 扳手断开燃油滤与三通接头连接。
④ 用手断开燃油滤与插头连接。
⑤ 用 10 mm 扳手松开燃油滤与支臂紧固的螺母。
⑥ 用 10 mm 扳手松开固定支臂的螺钉，取下支臂，取下燃油滤。
（2）燃油滤安装。
① 将燃油滤安装到位，防止在安装过程中出现掉落，导致壳体接头变形，从而产生燃油泄漏。
② 用 10 mm 扳手拧紧固定支臂的螺钉。
③ 用 10 mm 扳手拧紧固定燃油滤的紧固螺母。
④ 用手连上燃油滤与插头。
⑤ 在燃油滤与进出口供油管连接接口外螺纹上涂少许 5 号耐油密封润滑脂（锥面上不涂）（确保不要遗漏此步骤），用 22 mm 扳手连上燃油滤与供油管，用合适的力矩，不要盲目加大力矩使螺口滑丝导致泄漏。

⑥ 用钢丝钳打上保险丝。

⑦ 将拆装及检查情况记录。

6．收尾工作

清理多余物，特别是保险丝头，防止打坏发动机，安装腹部大口盖，清点设备工具。

技能点 2　分析某无人机供油过程

供油系统的功能是保证无人机在各种飞行状态下，发动机都能够获得连续、可靠的燃油供给。本供油系统（见图 4.4.9）从供油箱的供油泵开始，到发动机的低压燃油泵入口结束，包括直流供油泵、单向活门、压力信号器、切断阀、燃油滤、供油流量传感器、供油压力传感器、供油温度传感器、地面维护接头等。全机燃油都经供油箱供往发动机，供油箱底部前、后并联安装有两台直流供油泵互为备份，同时向发动机供油。每台供油泵出口均安装有单向活门，并各装有一个压力信号器。当其中一台供油泵故障时，油泵出口的压力信号器发出低压信号至管理计算机，管理计算机将信号通过数据链发送至地面站告警。飞机管理计算机在接收到地面站发来的关泵指令后，发出信号关闭故障供油泵。供油管上装有一个燃油滤，以满足发动机供油清洁度要求。流量传感器用于测量发动机供油的瞬时流量，同时由机电管理计算机根据已采集的信息计算当前的总油耗量。发动机供油管上装一个供油切断阀，可通过开关控制盒控制，便于地面维护拆卸发动机时切断油路。为满足发动机向飞机油箱回油的需求，设置发动机回油管，回流到供油箱。

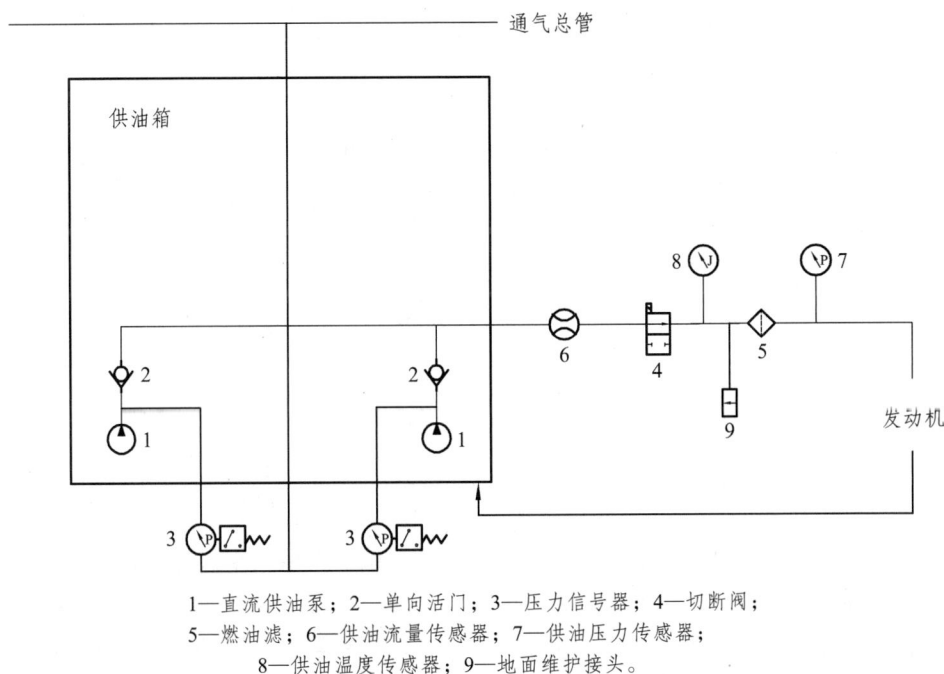

1—直流供油泵；2—单向活门；3—压力信号器；4—切断阀；
5—燃油滤；6—供油流量传感器；7—供油压力传感器；
8—供油温度传感器；9—地面维护接头。

图 4.4.9　某无人机供油系统原理

技能点 3 分析某无人机输油过程

输油系统功能是保证任一油箱的燃油可向供油箱输油，维持各油箱油量平衡，利用交联阀给各油箱进行单点加油，同时保证燃油消耗过程中飞机重心变化范围符合要求。

在正常供油过程中，将各油箱组的燃油经过燃油增压泵增压后，按照一定的顺序供给供油箱，进而沿供油管路流向发动机，本机为了符合高空长航时的可靠性要求，采用独立的输油方案，即各油箱组是燃油经过独立的增压泵，按一定的顺序单独沿输油管路流向供油箱。

某型无人机采用的是引射输油的方式，可分为两部分，一部分为输油泵输送高压油至各油箱引射泵入口，如图 4.4.10 所示，主要包括直流输油泵、单向活门、油滤、压力传感器等部件。供油油箱内前后并联安装有两台直流输油泵，为引射泵提供主动力源。正常状态下前泵单独工作，后泵作为前泵的冷备份，前泵故障后后泵工作。每台直流输油泵出口均安装有单向活门，防止燃油倒流，主动油总管装有一个压力传感器，用于油箱耗完燃油或泵出现故障时发出泵低压告警信号。主动油总管上设有油滤，过滤掉燃油中较大杂质，防止燃油中有较大颗粒杂质堵塞引射泵喷嘴。

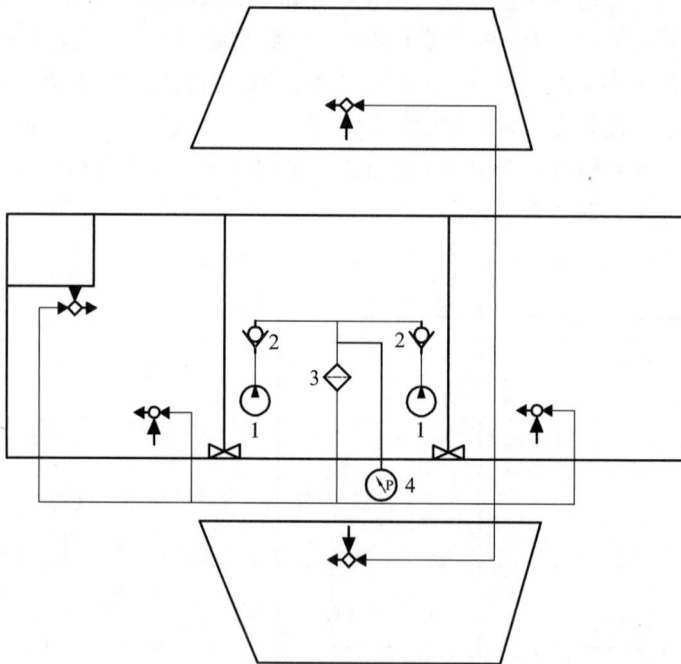

1—直流输油泵；2—单向活门；3—油滤；4—压力传感器。

图 4.4.10 某无人机输油系统原理 1

另一部分为各油箱（含通气箱）引射泵抽油输送至供油箱，如图 4.4.11 所示，主要包括输油引射泵、输油活门本体、油浮子、磁浮子开关、电磁阀等。各引射泵出口连接供油油箱内输油活门。输油活门由活门本体和油浮子、磁浮子开关和电磁阀组成。油浮子装在供油油箱顶部，采用双油面浮子方式，具有上下油面差，用于控制各油箱输油。当油面下降到下浮子工作油面时，油浮子的泄压口打开，活门本体的控制腔泄压，活门本体打开，引射泵出口的燃油经活门本体进入供油油箱；当油面上升到上浮子工作油面时，油浮子的泄压口关闭，活门本体的控制腔停止泄压，活门本体关闭，停止输油。磁浮子开关装在距下浮子靠下一定位置，当油浮子故障卡滞，油面进一步下降到磁浮子开关工作油面时，磁浮子开关发出信号，电磁阀通电泄压，活门本体打开输油。

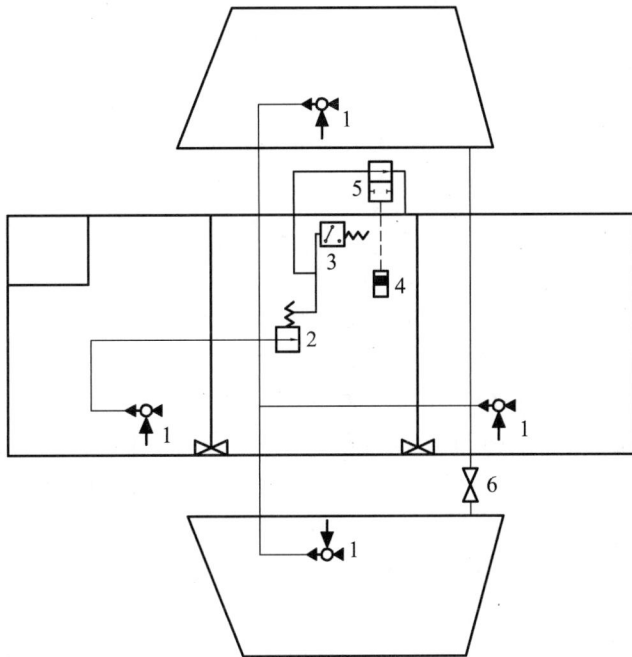

1—输油引射泵；2—输油活门本体；3—油浮子；4—磁浮子开关；
5—电磁阀；6—机翼连通阀。

图 4.4.11　某无人机输油系统原理 2

【任务测评】

1. 供油方式都有哪些？简述压缩气体（压力）供油的特殊性。
2. 为什么现代飞机大量使用引射泵？引射泵的功用和原理是什么？
3. 军用战斗机跟商用飞机在燃油供输系统有什么明显不同之处？它们的特点是什么？
4. 无人机一般采用什么方式控制各油箱输油？

敬大国工匠

创新之心工匠之魂

二十二年如一日，孙红梅凭借一颗匠心扎根鄂西北老"三线"工厂，专攻航空发动机焊修技术，破解 62 项修理难题，形成 12 项核心修理技术，创造经济效益近 2 亿元。她似傲霜斗雪的红梅，敬业专注，精益创新，绽放出大国工匠的光彩。

永葆初心，勤奋刻苦超越自我。1999年，孙红梅从西安理工大学焊接专业本科毕业，义无反顾地选择了位于深山中的军工厂。焊工师傅带领的一次技术创新试验，给她种下了"在平凡岗位做出不凡"的信念。

攻坚克难，毫厘之间精益求精。2002年，孙红梅被抽调至襄樊航空发动机修理公司，承担整个工厂的焊接维修工作，刚来不久就遇到难啃的"硬骨头"。历经上百次查资料、分析、试验，最终通过控制电流参数攻克氩弧焊堆焊修理难题。2008年，工厂修理某型发动机高导内机匣时，遇到焊接变形超差的难题，她再次从零开始，反复试验，带领团队掌握了激光焊技术，使许多采用传统方式无法修复的产品获得新生。

坚守匠心，持之以恒不断创新。2013年，孙红梅带领团队修复一批某型军用飞机发动机机匣，通过开"窗口"利用镜面反射原理精准把脉，配合仰焊将漏气部位修复，且误差控制在0.003毫米，仅有头发丝（0.075毫米）的1/25，帮助30多架飞机重返蓝天，这道工序也被命名为"镜面反光仰焊法"推广使用。

孙红梅荣获全国劳动模范称号，被授予全国五一劳动奖章，荣登"中国好人榜"。

孙红梅是在她自己的领域埋头深耕，扎根大山，不问收获、只问耕耘，最终获得她事业上的成就。以后我们的工作岗位有可能在城市，有可能在深山，有可能在海岛，不论在什么地方都是在为我们国防事业奋斗！要向孙红梅学习，不论工作地点如何艰苦，都能沉下心，做好本职工作，最终都能在平凡的岗位上取得成就！

引自 http://www.81.cn/2021zt/2021-07/16/content_10062808.htm（2021-06-28）

任务 5 燃油系统的一般检查

【情境创设】

虽然燃油系统很多机件不是有寿机件，没有寿命控制，但是随着机体系统的长时间运行，会出现燃油泄漏和油箱腐蚀等故障，需要经常进行检查和维护来保障飞行的正常进行。如何进行飞机油箱和管路的漏油检查和维护，是保障飞机燃油系统正常工作的关键。

知识点 1 燃油系统的污染根源及应对方案

在飞机燃油储存环境范围内，燃油污染是一个大问题，燃油污染可能导致所有的推进动力丧失。最常见的燃油污染源是水。即使有过滤系统，由此对来自地面加油栓油源内的水进行主动控制，但在典型的地面环境条件下，可能存在溶解水。此外，在正常运行过程中，还存在其他的水污染源，必须对此进行确认并予以管理。在使用环境下，高空巡航阶段，燃油和机翼油箱结构都可能变得极冷。在下降过程中，随着外界空气与无油空间之间的压差平衡，大量的外界空气进入无油空间。当飞机下降到热气候环境中，此时空气可能特别潮湿，故水凝结在冷的结构上最后与燃油混合。这些水既可以以悬浮水的形式存在于燃油内，也可积聚在燃油箱底部形式"水坑"，在集油箱内悬浮水特别普遍，此时燃油泵的运转将导致燃油与趋向于在此聚集的任何游离水进行连续混合。良好的搜油系统，对于减少燃油积水风险显得特别重要。所以在飞行前通过放出油箱底部的杂质、水分和设计良好的搜油系统是减少燃油污染的重要手段。

另一个常见的燃油箱污染源涉及微生物滋长。这一情况的出现是由于来自通气系统的空气中存在孢子，当燃油箱环境条件适宜时，这些孢子会滋长。当油箱内条件适宜时，微生物会在油液内大量滋生。燃油中的碳氢化合物以及溶解在燃油中的氮、氧、硫、磷等物质，为各类微生物提供了赖以为生的物质基础；燃油中的水为微生物滋生提供了合适的环境，微生物一般生活在燃油和水的界面处；适宜的温度会加速细菌的繁殖速度，微生物的最佳生长温度是 $25 \sim 30\ ℃$。微生物在燃油内的滋生会造成燃油品质下降，在燃油中形成暗色泥状沉淀物。该沉淀物会对燃油系统造成较大影响：堵塞油泵吸油口和油滤，造成供油系统故障；堵塞油量传感器燃油口，造成油量指示系统故障；导致油箱的腐蚀。研究表明，微生物腐蚀是结构油箱腐蚀的主要形式。

为了消除微生物污染对燃油系统的影响和对油箱的腐蚀，必须破坏微生物的滋生环境，控制其滋生速度。目前唯一能做的工作就是控制燃油中的水分。标准的做法是，在油箱的低点设置放水阀，可让维修人员排放出已经从燃油中沉淀下来的任何水分，如图 4.5.1 所示。但这一沉淀过程需要很长的时间（也许是一天或数天）才有效，对于利用率很高的飞机，对水管理的标准维修做法可能经常无法实现。回避这一难题的一个方法，是使用小的引射泵，从油箱沉淀槽抽吸燃油，并将这些油液（理想状态为小水滴形式）输送到主增压泵进口。

图 4.5.1　排放燃油沉淀物和水分

如果在引射泵进口区域有任何水存在，其将随燃油被带走，并以小水滴排出。发动机可处置少量的水，而不会对发动机性能带来任何影响。

知识点 2　燃油箱的渗漏处理

油箱在飞机飞行中要承受惯性载荷、振动载荷，而整体油箱还要承受气功载荷。在受载的情况下，材料会变形和相对蠕动，紧固件会因变形而松动；密封材料会因相对蠕动而剥离，也会因老化变质而失效。以上原因均会导致燃油渗漏。若结构材料因受力而出现裂纹、因腐蚀而损坏，泄漏更是不可避免。因此渗漏是燃油箱的基本故障，燃油箱维护工作就是检查、分类及修理。

机务人员多年使用维护工作中将渗漏分为四级：微渗、渗漏、严重渗漏和流淌渗漏。渗漏分级是按在 15 min 内渗漏燃油沾湿的表面区域的大小作为分级标准。当发现油箱出现渗漏时，先用清洁棉布完全擦干渗漏区域，用压缩空气吹干那些难于擦到的渗漏区域，再用掺有红色染料的滑石粉撒在渗漏处，当燃油润湿滑石粉后，它会变成红色，使润湿区域更易于看见。在 15 min 后按沾湿区大小定级标准确定渗漏等级。

如图 4.5.2 所示，第一级称为微渗，一般不需处理，但要注意时常检查其渗漏是否有扩大；第二级称为渗漏，临时处理方法与第一级相同，但在下次飞机停场时必须处理；第三级称为严重渗漏，严重渗漏必须马上处理（或作临时性修理），临时处理后，应能达到一级或二级渗漏标准；第四级称为流淌渗漏，油液成滴或连续流淌，流淌渗漏必须马上修理，修理后不能有渗漏。

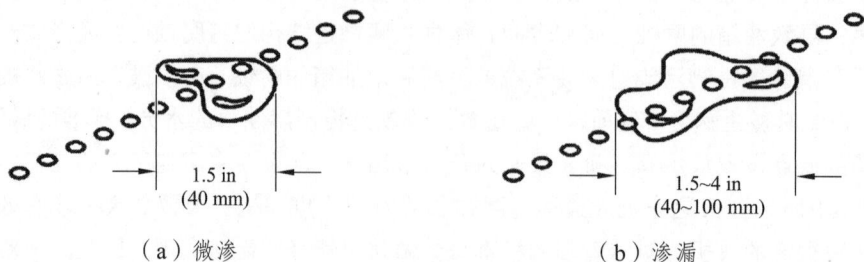

1.5 in (40 mm)	1.5~4 in (40~100 mm)
（a）微渗	（b）渗漏

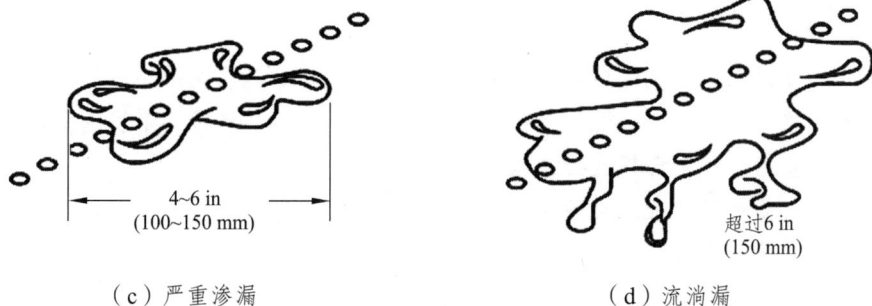

（c）严重渗漏　　　　　　　　　（d）流淌漏

图 4.5.2　渗漏等级

以上需要重点注意的是对各级渗漏处理具体要求，还应根据渗漏点所处的位置而定。如在不通风和容易集聚燃油蒸气的部位，则在飞行前应做临时修理，各型飞机都有明确规定。

当找到燃油渗漏的外漏点后，必须还要找到内部的渗漏源。因为渗漏通常都是沿紧固件与其孔之间的缝隙或沿零件间的间隙而渗出，外部渗漏区域可能与内部渗漏源不在同一地点。渗漏的检查一般都采用目视方法，在检查中辅以颜色、荧光、气泡等使之更加明显并且准确。下面具体介绍几种方法：

1．气压发泡法（吹气法）

气压发泡检查法操作简单，是油箱渗漏检查的推荐方法。检查时，在油箱渗漏区域对应的油箱内部涂上发泡剂（肥皂水），一个人使用 0 ~ 50 psi 的气源（带有喷嘴）；向渗漏区域喷射；另一个人在油箱内寻找起泡区域，从而找到渗漏源。气压发泡法原理如图 4.5.3 所示。

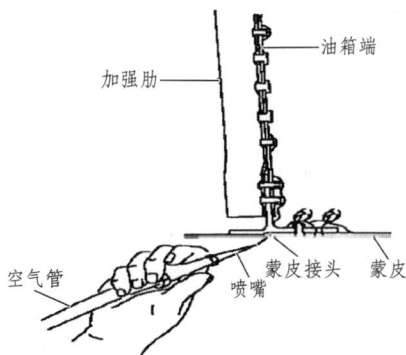

图 4.5.3　气压发泡法原理

2．压力罩法

压力罩法是在油渍及其周围罩上一个小的压力罩盒，通以压力空气，在油箱内相应的部位涂上发泡剂，压缩空气沿着缝隙漏进，在渗漏源吹出泡泡。这种方法因压力罩通进压缩空气后会因内压力而往外脱开，就需要靠外力顶紧，故只适用于有支撑点支撑压力罩的地方。如机翼的下表面可以靠地面支撑。压力罩可小到只罩住螺栓紧固件，就可以检查紧固件周围的渗漏。

3. 空心螺栓法

对于复杂的封闭结构区域也可以用空心螺钉来检查，就是在渗漏点处拆下一个完好的螺栓，换上有裂槽的螺栓及特种接头，在箱内的螺栓头周围涂上发泡剂，往空心螺栓通压缩空气，就可查找连接结构的渗漏源。

对刚加工好的油箱或刚修理好的油箱，多采用往油箱内充压缩空气，在油箱外部涂满发泡剂，寻找气泡区域可以找出渗漏点。

4. 染色剂法

染色剂法是使用掺有染色剂的油代替发泡剂，将染色剂涂在油箱渗漏区域，然后将油箱抽真空。等一定时间，进入油箱检查内漏点。若在染色剂内掺入荧光剂，更便于在光线微弱的油箱内检查渗漏点。

渗漏的排除方法也视渗漏等级和部位而定，具体有下面几种处理方案：

1. 缝内密封

对于渗漏范围不大的缝内密封，可增加涂覆缝外密封胶，或者同时在外表面的渗漏点附近进行清洗后涂上一层密封胶，然后贴上一层很薄的密封布的方法来处理（与自行车内胎的贴补方法一样）；如果缝内密封渗漏范围较大，就得将已密封的结构分离，重新清洗，重新涂胶，重新紧固。

2. 缝外密封

对渗漏不大的缝外密封，就加涂密封胶，加大密封胶的涂覆面积；对渗漏范围大的地方，就得将原有密封层刮掉，清洗干净，重新涂上密封胶。

3. 紧固件密封

对紧固件有不严重的渗漏，可使用专用的压胶工具从结构外侧钉孔周围间隙注射进密封剂，也可在采用缝外密封同时，向缝隙加注密封胶以增加其密封性能。

技能点 1　燃油系统管路维护

除了燃油箱渗漏以外，燃油系统故障主要是油管及附件的渗漏。漏油一般从外观目视即可发现，但是也存在特殊情况，如昼夜温差比较大与原保障地自然环境差异比较大的地区、长时间停放的飞机燃油系统也比较容易发生渗漏。在静止状态不容易观察到渗漏，但是在发动机试车或飞行启动过程中，管路压力增大，很容易观察到燃油管路渗漏，这也是发动机试车检查密封性的重要内容。

另外，长时间停放的飞机也需要重点检查燃油系统的密封性，因为容易找到平时不容易发现的渗漏点，由于停放时间长的关系，易在发生渗漏的油管接头低处形成油滴和油痕，这样就容易找出渗漏点。此外，从制造厂或大修厂刚出厂的飞机也易出现管路渗漏需重点检查。

油管的故障一般是接头漏油和油管破裂。接头漏油的原因多是紧固件松脱或是密封件离位或失效。漏油的原因很可能是密封件老化、断裂和离位，也可能是机械原因，如壳体有砂眼或裂纹等。

系统内漏的检查应在燃油泵运转状态下进行，检查方法为关断供油活门，拆下管路中的滤杯，放光管路中的油液；启动燃油增压泵，看是否有油液流入滤杯；当活门内漏严重时，应更换供油活门。

系统严重外漏时，应更换损坏的部件和封严圈。更换垫片、密封圈和封严皮碗的注意事项如下：

（1）附件、接头等必须清洁。

（2）旧垫圈等在封严槽内无残留物。

（3）必须以新换旧，并使用合格的新封严圈。

（4）连接件必须均衡拧紧到规定力矩。

在更换部件之后，对部件和系统的工作性能都要进行严格的试验和检查，检查系统工作是否正常，故障是否已经排除，有没有达到原定的性能指标。最好的办法就是结合发动机试车，检查系统的密封性是否良好，各项参数是否在规定值内。

技能点 2　某无人机燃油系统气密性检查程序

使用充气检压装置等设备工具检查燃油系统气密性是否合格的流程如下：

（1）将地面站起停传动杆置于停车位置。

（2）将飞机加满燃油。

（3）关断供油开关阀。

（4）打开并卸下重力加油口盖，装上充气检压装置。

（5）堵塞下列接口：

① 排气总管。

② 通气增压系统活门汇合感压口。

③ 将增压引气管与辅助动力系统连接的一端断开并堵住。

④ 关闭所有油箱放油活门。

（6）拧下地面增压接头上的堵塞，将地面增压接头与充气检压装置接头相连。

（7）用充气检压装置由油箱加油口、地面增压接头管嘴两处同时向燃油系统充入规定压力的气压，保持 15 min，整个系统和油箱应完全气密。

（8）在保压期间，检查各个油箱及油箱外部安装的燃油导管和附件（特别是拆装过的部分），不应有渗漏现象。对通气增压系统导管和附件，拆装过的油箱和油箱顶部口盖，以及油箱顶部安装的附件与油箱结合处，用涂中性肥皂水的方法进行检查，不应有渗漏现象。

（9）检查结束后，擦净肥皂水，断开充气检压装置，装上重力加油口盖。

（10）拆下第（6）步中装上的各堵塞，将增压引气管与辅助动力系统连接好并打好保险。

（11）装上地面增压接头上的堵塞并打好保险。

（12）接上地面电源，飞机上电，打开供油开关阀，打开供油泵和输油泵，检查油箱外部安装的供油、输油、回油及油泵低压信号等导管和附件的密封性，不应有渗漏现象。

（13）检查结束后，关闭供油泵和输油泵，飞机下电，断开28 V直流电源。

（14）在压力加油时，对油箱外部安装的加油系统导管和附件进行密封性检查，不应有渗漏现象。

技能点3　某典型无人机清洗燃油系统操作程序

发动机首次开车前及燃油系统污染度不满足要求，或者燃油系统被污染等情况，都会进行全面清洗燃油系统的工作，下面介绍清洗该型无人机燃油系统的操作程序。

1. 准备好工作用的设备

（1）给无人机供电的28 V直流电源。

（2）用于加油及抽油的压力加油车。

（3）放出燃油后收集燃油的燃油排放收集装置。

（4）检查飞机油量的综合检测设备。

（5）收集燃油取样的玻璃瓶。

（6）检测燃油污染度的便携式油液污染度检查仪。

2. 程　序

（1）飞机接地。

（2）飞机接28 V直流电源。

（3）飞机通电，通过综合检测设备将切断阀关闭。

（4）按如下过程对飞机进行加油：

① 飞机为停机姿态；

② 将压力加油车加油接头与飞机地面压力加油接头对接。

③ 飞机通电，进入综合检测设备的压力加油功能界面。

④ 起动加油设备上的油泵，对飞机进行加油。

⑤ 加油结束后，退出压力加油操作界面。

（5）按如下过程对飞机进行地面放油：

① 飞机为正常停机姿态且为断电状态、油箱为满油状态。

② 将燃油排放收集装置一端与放油活门及机翼油箱放油装置相连，一端与压力加油车相连。

③ 打开放油活门及机翼油箱放油装置对飞机进行放油。

④ 油箱内的燃油（油箱死油除外）应能完全放出。

（6）放油过程中使用玻璃瓶从放油活门处取液样，使用便携式油液污染度检查仪检查燃油系统的污染度，是否满足规定的要求，若满足则停止清洗；若不满足，则按程序中的（4）、（5）的步骤进行若干次循环，直至取得的液样稳定且满要求时，停止清洗。

3．收尾工作

清理多余物，清点设备工具。

【任务测评】

1. 燃油系统污染是怎么产生的？应对方法有哪些？
2. 燃油箱为什么会发生渗漏？渗漏划分为几个等级？要怎么进行处理？
3. 燃油系统管路发生渗漏的原因是什么？怎么进行检查和维护？

敬大国工匠

坚持，让梦想更加清晰

出身贫寒的他，从一个初出茅庐的技校毕业生，成长为中航工业的首席高级技师，并拥有 6 项国家发明和新型实用专利。他说："不是有了梦想才坚持，而是在坚持中让梦想更加清晰。"他就是中航工业沈阳黎明航空发动机有限责任公司的高级技师洪家光。

为了能够掌握更精深的技术，洪家光通过死磨硬泡拜全国劳模孟宪新为师。在接下来的日子里，洪家光练习实操与思考并重，在工作中不断学习，在学习中不断积累，手艺突飞猛进。那时，在别人一年能完成 4 000 个工时就不易的情况下，洪家光一年完成了 7 000 多个工时。

2002 年临近春节，公司下达了一项紧急任务——加工某重点型号发动机核心叶片的修正工具金刚石滚轮。因为是核心叶片的修正工具，所以精度要求极高，所有尺寸公差都要求在 0.003 毫米以内，这个尺寸相当于人头发丝的 1/20。如果一个尺寸超差，整个零件都要报废，如果最终金刚石滚轮不合格，则会导致成千上万的叶片报废，他试着改善加工方法，每天连续工作 14 小时以上，饿了就把兜里揣着的大饼咬两口。就这样，硬是把别人看来需要几年时间才能掌握的技术，在短暂的 10 天内就攻破了。

几年来，洪家光共完成了 100 多项技术革新，解决了 300 多个技术难题。

"有人问我，你这么拼命、这么奋斗苦不苦？我的感受是，奋斗者在旁观人眼里是艰辛的，但其实自身精神世界里因奋斗而充实丰厚、充满快乐。"洪家光说，"我可能不会像吴仲华、师昌绪、吴大观这些杰出的科学家那样做出那么大的贡献，但我愿意做航空发动机事业的一块石头，将中国心送上云霄，让中国动力铭鼎厚土辽疆！"

洪家光之所以能取得这么大的成就就是因为心中有理想信念，碰到困难绝不认输，绝不轻言放弃。我们作为航空报国的一员，以后在工作中会面临各种各样的困难，不管是技术上的，还是心理上的挫折，都要披荆斩棘，迎难而上！

引自 https://zj.zjol.com.cn/news/633179.html（2021-07-29）

模块 5 无人机环境控制系统的识辨、分析与检查

模块 5 学习资源

中大型固定翼无人机在空中飞行时，环境变化剧烈，尤其是高空高速长航时无人机，经常会在超高低温、高低压环境中工作。恶劣的环境条件下，往往可能会让机载设备或系统出现故障，因此无人机平台上通常加装有环境控制系统（简称环控系统），用来调节飞机飞行时的温度、压力等环境参数以及对机体部位进行防冰、除冰。

知识目标

1. 熟悉无人机环控系统的功能以及与有人机的区别。
2. 掌握无人机环控系统压力调节装置、温度调节装置功能、构造及原理。
3. 熟悉飞机结冰的危险及除冰防冰方法的分类。
4. 掌握典型无人机环控系统的原理分析方法。

技能目标

1. 能描述典型环控系统系统关键成附件检查的正确措施及注意事项。
2. 能根据现象判故并定位故障点。
3. 能对无人机环控系统进行一般性检查。

知识技能树

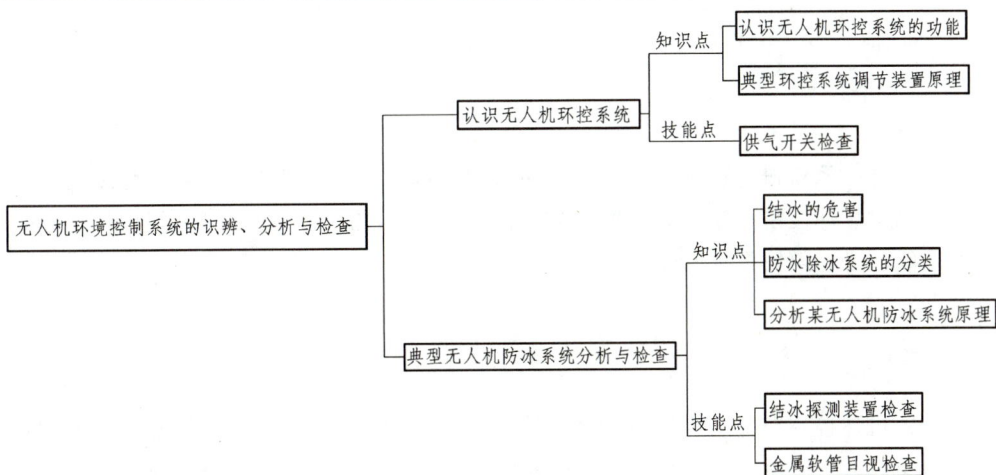

任务 1　认识无人机环控系统

【情境创设】

在对环控系统进行检查、维护前，必须要掌握其功能和特点。比如，你如何判别所维护的机型环控系统是否具有舱位或部件温度调节和压力调节功能，是否具有防冰、除冰功能，哪些部位需要除防冰等。

知识点 1　认识无人机环控系统的功能

无人机环控系统比有人机环控系统简单一些，有人机环控系统主要需要对驾驶座舱环境参数进行监测和控制调节，如座舱内部的温度、湿度、空气新鲜度、供气压力和流量等，同时考虑到驾驶员的舒适性和安全性，往往对系统要求较高。而无人机的环境控制无需考虑人的因素，更多针对的是机体和内部机载设备舱的环境参数调节和监控。

例如，某无人机的环控系统主要具备两个功能，一是对发动机进气道唇口和机翼进行结冰探测和除冰，二是对机载设备舱的温度进行监测和调节。图 5.1.1 所示为其原理框图。

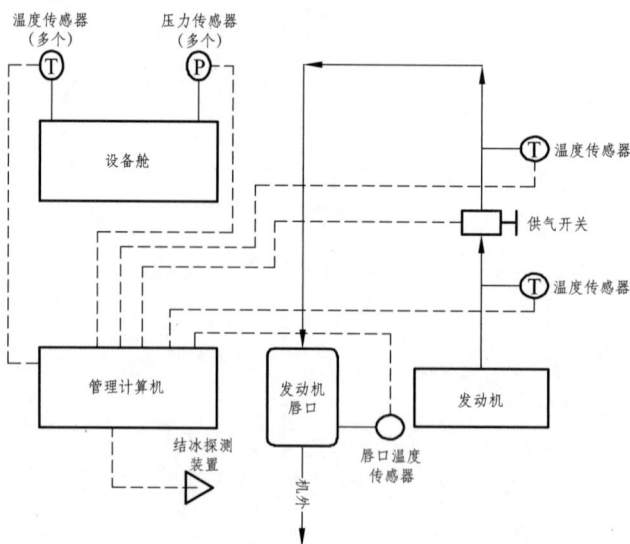

图 5.1.1　某无人机环控系统原理框图

知识点 2　典型环控系统调节装置原理

环控系统调节装置可分为供气装置、温度调节装置、压力调节装置等。

供气装置是保证环控系统正常供气的附件，包括供气开关、单向阀、排气阀等。

图 5.1.2 所示为某机型环控系统供气开关原理示意，该系统集供气通断、单向、排气功能于一体，用于控制发动机引气进入通路的通断。当电磁铁（10）通电时，接通活门（9）上活门关闭，下活门打开，来自入口的高温高压气体经过接通活门（9）进入套阀（5）的控制腔 A，套阀（5）在控制腔压力的作用下，打开主气流通道，使入口气体经此通道流入出口开始向系统供气。出口压力通过感压管（2）传入到反馈腔 B，反馈腔压力与控制腔压力相对作用于套阀（5）的两个感压面上，控制腔压力大于反馈腔压力，产品稳定在打开位置。当电磁铁（10）断电时，接通活门（9）上活门打开，下活门关闭，控制腔压力通过接通活门（9）上活门排入大气，其压力被释放掉，套阀（5）在进口压力和反馈腔压力共同作用下迅速移向关闭位置，从而停止向系统供气。

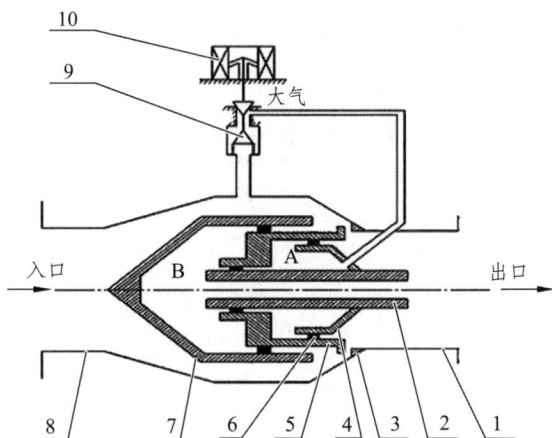

1—出口壳体；2—感压管；3—阀体；4—阀芯；5—套阀；6—石墨环；
7—顶罩；8—进气壳体；9—接通活门；10—电磁铁。

图 5.1.2　供气开关原理示意

温度调节装置用于感受系统温度，并自动调节系统或舱内温度。通过改变供气温度来调节舱内温度的原理如图 5.1.3 所示。为了控制供气温度，从气源引出的供气管

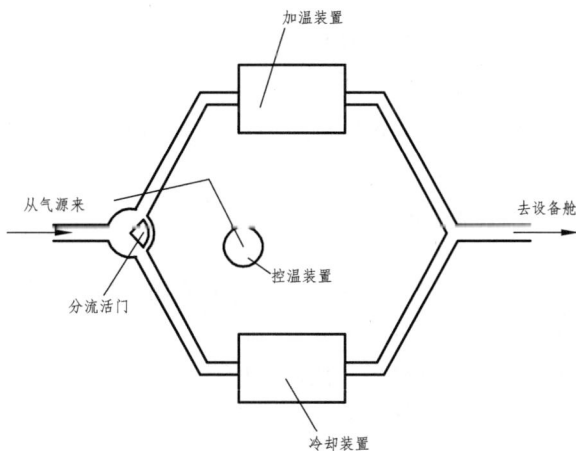

图 5.1.3　温度调节装置

通常首先分为两条管路：一条管路上装有隔热或加温装置，向舱内输送热空气；另一条管路上装有冷却装置，向舱内输送冷空气。冷热空气在进入设备舱前汇合，两条管路开始分叉的地方，装有分流活门。飞行中，控温装置根据舱内温度的变化情况，自动调节分流活门的开度，改变输入设备舱的冷热空气比例，以改变供气温度。

压力调节装置一般分为直接作用式和间接作用式两种。直接作用式压力调节装置虽然结构简单，但是无法控制压力变化的速度，且静态压力误差较大，排气量受到结构尺寸限制，目前较少采用。间接作用式压力调节装置由控制机构间接地控制排气活门的开度，从而调节座舱压力。间接作用式控制机构与排气活门可以分开，一个控制机构可同时控制多个排气活门，且可调节座舱压力的变化速度，故应用较多。图 5.1.4 所示为某机型间接作用式压力调节装置，由一个压力控制盒和一个排气活门组成。

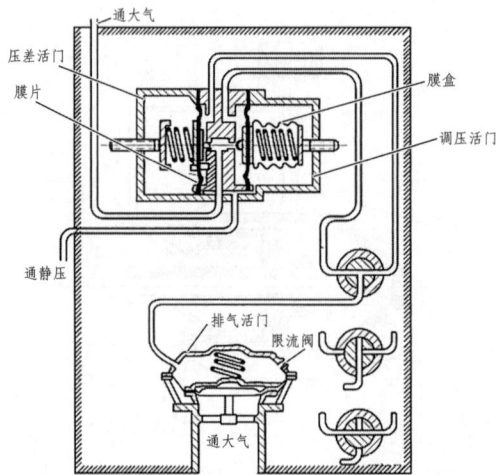

图 5.1.4　间接作用式压力调节装置

压力控制盒内有调压活门和压差活门，并且与排气活门控制腔、静压管和大气通过管路相连通。工作时，空气经排气活门上的限流孔、控制腔后进入控制盒内，再经调压活门或压差活门流出，其流量则由调压活门或压差活门的开度来控制。当飞行高度变化时，调压活门或压差活门使控制腔压力按一定规律变化。

排气活门上腔为控制腔，与控制盒相通，下腔则与舱内相通。由于活门的重量和弹簧张力都很小，而薄膜面积很大，所以舱压只要稍微超过控制腔压力，排气活门即可打开放气，这样，排气活门保证使舱内压力始终近似地等于控制腔压力。

技能点 1　供气开关检查

（1）外观检查：检查供气开关外观是否有明显损伤，与导管的连接处是否存在明显破损，若有损伤则停止检查，拆卸更换。

（2）连接无人机与综合检测设备，启动环控系统。

（3）若发动机开车，将软件界面中"供气开关"先置于"强制关"，再置于"强制开"，最后置于"强制关"，如果能观察到综合检测设备上关断前压力传感器的反馈与关断后的量值大小从不一致到一致再到不一致，则检测结果合格。

（4）若发动机未开车，将软件界面中"供气开关"先置于"强制关"、再置于"强制开"，若能够先后听到关断活门关闭和打开的声音，则合格。

（5）工作完毕后，在飞机下电后断开综合检测设备和飞机的连接，清除多余物。

【任务测评】

1. 简述无人机环控系统应具备的功能，与有人机环控系统有何区别。
2. 分析供气开关、温度自动调节装置、间接作用式压力调节装置工作原理。

忆航空历史

中国人民解放军空军的诞生

1949 年 11 月 11 日，中国人民解放军空军正式成立，人民空军从无到有，从有到精，在捍卫人民政权、保卫祖国领空、支援社会主义建设、抢险救灾等方面取得骄人战绩、建立不朽功勋！事实上，早在 1946 年我党就建立了第一所航空学校——东北民主联军航空学校，也被亲切地称作"东北老航校"，用于培训飞行和航空工程机务干部，为人民空军的建立奠定了基础、准备了骨干。

航校正式建立时有各种飞机 120 多架，但能飞的仅有 20 多架，还是用所有飞机上的零件拼凑而成的。缺少飞机机轮和螺旋桨，就采取轮换的办法，几架飞机合用；飞机加油，没有加油车，就用小铁桶一桶桶地灌；机轮充气，没有冷气瓶，就用自行车气筒，由许多人轮流打气；士兵们甚至用马拉着飞机走向跑道，一架教练机机身上就有 100 多个"补丁"，当时航校条件艰苦到难以想象……

航校没有初级、中级教练机，而高级教练机速度快、操纵技术复杂，直接上高级教练机训练，很可能出现机毁人亡的惨剧。但学员们说，"不入虎穴焉得虎子，我们甘愿冒风险！"就是在这样一穷二白的条件下，东北老航校培养出一大批飞行员和航空技术人员。

披荆斩棘，人民空军与共和国一同起飞：1949 年，第一个飞行中队成立；1950 年，第一支航空兵部队成立；1951 年，志愿军空军第一次空战；1954 年，国产第一架飞机首飞成功……如今，人民空军已经发展成为一支由多兵种、多机种组成的现代化高技术军种！

引自 https://www.xuexi.cn/lgpage/detail/index.html?id=7161093746521809364& item id= 7161093746521809364（2021-07-23）

任务 2　典型无人机防冰系统分析与检查

【情境创设】

除冰和防冰是无人机环控系统的主要功能之一，在进行系统检查前必须要清楚该机型除冰防冰原理，掌握关键部件的功能原理。若在一次检查时，环控系统上电后发现综检设备界面无防冰告警信号输出，此时应当怎样进行排查呢？

知识点 1　结冰的危害

飞机结冰是指飞机机体表面某些部位聚集冰层的现象。空中飞行时主要由云中过冷水滴或降水中的过冷雨碰到飞机机体后形成，也可由水汽直接在机体表面凝华而成。飞机在云中长时间飞行易导致结冰。飞机在地面时遇到以下气象条件时也能结冰：外界大气温度在 5 ℃ 以下，存在可见潮气或在跑道上出现积水、雪水、冰雪的气象条件，或者外界大气温度低于 10 ℃，达到或低于露点温度的气象条件。

机翼表面结冰会破坏气动外形、增加飞机重量，影响飞机升力；空速管、静压口等大气数据采集装置结冰后，还会使飞控无法获知准确的空速和高度信号，进而导致一系列错误操作；发动机唇口结冰会使进气道流场改变，使发动机的推力下降、功率降低，脱落的冰块可能会被卷入发动机内部，造成发动机的损坏；螺旋桨结冰一般位于桨叶根部，导致螺旋桨效率降低，不规则的结冰更导致不规则振动，发动机固定架变形损坏。

知识点 2　防冰除冰系统的分类

防冰是系统持续工作以预防结冰，除冰是出现了结冰后再通过一些方法将冰去除。飞机除防冰通常包括以下 5 种方法：热气除防冰、电热防冰、机械能除冰、液体除防冰以及电脉冲防冰。

1．热气除防冰

热引气防冰系统的优点是热源充足，常用于大面积区域的防冰。涡扇发动机飞机会从压气机进行引气，一般用于机翼前缘及发动机进气道唇口的防冰。活塞式飞机一般使用发动机排气的热交换器产生的热空气进行防冰。

2．电热防冰

电热防冰通过给加温元件通电，将电能转化为热能进行防冰。电热防冰主要用于不允许结冰而且耗电功率不大的部件，如大气数据探头、空速管等。

3．机械能除冰

机械能除冰系统也称为气动带除冰或者膨胀管除冰。这种方式通过压缩空气使橡胶气囊短时间内充气膨胀，从而使冰层破裂，冰块被气流吹走。为了获得足够的除冰效果，飞行员必须等到冰层达到一定厚度后才能启动系统。通常情况下，橡胶气囊会反复充气，以确保除冰效果。这种除冰方式的优点是消耗的能量较小，其缺点是改变了翼型增大了阻力。

4．液体防冰

液体防冰主要是用液体乙醇作为防冻液喷射到螺旋桨或者风挡玻璃用以防冰，一般早期直升机用得较多。但它有一定缺点，比如防冰时间短，防冰液耗量大导致飞机重量增加等。

5．电脉冲除冰

电脉冲除冰系统将脉冲线圈安装在金属蒙皮下方，使用瞬间放电技术在金属蒙皮上形成电磁涡流场，从而产生瞬态电磁力，该电磁力导致蒙皮快速振动并使冰层发生形变而破裂或者脱落，最后由气动力和惯性力将残余的积冰去除。

知识点 3　分析某无人机防冰系统原理

图 5.1.1 中无人机采用的是热气防冰，环控系统通过结冰探测装置提供结冰探测功能，并从发动机引热气到发动机进气道唇口，从而进行防冰，热气通过供气开关进行控制。除此之外，还通过布置在飞机各设备舱温度、压力传感器进行温度、压力监测，将参数反馈至管理计算机。

该无人机防冰系统能满足飞机在所有可能发生结冰的环境条件下飞行，进气道唇口和机翼表面不会形成结冰，或者形成的冰层厚度和大小不超过允许的范围。该系统由结冰传感器、结冰速率解算仪、供气开关及各种温度传感器组成（见图 5.2.1）。供气开关打开时，自发动起引气通道打开，对低温或结冰部位进行加热。结冰传感器和结冰速率解算仪统称为结冰探测装置，用于检测机体外环境的结冰速率，同时可以发出结冰告警。

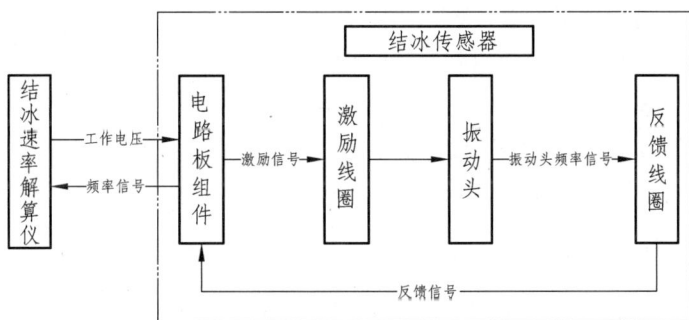

图 5.2.1　结冰探测装置原理框图

结冰传感器由振动器组件、压板组件、电路板组件等组成，其固有振动频率随振动头上的冰层厚度的变化而变化。振动头采用振管结构，激振电路为振动头提供交变磁场，振动头在磁场的作用下产生磁致伸缩做轴向振动，同时信号拾取电路将此机械振动信号转变为电信号反馈给激振电路，使电路谐振于振动头的轴向振动固有频率上。再由结冰速率解算仪提供工作电压给传感器驱动电路板组件，驱动电路板组件与激励线圈、反馈线圈形成一个反馈闭环的自激振荡电路，与传感器振动头产生谐振，并将谐振频率提供给结冰速率解算仪。当结冰传感器振动头结冰厚度达到阈值时，立即发出结冰状态告警信号。

技能点 1　结冰探测装置检查

1．外观检查

（1）打开安装结冰探测装置的设备舱口盖。

（2）目视检查搭铁线是否有明显磨损的痕迹，若有，则更换搭铁线。

（3）目视检查结冰传感器和结冰速率解算仪的外观是否有明显损坏、生锈等痕迹，若存在，则拆卸更换。

（4）目视检查结冰传感器探头是否有明显损坏的痕迹，若存在，则拆卸更换。

（5）用小镊子和清洁的布及汽油对结冰传感器和结冰速率解算仪可及部分进行清洗。

（6）用工业氮气吹除结冰传感器和结冰速率解算器表面，清除汽油味。

（7）清理安装现场，恢复口盖安装。

2．功能检查

（1）连接无人机与综合检测设备，启动环控系统。

（2）地面上，结冰探测装置可以进行自动自检和手动强制自检，在进行手动强制自检时，将"结冰探测装置"开关置于"自检"，则综合检测设备输出强制自检指令，若工作正常，则能输出结冰告警信号。

（3）若成品出现故障，则输出结冰探测通道故障，同时相应的输出结冰速率解算器故障或者结冰传感器故障。

（4）各传感器功能检查：在发动机不开车时，仅飞机上电，可以通过综合检测设备对环控系统各个传感器的反馈值进行监测，其中温度传感器反馈值应该与当时环境温度相近，压力传感器反馈值应该与当时的环境压力相近。若环控系统各传感器出现故障时，则输出系统监测通道故障，同时输出相应监测通道故障以及传感器故障。

（5）工作完毕后，在飞机下电后断开综合检测设备和飞机的连接，清除多余物。

注意：如果飞机长时间处于太阳暴晒或刚进行完发动机开车，或长时间处于冰雪天外场存放时，机上温度测量值可能会高于或低于测试厂房内环境温度，属于正常现象。

技能点 2　金属软管目视检查

环控系统中装有金属软管，安装在发动机舱或设备舱等，用来实现环控引气管路与发动机引气接口以及唇口结构的柔性连接，同时可补偿环控管路热胀冷缩产生的变形。金属软管的目视检查过程如下：

（1）打开口盖，找到金属软管。

（2）目视检查金属软管外观，若有裂纹、鼓包、凹陷、划伤、老化等现象，则拆卸金属软管，进行更换。

（3）用清洁汽油清洗金属软管可及部分的污物。

（4）用清洁的压缩空气吹除金属软管表面，将汽油味清除干净。

（5）清理现场，完成检查后，恢复相关口盖或系统的安装。

【任务测评】

1. 叙述机翼结冰和发动机结冰的危害。
2. 列出飞机除冰防冰的方法。
3. 分析结冰探测装置的原理及其检查措施。

忆航空历史

中国航空工业的诞生

1951 年 4 月 17 日，中央人民政府革命军事委员会、政务院颁发了《关于航空工业建设的决定》，新生的中华人民共和国，吹响了向航空工业进军的号角。建设自己的航空工业，是党和政府作出的英明决定，是一个让全国人民都为之振奋的消息，是一个让抗美援朝前线所有志愿军战士都备受鼓舞的消息。虽远隔千里，我们仿佛能听到抗美援朝战场上战鹰的呼啸之声。我们的志愿军空军战士，经过短暂的训练即飞赴战场，同美帝国主义的空军进行英勇的战斗。人民空军在血与火的锤炼中成长，同时也呼唤着我们要建设自己的航空工业。航空工业是基础，只有建设强大的航空工业，才能建设一支强大的人民空军。是的，我们底子薄，我们一穷二白，甚至在开国大典上接受检阅的飞机都是临时拼凑的万国牌，想建设航空工业，谈何容易。但是，我们要说，让所有的质疑和嘲讽见鬼去吧，我们有数亿英雄的中国人民，每个人心中都有着为祖国建设奋斗出力的强烈愿望，数亿人民一条心，还有什么困难不能克服吗？还有什么对手不能打败吗？建设我们的航空工业，我们要无比坚定地坚持和拥护党的领导。党是我们的主心骨，引路人，航空工业是党的事业，是人民的事业，只有无比坚定地坚持和拥护党的领导，我们才能时刻把握正确的前进方向，我们的事业才能不断从胜利走向胜利。

建设我们的航空工业，我们要实事求是，一口是吃不成个胖子的。我们要保卫广袤的国土、领海、领空，光靠买别人的飞机是不行的。中国航空工业的建设道路，是先搞修理、由小到大，由修理发展到制造。目前来看，西方国家的航空工业已经具备了相当高的技术水平和产业规模，这都是在经历了几十年的发展之后才实现的。我们未来的目标就是要赶上他们，超过他们。建设我们的航空工业，要吸引更多的人才参与进来。当前，航空工业可以说是技术要求最高的工业门类，我们要不拘一格吸引人才，让更多的人才参与进来，打造一支技术队伍。除此之外，我们还要从大学生抓起，从青年人抓起，建设我们的工厂和设计所，培养航空人才，我们要培养自己的米高扬和图波列夫。只有建设一支强大的人才队伍，我们才能设计制造属于自己的歼击机、轰炸机、直升机。

新中国航空事业从无到有，从弱到强，从白手起家的"0"，到歼 20、运 20、直 20 等"20 家族"守卫云霄，凝聚着一代代的航空央企人自强不息，砥砺奋进的拼搏。红船领航，逐梦蓝天，请党和人民放心！

[引自 http://www.cannews.com.cn/2021/04/17/99324404.html（2021-07-19）]

参考文献

[1] 王志刚. 飞机构造[M]. 北京：航空工业出版社，2016.

[2] 陈闵叶，么娆. 飞机系统[M]. 北京：国防工业出版社，2014.

[3] 沈燕良. 飞机系统原理[M]. 北京：航空工业出版社，2007.

[4] 沈泽江等. 飞机结构与系统[M]. 大连：大连海事大学出版社，2017.

[5] 杨华保. 飞机原理与构造[M]. 西安：西北工业大学出版社，2011.

[6] 宋静波. 飞机构造基础[M]. 2 版. 北京：航空工业出版社，2011.

[7] 周忆，于今. 流体传动与控制[M]. 北京：科学出版社，2008.

[8] 龙江等. 飞机系统[M]. 成都：西南交通大学出版社，2017.